◎　国家社科基金重大项目

　　"开放经济条件下我国虚拟经济运行安全法律保障研究"

　　（批准号：14ZDB148）成果

◎　重庆市"十四五"重点出版物出版规划项目

虚拟经济有限发展法学理论视角下的银行法律制度变革

陈 晴 杨 娟◎著

重庆大学出版社

图书在版编目(CIP)数据

虚拟经济有限发展法学理论视角下的银行法律制度变革 / 陈晴，杨娟著. -- 重庆:重庆大学出版社，2023.3
(虚拟经济运行安全法律保障研究丛书)
ISBN 978-7-5689-3770-2

Ⅰ.①虚… Ⅱ.①陈… ②杨… Ⅲ.①虚拟经济—关系—银行法—法律制度—体制改革—研究—中国 Ⅳ.
①D922.281.4

中国国家版本馆 CIP 数据核字(2023)第 037442 号

虚拟经济有限发展法学理论视角下的银行法律制度变革
XUNI JINGJI YOUXIAN FAZHAN FAXUE LILUN SHIJIAO XIA DE
YINHANG FALÜ ZHIDU BIANGE

陈 晴 杨 娟 著
策划编辑:孙英姿 张慧梓 许 璐
责任编辑:李桂英 版式设计:许 璐
责任校对:邹 忌 责任印制:张 策
*
重庆大学出版社出版发行
出版人:饶帮华
社址:重庆市沙坪坝区大学城西路 21 号
邮编:401331
电话:(023) 88617190 88617185(中小学)
传真:(023) 88617186 88617166
网址:http://www.cqup.com.cn
邮箱:fxk@ cqup.com.cn(营销中心)
全国新华书店经销
重庆升光电力印务有限公司印刷
*
开本:720mm×1020mm 1/16 印张:18.75 字数:260 千
2023 年 3 月第 1 版 2023 年 3 月第 1 次印刷
ISBN 978-7-5689-3770-2 定价:98.00 元

作者简介

陈晴,重庆人,法学博士,重庆大学法学院教授,硕士生导师,中国法学会财税法学研究会理事,重庆市法学会财税法学研究会常务理事,重庆大学虚拟经济法治研究中心副主任。

杨娟,重庆涪陵人,法学博士,应用经济学博士后,重庆工商大学经济学院讲师,硕士生导师,重庆市法学会财税法学研究会理事,重庆大学虚拟经济法治研究中心研究人员。

总　序

必然是长期孕育的,但必然总是需要偶然来点亮的。

20 世纪与 21 世纪之交,由中国一些土生土长的经济学家如刘骏民、成思危教授所创制的"虚拟经济"概念,尤其是将传统市场经济重新解读为"实体经济与虚拟经济二元格局"的学说,像夜空中划过的一道亮光,照亮了许多人的眼睛。虚拟经济理念自此便在中国的大地上逐渐兴起。可惜隔行如隔山,与大多数行外人一样,当时的我知之甚少,更谈不上明了其中所蕴含的时代意义了。

在博士论文选题时,考虑到硕士学的是民法,博士学的是经济法,便准备在经济法基本理论方面下些功夫,试图寻找一个能跨越民法与经济法,类似于"贯通民法与经济法的人性精神"之类的选题,要将民法与经济法的共生互补以及这两者对人类经济社会发展的不可或缺,彻底地研究一番,以弥合两个学科间长期的对立,缓和学者们喋喋不休的争论。就在即将确定题目之前,好友杨泽延与卢代富来家小坐,听了我的想法后,反倒建议我最好务实一些,先从具体问题着手,选一个既以民法规则为基础又以经济法国家干预手段为寄托的题目,比如"证券内幕交易法律规制问题研究",以后再俟机扩大研究范围,进而深耕经济法的基本理论。

或许是太出乎意料了,这一题目竟然直戳我的心窝。突然,我想起来了:1992 年我正读硕士,其时中国股市刚建立不久,普通百姓还一头雾水,我却受人仓促相邀,懵懵懂懂地参加了《中国股票债券买卖与法律实务》的编写。莫非两位好友的这个题目,恰好将我潜意识中留存的有关股票、债券的一点点余烬给重新点燃?我几天睡不着觉,天天跑书店和图书馆,去追寻带有"内幕交易"的所有纸张与文字,还特意托好友卢云豹夫妇联系台湾的亲朋帮忙查寻相关资料。最后,提交给导师李昌麒教授审核的题目自然就是"内幕交易及其法律控制研究"了。好在,该选题不仅得到了恩师的首肯,还获得了国家社科基金项目的资助,论文也顺利通过了答辩,并被评为重庆市优秀博士论文,获重庆市第四届优秀社科成果二等奖。

2002年博士论文业已完成,但一些超越该论文范围的根本性问题却持续困扰着我。直到有一天,当"虚拟经济"这四个字不经意地溜进眼帘时,我的眼睛竟然放出光来。由于证券是最典型的虚拟经济交易品,因而它不能不让我怦然心动,甚至也让我豁然开朗——似乎那些缠绕在我心中多年的许多困惑瞬间冰消雪融。我觉得太亲切了,相见恨晚,激动之余再也止不住去搜集有关虚拟经济的论著。尽管经济学中的数学计算、模型推演等很难看懂,但这并不妨碍我从其论说的字里行间去领悟那背后所隐含的意蕴,于是义无反顾地埋头研习。

什么是虚拟经济?一个人基于投资获得了一个公司的投资凭证——股票,钱物投进公司让公司花去了,可持有股票的这个人,因某种原因不想继续当股东分红利,而别的投资者恰好又看好这家公司的前景想挤进投资者行列,当这两人进行了该股票的买卖时,他们就完成了一次虚拟经济交易。实践中,能作为虚拟经济交易品的,除股票外,还有债券、期货、保险及其他金融衍生工具。当这些偶发的、个别的交易一旦普遍化、标准化和电子化,虚拟经济市场之繁荣与发达也就再也无法阻挡了。

之所以说它"虚拟",是与传统实体经济的商品交换相对而言的:因为包含劳动价值的财产已移转给公司了,此处用以交换的股票,本身是不包含人类劳动价值的——说到底,它仅仅是记录投资的证明或符号而已。也就是说，从旨在实现劳动价值与获得使用价值的传统商品交换演变到纯粹没有价值的"符号交换"，这就意味着市场已经从实体经济迈向了虚拟经济。

本来，传统市场经济是以实体经济为主的经济，在这样的经济格局中，虚拟经济不过是实体经济的副产品，也是实体经济运行所借用的一种工具。但令人惊奇的是，20世纪末中国的一些经济学家发现虚拟经济的发展速度已经超越了实体经济，且其规模足以与实体经济相媲美。也就是说，市场经济已经由原来的实体经济独霸天下，不知不觉地进入了实体经济与虚拟经济平分秋色的"二元经济时代"。

在现代市场经济体系中，虚拟经济确实有其积极作用，它可以促进实体经济的飞速发展，甚至有"现代经济的中枢""现代经济的核心""市场经济的'发动机'"等美誉。不过，虚拟经济背后也潜藏着巨大的风险：在人类历史上发生的历次金融危机之中，人们已经真切地感受到了它给实体经济带来的反制、威胁，甚至破坏。

徜徉于这崭新的经济学理论之中，累却快乐着。到2007年，以"虚拟经济概念"及"二元经济时代"审视我国的经济法及其理论，我完成了《虚拟经济及其法律制度研究》一书的写作。此时恰逢北京大学吴志攀教授组织出版"国际金融法论丛"，吴教授阅过书稿之后，当即同意将其纳入他的丛书之中，恩师李昌麒教授也欣然命笔为该书作序，最后由北京大学出版社付梓出版。就我本人而言，该书只是一个法学学者学习经济学并思考经济法的一些体会，它未必深刻，但却是国内将虚拟经济理念引入经济法领域并对经济法的体系结构和变革方向做出新的解读的第一部法学著作。特别是该书提出的"虚拟经济立法的核心价值是安全"的论述，不幸被次年波及全球的美国次贷危机所反证，也使得这本书多少露出了些许光华。也许是出于这些原因吧，在2009年的评奖中，该书获得教育部优秀人文社科成果三等奖和重庆市第六届优秀社科成果二等奖。乘此东风，我又组织团队申报了教育部人文社科规划项目"中国预防与遏制金融危机对策研究——以虚拟经济安全法律制度建设为视角",领着一群朝气蓬勃、年轻有为的博士,于2012年完成书稿,并由重庆大学出版社出版发行。

然而,实践是向前的,也是超越既有理论预设的。随着改革开放的不断推进,虚拟经济也飞速发展。在创造经济奇迹的同时,我国经济也出现了更加纷繁复杂的问题和矛盾。其中虚拟经济的"脱实向虚"及其与实体经济之间的冲突,衍生出了现代市场经济发展中一个全新的、具有重大时代意义的命题——虚拟经济治理及其法治化。但作为一个经济学上与实体经济相对的概念,即使在经济学界也未获得普遍认可的情形下,寄望于法学界的广泛了解与大量投入,暂时是不太现实的。也就是说,将其引入法学界容易,但要得到法学学者们的广泛认同,并调动法学学术资源对其展开研究,还需要更为漫长的时间和更为艰难的历程。虚拟经济安全运行的法治化治理,至今仍然是经济学界和法学界远未解决的重大历史课题。

在前几年的研究项目申报中,尽管由母校西南政法大学资助并由法律出版社出版的拙著《人性经济法论》已经获得了教育部优秀人文社科成果二等奖,但在民法学与经济法学的争论尚未了结而民法学已然成为显学的年代,要获准经济法基本理论方面的选题依然是困难重重。因接连受挫,不免有些怅然若失。于是,索性决定放弃中小项目的申报,直接冲击国家社科基金重大项目。物色选题时,约请几位博士生一同前来商讨,提出的建议选题有好几个,且都很有价值,只是未能让我动心。最后当一位博士生提出"开放经济条件下我国虚拟经济运行安全法律保障研究"这一选题建议时,我顿觉像当年偶遇"虚拟经济"这几个字时一样地怦然心动。我拍着桌子跳了起来,挥着这个题目,激动地用方言大声说:"啥都甭说了!就是他娃娃了!"意思是:什么都别说了,就认定这个宝贝疙瘩了!

在商请合作者的过程中,北京大学的彭冰教授、中国人民大学的朱大旗教授、中国政法大学的刘少军教授、华东政法大学的吴弘教授、武汉大学的冯果教授对此选题很是赞同,欣然同意作为子课题负责人参与项目的申报。

在课题的进程中，他们不仅参与论证、发表前期成果，自始至终给予支持，彭冰教授和冯果教授还建议，推荐年轻人出任主研，将子课题负责人让位给重庆大学杨署东教授和靳文辉教授。

不仅如此，在之后的研究中，许许多多校内外的专家学者都给予了我们无私的支持和帮助。像北京大学的吴志攀教授，中国政法大学的时建中教授，华东政法大学的顾功耘教授，西南政法大学的李昌麒教授、谭启平教授、岳彩申教授、盛学军教授和叶明教授，西北政法大学的强力教授，中国人民大学的涂永前教授，西南财经大学的高晋康教授，重庆大学的冉光和教授、刘星教授、刘渝琳教授、周孝华教授和黄英君教授等等，都为课题的论证、前期成果的产出和课题的推进与完成，做出了重要贡献。

当然，在研究进程中，我自己的团队，甚至法学院经济法学科的博士生和硕士生们，自课题立项以来，都不同程度地参与了课题研究的工作，还发表了一些阶段性成果；而来自社会各界的众多朋友，也都以各种方式关心课题的进展，给予了我们热情的鼓励与帮助……在此，我们谨向参与、关心和支持过本课题研究的所有人，表达最诚挚的谢意！

谁知课题获批后不久，身体就和我开了一个小小的玩笑，是家人的呵护、亲友的关爱、弟子们的陪伴，让我对未来充满了信心。不过，课题多少还是受了些影响，曾一度进展缓慢。然而，团队的力量是巨大的：课题组里的资深专家就是定海神针，而课题组中活跃着的一批充满活力并在学术界崭露头角的年轻教授和博士，则勇挑重担、冲锋陷阵，成了课题研究的主力。

早在之前的课题申报过程中，写作班子就将申请书打造成了一份内容扎实、逻辑严谨、格式规范的文件，近20万字，不是专著却胜似专著；在课题研究的推进中，每当遇到各种困难和烦恼时，课题成员们总是互相鼓励，互相支持，使我们的研究能够持续，我们的理论能够得到校正；特别是在近几年最终成果的打造过程中，本丛书十部著作的作者们，不畏艰辛，秉承"上对得起重大项目，下对得起学术良心"的信念，克服重重困难，使得丛书最终得以出炉。这十多位年轻作者的才华与风采,也尽藏于本丛书的简牍之中。

本丛书十部著作并不是简单的罗列或拼凑,而是有其自身的内在逻辑,也就是说有一根红线贯穿始终。为了找到这根红线,课题组花了好几年的时间。我们认为,既然虚拟经济是虚拟的,它就必然带有人设的性质。正如没有人为预先设定且为游戏者公认并一体遵行的游戏规则就没有游戏一样,虚拟经济的运行需要规则先行。同时从治理的角度来看,即使游戏有了内在的规则,也还需要游戏的外部法律边界及法律监督:如游戏不得触犯禁赌法令,游戏不得扰民,游戏不得损害他人利益和社会公共利益等。尤其是虚拟经济呈现出的"弱寄生性""离心规律""高风险性""风险传导性"等,明确无误地表明其"有利有弊"的"双刃剑"特质,决定了追求公平正义的法律肩负着为其提供内部规则和外部边界的艰巨使命。具体而言,虚拟经济赋予法律的天职,就在于通过法律制度的设计,为虚拟经济的运行设定"限度",铺设"轨道",装置"红绿灯",进而为虚拟经济运行安全设定交通规则,作为虚拟经济运行、虚拟经济监管和虚拟经济司法的制度支撑。

基于上述基本认知,我们认为:所谓虚拟经济有限发展法学理论,是指根据虚拟经济自身运行规律,从法律自身的宗旨和价值出发,主张法律在保障虚拟经济发展的同时,为预防与克服其负面效应,保障其运行安全和可持续发展,而将其置于法律约束下的安全范围内运行的一种法学思想。

这一理论虽然是以虚拟经济运行的"双刃剑"规律和体现法律公平正义基本要求的安全价值为基础提出来的,但我们认为,它主要还是从法学,特别是从经济法学国家适度干预理论的角度提出来的,因而与纯粹的经济学理论有着明显的不同。不过,最大的疑问还不在此处。在研究过程中,一些热切关心我们课题的学者常常忍不住提出这样的疑问:为什么实体经济不需要"有限发展"而虚拟经济却要"有限发展"呢?这是问题的关键。对此,我们的回答主要有三条:其一,人类社会的基本生活(如衣食住行及娱乐)毕竟只能仰赖实体经济,实体经济提供的产品和服务,除了受生产力水平的约束和人类需求的制约外,就其品种、数量和质量来说,根本就不存在"有限发展"的问题。仅此一点,虚拟经济就难以望其项背。其二,虚拟经济毕竟是寄生于实体经济的,不论其寄生性的强弱如何,最终还是决定了它不能野蛮生长以至于自毁其所寄生的根基。其三,实体经济伴随人类的始终,而虚拟经济则是一种历史现象,它仅仅是实体经济发展到一定阶段的产物,而且其产生以后并不一定能与实体经济"白头偕老"。

虚拟经济有限发展法学理论的确立,让我们找到了解题的一把金钥匙。它昭示着这样一个最基本的道理:我们在草原上发现了一匹自由驰骋的骏马,但我们只有给这匹骏马套上缰绳,它才会把我们驮向我们想要去的"诗和远方"。

然而,学术是严谨、苛刻而精致的,也有它自身相对固化了的"八股"定式。要说清楚这一理论的来龙去脉、前因后果、内在机理、外部表征、政策制约、法律规范、理论影响和实践效果,就要以学术的方式加以展开和表达。本丛书的十部著作正是这种展开和表达的具象:它们以"虚拟经济有限发展法学理论"为主线,按其内在逻辑展开——总体为"1+9"模式,即1个总纲,9个专题。而这"1+9"模式具体又可分为以下相互关联的四个板块:

板块一也就是"1+9"中的"1",即《虚拟经济有限发展法学理论总说》,它既是整个研究的总纲,即总设计图或者总路线指引图,也是对整个研究成果的全面提炼和总结。不过,这一总纲与后面的九部专著各有分工,各有侧重,各有特色,虽构成一个系统,却不能相互取代。板块二是"虚拟经济有限发展法学理论及其证成",旨在立论和证明,包括《虚拟经济有限发展法学理论及其根源》《虚拟经济立法的历史演进:从自由放任到有限发展》和《近现代经济危机中虚拟经济立法的过与功——虚拟经济有限发展法学理论的例证》三部著作。它们分别从立论及其理论解析、历史归纳和典型案例证明的角度,提出并证明虚拟经济有限发展法学理论。板块三的主旨是"虚拟经济有限发展法学理论指引下的观念变革",主要包括《虚拟经济安全的法律塑造》《虚拟经济有限发展法学理论的法律表达:立法模式与体系建构》《虚拟经济运行安全法律制度的立法后评估:以中国为样本》三部著作。其特点在于,它既是虚拟经济有限发展法学理论的应用,又是虚拟经济有限发展理论的进一步证明,是介于理论证成与实践应用之间的一个板块,对我国虚拟经济立法的价值、原则、模式、体系及立法质量的提升与检测,具有重要的指导意义。板块四是虚拟经济有限发展法学理论的具体运用,包括《虚拟经济有限发展法学理论视角下的银行法律制度变革》《虚拟经济有限发展法学理论视角下的证券法律制度变革》《虚拟经济有限发展法学理论视角下的期货法律制度变革》三部著作,试图以此三个典型领域为例,揭示虚拟经济有限发展法学理论在银行、证券和期货立法方面的具体映射与应用。

这四个板块之间的关系,可参考下图:

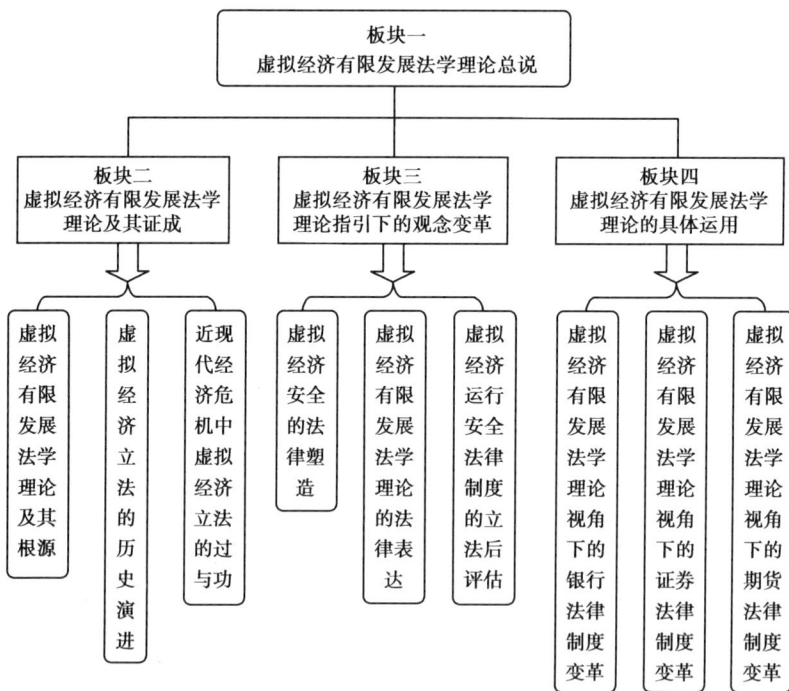

虚拟经济有限发展法学理论的论证与展开思路图

国家社科基金重大项目这一名称本身就体现出了它的分量。能在这一序列中获得"开放经济条件下我国虚拟经济运行安全法律保障研究"这一项目,既是偶然也是必然;既让我们有些激动和自豪,也让我们深感责任和压力。这几年,我们尽力做了,而且按"重大"之分量,踏踏实实地做了。至于成不成功,是否达到重大,就有待理论的佐证和实践的检验了。

我们处于一个大变革的时代,旧的事物陆续悄然退场,新的事物又在不知不觉中挤进我们的生活,甚至渐渐成为社会生活的一种主流。虚拟经济正是在这一历史巨变中膨胀,不断挣脱传统实体经济的束缚,而与实体经济分庭抗礼的。更有甚者,甚至到了反过来挟持、绑架、威胁实体经济的地步。正是这种二元经济格局的形成及两者之间的长期博弈和激烈冲突,给世界经济的发展以及各国政府的经济治理提出了前所未有的挑战。据我本人的揣测,在未来的几十甚至上百年里,如何看待和治理虚拟经济,不仅是中国面临的一大难题,也是世界面临的一大难题。

好在,越来越多的人正在逐渐看清虚拟经济脱实向虚的天性及其负面效应和可能的危害,有先见之明者已经着手强化监管、变革法治,竭尽趋利避害之能事,力图让虚拟经济助力实体经济,增进人民福祉。前几年我国着力扼制虚拟经济"脱实向虚",这几年我国高层对虚拟经济采取既更开放又更注重其监管的策略,即可看作是"虚拟经济有限发展法学理论"在实践中得到的初步印证。

世界上没有尽善尽美的东西,也没有绝对的真理和最后的真理,学术上存在不足就是学术本身可能自带的一种"秉性"。例如,本研究中原预想的交叉学科知识的运用,现在看来还很不成熟;有的问题,如保险及其他一些金融衍生品也未能辟专题来讨论等等,都是短时间内很难弥补起来的不足,需寄望于后续研究中的努力了。

我向来认为,学术的魅力不仅体现在努力创新的过程之中,更体现在学界从未停歇过的争辩、质疑和批判之中。任何致力于社会科学研究的学者,所提出的观点或理论,都不可能是尽善尽美的,而学术正是在这种不完美之中求得点滴的进步,从而得以蹒跚前行的。为此,我们热忱欢迎学界诸君提出批评与指正。

虚拟经济概念及市场经济"二元格局"理论的提出,看似偶然,却是必然。它拨云见日,让人们突然看清了自己所生活的这个时代的"庐山真面目"。然而,其意义可能被我们的社会公众严重地低估了。就我的感受而言,它带来的思想冲击与震撼,当不亚于20世纪80年代托夫勒掀起的《第三次浪潮》,也不亚于当下人们热议的区块链、人工智能、大数据以及元宇宙等。而法律,特别是始终站在市场经济历史洪流风口浪尖的经济法,随着经济理念及经济格局的不断变迁而不断革新,一定是势不可挡,也一定是不可逆转的。

我仍然坚信,必然是长期孕育的,但必然总是需要偶然来点亮的。

胡光志

2022 年 12 月 10 日

前　言

　　我国业已形成以银行为主导的金融结构体系。银行业产生并服务于实体经济,也为虚拟经济的兴起和发展提供必要的流动性支持、有效的风险管理机制和多元化的市场交易模式,是推动社会进步、经济增长的重要力量。然而,银行领域的"市场失灵"与"政府失灵"并存也对虚拟经济的安全性与可持续性发展提出了新的挑战,需要在理论创新的指引下检视、改良既有的银行法律制度,以期在充分发挥银行业资源配置功能的同时,亦能防范和应对由于虚拟经济的非理性扩张所带来的危及银行业、金融业乃至整个实体经济健康发展的负外部性。本书是以虚拟经济有限发展法学理论为指导,根据虚拟经济的特点、运行规律及其与银行业之间的内在联系,结合我国开放经济条件下所面临的新问题、新风险,以银行业与虚拟经济有限发展为逻辑起点,分别以中央银行、商业银行、外资银行和政策性银行为对象,选择各自的核心法律制度进行分析与评价,旨在兴利除弊,探寻银行法制与虚拟经济有限发展高度契合的制度变迁路径。

　　第一个层面是探究银行业与虚拟经济有限发展之间的内在关联。首先从银行业的历史沿革与现实功能角度出发,指出银行业与虚拟经济之间高度的耦合性,且已成为虚拟经济有限发展的基础和条件;其次,从银行业"市场失灵""政府失灵"两个维度,论证了银行业及其宏观调控中存在的"竞争失序""脱实向虚""调控失度"和"监管失灵"等诸多问题已经阻碍或干扰了虚拟经济的有限发展；再次，积极回应开放经济条件的研究背景，从平衡创新激励与风险防控，协调内部治理与外部约束，完善法律体系与监管体制，兼顾国内规制与国际合作等四个方面阐释了银行业开放与虚拟经济有限发展之间的冲突与调和；最后，基于虚拟经济风险与价值并存的事实与规律，提出应以虚拟经济有限发展法学理论中的系统观、协调观和可持续发展观，指导银行业法律制度的变革。

第二个层面是研究分析虚拟经济有限发展法学理论视角下的中央银行法律制度。将中央银行在宏观调控、金融监管以及风险管理中的特殊作用与虚拟经济有限发展理论相结合，从信用货币发行、宏观审慎监管、"最后贷款人"等角度反思了当前的制度设计与运行效果，并指明了未来的发展方向：第一，中央银行是天然的货币发行者和信用调控者，然而，信用货币的自然属性和法律属性，以及货币政策的相机抉择有可能偏离安全、有序的轨道，无法实现和保障虚拟经济的有限发展，在经济全球化的背景下，我国实践之中既有创造"中国奇迹"的成功经验，更存在实现货币稳定以促进经济增长的制度改良空间；第二，随着宏观审慎被更多地引入金融监管体制，逐步确立了中央银行在宏观审慎管理和系统性风险防范中的核心地位，肩负起货币稳定与金融稳定的双重职责，货币政策与宏观审慎政策已经成为实现经济安全运行和虚拟经济有限发展的"双支柱"，为此，我国应在明确监管目标、加强监管立法、完善监管体制和提高监管有效性等方面有所改进；第三，中央银行不仅是配置信用资源的"调控者"，更是应对信用风险的"稳定器"，由其充当"最后贷款人"具有现实需求和正当性基础，但如何解决因此可能产生的道德风险与逆向选择问题，则需要正确处理政府与市场之间的关系，依法明晰最后贷款人的功能定位，加强最后贷款人职责与其他监管政策之间的协调性，以及完善最后贷款人管理体制。

第三个层面是虚拟经济有限发展法学理论视角下的商业银行法律制度研究。在认识到商业银行对于虚拟经济产生、发展具有重要而积极作用的同时,结合其在金融体系中的地位,阐明为实现虚拟经济的有限发展,需要从市场准入、消费者保护、功能监管等方面进行商业银行法律制度变革。首先,我国商业银行业开放是一个准入管制由严到松的过程,然而,"严"不乏制度价值,"松"暗含市场风险,宽严相济的市场准入应以维护国家安全为逻辑前提,以良法善治为目标,并体现内外有别、有进有退,平衡全面开放与风险防范之间的矛盾;其次,消费者的信心与信任是包括商业银行在内的现代金融的基石,而虚拟经济的有限发展也是坚持人本主义的可持续发展,因此,应明确消费者保护的立法目标,健全统一保护与行为监管相结合的保护机制,依法强化商业银行的主体责任,建立相对独立而切实可行的替代性纠纷解决机制;还有,金融创新以及银行业的全面开放推动了商业银行与证券、保险等金融机构之间的股权投资和业务交融,而基于实体经济条件所形成的市场约束和法律监管已难以应对基于混业经营所带来的金融虚拟化,对此,应以风险管理为导向,从合理配置监管权责,强化信息化背景下的监管协调,以及加强监测预警体系建设等方面推进监管体制改革,实现从机构监管到功能监管的转变,回应虚拟经济有限发展的监管需求。

第四个层面是虚拟经济有限发展法学理论视角下的外资银行法律制度研究。针对当前我国外资银行发展中存在的规模不大、区域发展不平衡、难以适应经济开放等问题,提出需转变对外资银行的立法理念,提升制度的包容性、开放性、透明性。例如,对等原则之下公平竞争秩序、管制型向治理型的制度转型,都有助于改善银行业营商环境,提升外资银行制度的包容性。在核心理念方面,外资银行是我国银行业开放的历史产物,虚拟经济有限发展观所强调的安全是外资银行开放的限度,可持续性发展是外资银行开放的目标。就制度变迁而言,虚拟经济有限发展理论是重要的立法指导原则:首先,作为一种结构性风险治理理论,整体发展是其基石,外资银行主体制度的调整应在我国银行业及其制度体系的广度上展开;其次,作为一种平衡协调和整体利益保护理论,协调发展是其关键,外资银行业务制度的完善需体现内外资银行平衡发展,以及提升我国银行业整体利益的高度;最后,作为一种发展理论,可持续性是其价值立场,外资银行法律制度应积极发挥实现有序开放、安全运行的引导作用。

第五个层面是虚拟经济有限发展法学理论视角下的政策性银行法律制度研究。论及了政策性金融、政策性银行在性质、地位、功能等方面的特殊性。在考察我国政策性银行转型实践与制度建设之后提出,政策性回归与市场化运作相结合并注重风险防范的改革路径与虚拟经济有限发展理论具有高度契合性,进而指出应从健全制度体系、强化内部治理、加强外部监管等三个方面对政策性银行法律制度进行完善:首先,需在既有的"一行一法"的立法模式基础上,制定更高效力层次的政策性银行基本法,提高政策性银行之间以及政策性银行与商业银行之间的协调性,并以此为纲,优化政策性银行制度体系;其次,政策性银行同样面临不同性质的风险,尤其是某些弥补市场失灵所进行的开拓性、试验性的金融业务,因此,应建立健全公司治理、内部控制和激励约束等制度,加强风险识别、处置、消化能力;最后,政策性银行及其业务的特性并不意味着它可以游离在国家监管之外,而只意味着对它的监管要实施有针对性的区别于其他银行监管的特别措施而已。

本书由陈晴、杨娟合著完成,其中,陈晴负责绪论、结语、第一章、第二章和第三章;杨娟负责前言、第四章、第五章。

目 录

第二章　虚拟经济有限发展法学理论视角下的中央银行法律制度　//　48

绪　论

　　经济是从复杂社会过程中抽象出来的概念,难以准确地界定和描述,但无论是实体经济,还是虚拟经济,都必须以"经济"为中心,因为经济因素在人类的进步历程中始终发挥着核心作用。[①] 虚拟经济与实体经济之辩的本质在于是否将前者视为一种具有相对独立性的经济运行形态或经济发展方式。金融既是社会分工的产物,也持续性地推动和促进了社会分工,并在市场资源配置中发挥着重要作用,逐渐成为现代经济发展的核心。实体经济是一个国家或地区的经济根基与财富源泉,因此,宏观经济政策,特别是金融政策应以发展实体经济为出发点和归宿。诚然,作为实体经济发展到一定历史阶段的表现形式,虚拟经济并不能等同于金融,但作为"涉及货币供给,银行与非银行信用,以证券交易为操作特征的投资,商业保险,以及以类似形式进行运作的所有交易行为的集合"[②],金融与虚拟经济在形式和内容上存在千丝万缕的内在联系。

　　尽管对于虚拟经济的内涵、外延尚未达成令人信服的理论共识,但作为一种经济形态,虚拟经济已逐渐形成一个相对闭合、相对稳定的循环系统,其中,货币与信用是经济虚拟化的关键因素,与此相关的制度是虚拟经济得以产生与运行的制度基础。[③] 基于历史渊源和现实选择的复杂因素,不同国

---

① 　特里·伊格尔顿:《马克思为什么是对的》,李杨、任文科、郑义译,新星出版社,2011,第126页。

② 　黄达:《金融学》(第三版),中国人民大学出版社,2012,第116-117页。

③ 　胡光志:《虚拟经济及其法律制度研究》,北京大学出版社,2007,第165-166页。

家或地区的金融体制之间具有一定的结构性差异,但与银行相关的组织体系、市场体系、监管与调控体系,以及相应的制度体系毫无例外都是重要的组成部分。新中国成立 70 多年,特别是改革开放以来,中国的银行业经历了从小到大、从单一到多元的发展历程,初步构建了以中国人民银行为核心,大型国有控股商业银行为主体,股份制商业银行和政策性银行为两翼,中小商业银行、外资银行、农村信用社、村镇银行、民营银行等为补充的多层次银行体系,并在满足货币需求、促进信用交易、优化资源配置、建设中国特色社会主义市场经济方面发挥了重要作用。近年来,随着货币政策趋于宽松,行业竞争日趋激烈,市场环境越发开放,再加之商业性信用与政策性信用共同发力,极大地提升了我国的经济货币化、资产证券化程度,虚拟经济与银行业之间的关系更加密切。

在金融全球化背景之下,金融开放是金融自由化与金融国际化的必然要求,也是金融深化①在全球范围拓展的必然结果。相比而言,中国金融市场的开放属于稳步渐进型,并在进入 21 世纪以后得以快速推进。② 随着市场化改革进程不断加快,货币市场与资本市场、国内市场与国际市场之间的关联性,金融机构及其业务之间的交叉性③逐步增强,我国金融市场的资源配置效率,以及与国际金融市场的融合程度得以提高。或许金融业开放本身不是金融风险产生的根源,但更高层次、更深程度的开放势必会增加防范与处置金融风险的难度,从而对我国的金融安全、经济安全带来不容忽视的

---

① 该理论要求政府减少对金融市场、金融体系的过度干预,让利率和汇率能够充分反映资金和外汇的供求情况,以提高银行分配资金、配置资源的效率,促进经济增长。参见 E.R.Shaw, Financial Deepening in Economic Development, New York:Oxford University Press, 1973, p.4.

② 2019 年 7 月,国务院金融稳定发展委员会发布了进一步扩大金融对外开放的 11 条措施,包括银行业在内的中国金融市场开放进入一个新的历史时期。

③ 例如,银行与保险之间不仅资金往来频繁、业务重叠交叉,更通过相互之间的股权投资而深度融合,同时银行与保险在资本充足率、偿付能力以及自身风险匹配能力等方面具有高度的相似性,这也为银保监会的合并提供了正当性和可行性。受研究范围和主旨所限,本书将以银行法律制度为研究对象,不单独讨论保险业,但会在包括审慎监管和功能监管等领域涉及保险。

挑战。建立包括微观审慎与宏观审慎相结合的监管机制不可或缺,但必须打破"监管万能"的幻想。实际上,自由银行时代早已远去,历次"以危为机"而不断完善的法律制度早已将现代银行业置于严格的监管之下,甚至超越了主权国家的范围①,因而将银行危机,抑或是因银行危机引发的金融危机归结于银行脱离制度约束是站不住脚的。不过,因此所达成的"银行市场从来都不是自由"共识并不意味着可以忽视银行业在每一次危机中所遭受的重创,及其对金融市场、国民经济以及社会生活的巨大破坏力。金融危机的背后是金融资本的暗流涌动,但资本并非那双"看不见的手",每一次"监管失灵"的背后都能找到更深层次的原因——人性,金融领域的"治乱循环"不仅体现了人类的共同理性,也说明人类从未真正吸取教训。

虚拟经济的有限发展是坚持以"发展"为路径,并以"有限发展"为目标,需要且只能在市场与政府的共同作用之下方能实现。在此过程中,如何划定监督与调控者的权力边界,市场参与者特别是相对弱势群体的利益是否得到充分保护,以及制度供给的系统性、协调性等问题都是判断虚拟经济是否实现"有限发展"的主要参考标准。研究表明,金融活动具有一定的生态学、组织学特征,并在一定政治、经济、文化、法制环境下形成鲜明的制度结构特征的金融生态。② 作为现代经济生态的重要组成部分,金融生态对实体经济和虚拟经济都会产生深远影响,而制度对于金融生态的作用是决定性的,它不仅决定了各个金融主体的行为方式及其约束条件和选择边界,进而确定相互之间的关系,而且,金融主体还可以通过改变制度来重塑金融生态环境,从而改善整个金融生态的质量。③ 因此,通过不断健全法律制度,培植良好的金融生态成为解决诸如金融领域的合规性、稳定性与风险性等问

---

① 具体表现为以下三种形式:(1)两国之间的跨境监管协调;(2)建立区域性统一监管模式;(3)国际监管合作机制。

② 徐诺金:《论我国的金融生态问题》,《金融研究》2005年第2期,第35-45页。

③ 易宪容、卢婷:《基础性制度是金融生态的核心》,《经济社会体制比较》2006年第2期,第47-54页。

题的关键。^① 由于持续不断的复制是资本的本性,也是它运行的基本法则,因而虚拟经济的"野蛮生长"不仅常常无法冲破体制的束缚,反而会随时放大市场的内在缺陷甚至引发危机,很明显,这是无益于创造更大的物质财富和增进社会福利的。完全自律的市场信念蕴含着富有空想色彩的社会体制,相反,一个政府积极而适度介入市场的经济体,应该优于自律性市场。^② 在此过程中,能否以兴利除弊为目标,适当干预或影响业已形成的恶性循环,走出历史怪圈,是对制度和人性的双重考验。坚持虚拟经济的"有限发展"是在认识到虚拟经济对于经济发展与社会进步的重要性、必要性的基础之上,以促进实体经济发展为落脚点,以协调适度、风险可控为原则,并通过提升和保障相关制度体系的健全度、有效性及可得性,而为虚拟经济寻求一个安全的可持续发展路径。

---

① 周小川:《法治金融生态》,《中国经济周刊》2005 年第 3 期,第 11 页。
② 波兰尼将商品分为真实商品和虚拟商品,其中,后者仅指土地、劳动力与金钱等,并指出劳动力是人类活动,土地则属于自然的一部分,国家应该调控货币与信用的供给,避免通货膨胀及萎缩的双重危机。参见卡尔·波兰尼:《巨变:当代政治与经济的起源》,黄树民译,社会科学文献出版社,2013,第 151-152 页。

第一章　银行业与虚拟经济有限发展

　　银行业所带来的繁荣与风险就像硬币的两面:一方面,银行业提供了必要的流动性支持、有效的风险管理机制以及多元化的市场交易模式,是虚拟经济有限发展的基础和条件;另一方面,银行业"野蛮生长"及其规制过程中存在的"双重失灵"也对虚拟经济的有限发展构成现实挑战。进一步扩大银行业开放,以竞争促进市场优化与繁荣是我国金融体制改革的"主战场",并与虚拟经济有限发展理论之间具有高度的契合性:首先,从虚拟经济与银行之间的关系出发,应平衡银行业的创新激励与风险防控,协调银行业的内部治理与外部约束,完善银行业的法律体系与监管体制,兼顾银行业的国内规制与国际合作;其次,虚拟经济有限发展法学理论从理念变迁、系统协调、利益平衡、结构优化以及风险治理等方面,为我国的银行法律制度变革指明了方向。

一、银行业是虚拟经济有限发展的基础和条件

　　金融是实体经济发展到一定历史阶段的必然产物,并逐渐形成了相对完整而独立的运行系统,从而区别于甚至是脱离了实体经济。尽管不同国家的金融体系在规模、结构、功能等方面有所不同,但从货币经营业到近现代银行,银行业弥久不衰,是金融最古老、最主要的表现形式。银行的功能和服务伴随着金融系统的变化而变化,而且,越来越多的金融机构试图或已

经提供与银行类似的服务①,以致无论是从经营机构,还是经营行为的角度都难以非常精确地回答"什么是银行",但银行业仍是金融服务体系中的基础性存在。一个稳定而健康的银行业为经济活动提供了必要的流动性支持,创造了有效的风险管理机制和多元化的市场交易模式,成为推动虚拟经济发展的"基础设施",也是实体经济,乃至整个国民经济得以增长的重要基础与信用保障。

(一)银行业为虚拟经济有限发展提供了必要的流动性支持

虚拟经济是以源于实际资本而本身没有价值、不参与生产与再生产过程的虚拟资本的交易活动为中心而形成的、与实体经济相对的一种经济形态,其核心内容与关键是虚拟资本的交易。② 强调虚拟经济的有限发展并不是单纯地抑制或限制实体经济的虚拟化,而是要在两者之间寻求风险管理与价值发现的有效平衡,这与现代金融的理念和功能高度吻合,即不同的市场主体就未来的不确定性通过形成各种契约,借助权利的可转让性,实现价值的跨时期转移,而统一的货币发行、稳定的货币价值和有效的货币供给则是虚拟经济有限发展的信用基础。如表 1-1 所示,世界主要经济体的货币供应为本国经济的货币化、资本化以及虚拟化都提供了充足而必要的流动性。

表 1-1　世界主要经济体的货币供应量

时间	国家	货币(M2)供应量	人民币/亿元
2020	中国	2186795.89(人民币-亿元)	21486795.890
2020	美国	19186.90(美元-十亿)	1232758.325
2020	英国	2767678(英镑-百万)	243796.452
2020	日本	1137026.70(日元-十亿)	697906.988
2020	欧元区	13608209.00(欧元-百万)	1061086.489

---

① 彼得 S.罗斯、西尔维娅 C.赫金斯:《商业银行管理》,刘园译,机械工业出版社,2012,第3页。
② 胡光志:《虚拟经济及其法律制度研究》,北京大学出版社,2007,第31-32页。

续表

时间	国家	货币（M2）供应量	人民币/亿元
2020	加拿大	2121396.00（CAD-百万）	106676.519
2020	南非	3482409.00（ZAR-百万）	14761.932

首先，虚拟经济的有限发展需要统一的货币发行。从世界范围来看，货币发行权的集中几乎成为共同的选择。例如，作为联邦制政体代表的美国，其建国者在规划设计国家基本制度体系之时，基于对纸币危害的认识，最终以宪法的形式禁止各州发行纸币；在中国，法律明确规定人民币由中央银行——中国人民银行统一印制、发行。需要注意的是，货币的发行与发行权的归属是两个既有联系，又有区别的概念。尽管如何定义货币仍是一个值得深入探讨的问题，通常是以"货币性"或"流动性"来定义货币：前者是指资产能作为交换媒介的性质；后者则是资产转变为交换媒介的能力，且具有不同流动性的资产对于经济的影响是不同的[1]，但是统一而集中是货币发行的根本原则，也是货币流通规律的客观要求，这既能够满足国民经济对货币的客观需要，也有助于调节货币流通，控制社会信用，避免投放的无序性。

其次，虚拟经济的有限发展需要稳定的货币价值。1967 年 6 月 8 日，由联邦德国议会通过的《经济稳定与增长促进法》是世界上第一部宏观调控的综合性立法，首次系统而明确地将"经济增长、稳定物价、充分就业和国际收支平衡"作为宏观经济调控的目标。实际上，保持本国货币的币值稳定几乎成为各国货币政策的首要目标，甚至是唯一目标。目前，我国的货币政策目标就是"保持货币币值的稳定，并以此促进经济增长"。[2] 中国经济已经进入一个挑战与机遇并存的新时代，从高速度发展向高质量发展的转变，需要保障金融稳定与物价平稳，既要防止总需求短期过快下滑，也要防止"放水"固

---

[1]　盛松成、翟春：《中央银行与货币供给》（第二版），中国金融出版社，2015，第 4 页。

[2]　参见《中华人民共和国中国人民银行法》第三条。

化结构性扭曲,推升债务和杠杆水平。① 在经历了 2008 年美国次贷危机之初的激进期后,我国的货币政策重回稳健之路,有力地促进了供给侧结构性改革,并为经济转型营造了较为适宜的发展环境。在 2021 年 12 月初结束的中央经济工作会中,"稳字当头、稳中求进"成为 2022 年我国经济工作的主基调,后疫情期经济复苏仍具有较大的不确定性背景下,"稳健的货币政策要灵活适度,保持流动性合理充裕"反映了在货币政策事实上的宽松难以完全退出的前提下,稳定货币仍是必须坚守的信用底线。

最后,虚拟经济的有限发展需要有效的货币供给。综合性的货币信用服务是经济发展的市场基础,现代银行已经不局限于在将资金从借方向贷方转移中充当中介角色,逐渐发展成为更为广泛的金融服务的提供者,提供更为便捷的货币信用服务。目前,我国已经形成包括中国人民银行、国有大型商业银行、股份制商业银行、开发性金融机构、政策性银行、城市商业银行、民营银行、农村商业银行、村镇银行以及其他银行业金融机构在内的银行体系,能够提供涵盖各类存款、信贷、投资以及支付结算等综合性的金融服务,是虚拟经济发展重要的信用支撑。截至 2021 年末,我国金融业机构总资产为 381.95 万亿元,其中,银行业机构总资产为 344.76 万亿元,占比超过九成,在金融市场处于主导性地位。尽管随着金融创新,特别是资本市场和互联网金融的快速发展,为市场提供了更多的融资途径,但银行融资仍是最主要的社会融资方式,并特别关注了普惠金融、农村金融、消费金融等事关国计民生的融资需求。例如,为强化稳企业、保就业的支持政策,缓解中小微企业资金压力,中国人民银行加大了货币逆周期调节力度,不断创新货币政策工具,积极引导金融机构加大对小微企业的信用支持力度。②

---

① 徐忠:《新时代背景下中国金融体系与国家治理体系现代化》,《经济研究》2018 年第 7 期,第 4-20 页。

② 截至 2021 年末,全国小微企业贷款余额近 50 万亿元,其中,普惠型小微企业贷款余额 19.1 万亿元,同比增长近 25%。数据来源于中国银行保险监督管理委员会《2021 年银行业金融机构普惠型小微企业贷款情况(季度)》。

（二）银行业为虚拟经济有限发展创造了有效的风险管理机制

根据发达国家的经验,经济虚拟化大致经历了以下三个阶段:(1)经济货币化阶段。这是经济虚拟化最基础的形态,也是任何国家经济与金融发展融合都必须经历的最初阶段,通常用货币存量与名义国民收入的比值,例如,广义货币供应量 M2/国内生产总值 GDP,来衡量经济货币化程度。(2)经济证券化阶段。在此阶段,金融与经济的联系更加紧密,促进了金融体系内部的分工与协作,金融市场得以进一步细分,标准化、创新性的金融工具推动了资本社会化或信用社会化进程,使信用活动突破了银行间接融资的制约,增加了资本获利的范围和机会。(3)经济衍生化阶段。在"二战"后形成的布雷顿森林体系崩溃后,金融衍生品和资产证券化的兴起,将金融推向了高度虚拟化的阶段。[1] 在不同的历史阶段,经济的过度虚拟化所带来的风险往往成为引发危机的重要因素。鉴于虚拟经济的从属性、寄生性、偏离性、投机性、高风险性、风险传导性以及经济危机的诱发性和破坏性等特点,虚拟经济的发展应当是适度而有限的。银行危机不仅是金融危机最主要的表现形式,往往也是金融危机的导火索,因此,对金融危机的理论研究首先是从银行危机开始的。[2] 在市场与技术的双重推动之下,银行业围绕着风险管理,在业务经营、技术水平以及安全保障等方面,为实现虚拟经济的有限发展提供了丰富的风险管理手段、科学的风险定价机制和多元化的市场交易模式。

首先,不断扩大的经营范围提供丰富的风险管理手段。自 20 世纪中叶至今,随着经济一体化、金融全球化进程的加快,各国逐渐放松了对混业经

---

[1]　何泽荣:《以人为本的中国金融全面协调与可持续发展研究》(第二版),西南财经大学出版社,2015,第 46-48 页。

[2]　1755 年,爱尔兰的理查德·坎蒂隆在《商业性质概论》中探讨了对付银行挤兑的方法。参见刘志友等:《商业银行安全问题研究》,中国金融出版社,2010,第 75 页。

营的限制,金融业从业务范围到组织形式实现了高度融合,金融控股公司[①]的产生与演变便是最好的例证。与单一金融机构相比,金融控股公司在规模效应、资本配置、信息共享、风险控制、业务创新以及服务范围等方面都具有明显优势,其业务范围涵盖金融业的各个领域,甚至打破了金融资本与产业资本的界限,为单一金融机构各业务部门,银行金融机构与非银行金融机构,以及金融机构与非金融机构之间微观的资源与风险匹配提供了丰富的备选方案。再如,作为人类金融史上的一项伟大发明,中央银行不仅要承担调控信用、监管市场的职责,还能够运用特有的货币政策工具,开展特殊的经营业务,例如,以公开市场操作方式从事市场交易,吞吐基础货币,调剂货币流通,进行适时适度的逆周期调节,以确保货币价值稳定,并引导货币市场安全、平稳运行,在宏观层面实现了国家干预金融市场,维护金融秩序的意图。

其次,不断提升的技术水平提供了科学的风险定价机制。20世纪70年代兴起的证券化是实体经济虚拟化的重要途径与表现形式。就未来的偶然结果达成协议是现代金融的重要基础,或有权利是金融创新的主要动因,它不仅为人类应对直接的、可预见的风险提供了工具,而且还为应对未来的不确定性提供了必要的信用工具,其中,保险合约和风险套期就有力地证明了这一论断。17世纪的荷兰期权交易是当今世界金融衍生品市场的先驱[②],后被广泛运用于不同金融资产的风险定价,使得包括银行的风险分摊到市场的其他参与者,在不同市场之间不断转换银行资产的性质,并将风险分摊给更多的市场参与者,为具有不同风险偏好的投资者提供了更多的选择,提高了交易效率,节约了交易成本,成为虚拟经济的现代化运行工具。在数据业已成为重要生产要素的数字时代,科技与金融高度融合,包括银行在内的

[①] 20世纪初,为规避禁止设立银行分支机构的规定,美国出现了银行控股公司,并于1956年颁布实施了《银行控股公司法》;1999年《金融服务业现代化法》创立了"金融控股公司"这一法律概念。

[②] 威廉·N.戈兹曼、K.哥特·罗文霍斯特:《价值起源》,王宇、王文玉译,万卷出版公司,2010,第2-4页。

金融机构可以通过特定的算法,利用海量的数据变量进行风险定价,并提供差异化的金融服务。

最后,不断强化的安全保障提供了可靠的交易环境。金融安全网是金融体系中一系列危机防范和管理制度安排的统称,其目的在于保持金融体系稳健有序运行,防止个体风险向其他金融机构和整个金融体系扩散、蔓延,通常包括审慎的金融监管、存款保险及各类投资者保护制度、中央银行的"最后贷款人"职能在内的"三大支柱"。银行安全网是金融安全网最重要的组成部分。以银行存款保护制度为例,功能完善、权责统一、运作有效的存款保险机构,有助于增强金融企业、存款人的风险意识,防范道德风险,保护存款人的合法权益。此外,计算机、数据通信、微电子和软件工程等现代信息技术在商业银行业务交易处理、经营管理和内部控制等方面的广泛应用,一方面使得传统的金融风险具有了鲜明的时代性,即技术风险在银行风险管理中的重要性日益凸显,另一方面则增强了银行业的技术治理和安全保障水平。近年来,各国监管当局为应对互联网金融、金融科技的迅猛发展,通过引入大数据、云计算、区块链等科技手段,不断强化监管科技水平,便是极好的例证。这种"矛与盾"之间的相克相生,客观上也为以电子化、网络化、证券化为交易特征的虚拟经济,创造了更加安全的市场环境。

(三)银行业为虚拟经济有限发展提供了多元化的市场交易模式

随着金融创新深度与广度的不断提升,金融的"脱媒"与"去中心化"趋势日渐明朗,再加之资本市场与其他金融机构的快速发展,银行在金融市场的份额与影响力均有所下降。实际上,单纯作为借贷中介的"银行"已无法在概念上全面描述现代银行的全貌,不同类型金融中介机构之间的界限变得愈加模糊,特别是在不同类型的银行业务被合并到同一家企业时,似乎所有的金融中介机构都可以被视为"银行"[①],导致打破传统金融界限的混业经营与来自行业内部的精细化趋势并存:大型银行逐渐演化为全能型金融集团,其业务范围囊括商业银行、证券、保险、资产管理以及金融租赁等不同类型的金融服务;银行业内部分工更加精准,出现了大量锁定特定目标市场,专门从事诸如小额贷款、住房抵押贷款、结算等特色业务的专业化银行。

以商业银行为例,通过充当市场资金余缺的调剂媒介,并创造信用是其两大核心功能,为社会融资提供了最主要的渠道。以我国为例,如表1-2所示,以各类贷款为主的间接融资仍是最主要的融资渠道。然而,在分业监管体制之下,商业银行一方面既要受到最严格的监管,还要应对来自以互联网金融为代表的新兴市场力量的竞争,其利润空间有所压缩,另一方面存在一定程度的"信贷配给"现象,无法满足某些市场主体正常的资金需求。2008年美国次贷危机之后,货币供求关系进一步失衡,加剧了经济泡沫化或过度金融化,"影子银行"或"银行的影子"急速扩张,并使得传统的"中央银行—商业银行—实体经济"的信用创造链条,逐渐转化为"中央中央银行—商业银行—各种不同的影子银行工具或产品—实体经济",当然,复杂的金融结构虽然增加了货币政策操作难度,累积和放大了金融风险[②],但也在客观上通过信用交易场景的转换,在一定程度上缓解了中国经济高速发展中的资金供求矛盾。

---

① 理查德·波斯纳:《资本主义的失败:八危机与经济萧条的降临》,沈明译,北京大学出版社,2009,第23页。

② 沈伟:《银行的影子:以银行法为中心的影子银行分析框架》,《清华法学》2017年第6期,第25-48页。

表 1-2 我国国内间接融资与直接融资的规模及占比[①]

时间	社会融资规模/亿元	间接融资规模/亿元	间接融资占比/%	直接融资规模/亿元	直接融资占比/%
2011	128300	105719.20	82.40	17962.00	14.00
2012	157600	127498.40	80.90	25058.40	15.90
2013	172900	146446.30	84.70	20229.30	11.70
2014	164600	130198.60	79.10	28475.80	17.30
2015	154100	111876.60	72.60	36984.00	24.00
2016	178100	129496.51	72.71	42565.90	23.90
2017	194400	174201.84	89.61	13219.20	6.80
2018	192600	123264.00	64.00	46416.60	24.10
2019	242764	150178.00	61.86	78319.00	32.26
2020	348634	200712.00	57.57	138870.00	39.83

从金融体系的结构演化来看,"影子银行"是"直接融资"的自然延伸,反映了以市场主导的金融体系发展;而"银行的影子"则是"间接融资"的进一步演化,体现的是以银行主导的金融体系变化。[②] 典型的影子银行系统是由商业银行、保险公司、结构性投资工具、货币市场共同基金、资产支持商业票据导管、特殊目的公司等机构,以及商业票据、资产支持商业票据、信用违约掉期、债务抵押债券、回购等金融工具所构成,其中,金融机构均作为金融市场中直接融资产品的买方或卖方,抑或是以金融产品的承销商及其他辅助角色出现。[③] 时至今日,准确界定影子银行仍是一个争论不休的问题。根

[①] 按照统计口径,间接融资包括人民币贷款、外币贷款、委托贷款、信托贷款、未贴现银行承兑汇票;直接融资包括企业债券净融资、非金融企业境内股票融资、地方政府专项债券净融资。

[②] 殷剑峰、王增武:《影子银行与银行的影子:中国理财产品市场发展与评价(2010~2012)》,社会科学文献出版社,2013,第2页。

[③] 郭雳:《中国式影子银行的风险溯源与监管创新》,《中国法学》2018年第3期,第206-227页。

据 2018 年 9 月欧洲系统性风险委员会 (ESRB) 发布的欧盟影子银行①监测报告,截至 2017 年末,欧盟影子银行规模约为 42.3 万亿欧元,占整个金融业规模的 39%,相当于银行业规模的 82%,并呈现如下特点:区域和行业集中度较高,较为集中在国际金融中心城市,投资基金规模约占影子银行总资产的三分之一;流动性风险有所上升;与银行业的关联性较强,为银行提供的批发性融资规模上升;抵押品重复使用以及衍生品和证券融资交易 (SFT) 的使用可能引发顺周期性和高杠杆等风险。② 在中国,为稳定宏观经济杠杆水平,政府试图通过更加严格的监管使信贷增速与名义 GDP 增速相匹配,以至于影子银行的资产规模以及在 GDP 中的占比呈现出持续的下降趋势。③ 然而,影子银行的产生是金融发展、金融创新的必然结果,作为传统金融体系的有益补充,在服务实体经济、丰富投资渠道等方面起到了积极作用。

电子化、证券化且清算与交易分离是虚拟经济运行的基本特征,客观上需要高效的标准化清算系统,因为交易的速度远远快于完成基础交易的周期时间,只有依托银行金融机构所建立的庞大而复杂的清算系统,才能提供从对一笔交易做出承诺直到交易完成为止的全流程服务。二十国集团曾在 2009 年匹兹堡峰会上就要求所有标准化衍生品合约都必须在交易所或电子交易平台上交易,并通过中央对手方 (CCPs)④进行清算,以实现重新分配合约对手方风险,防止结算失败,降低结算风险,以及提高结算效率和市场流动性的风险管理目的,并逐步被美国、欧盟等国家或地区的金融立法所认可。尽管互联网时代来临,第三支付异军突起,移动支付将主导电子支付的

---

① 统计口径包括除银行、保险公司、养老基金和 CCPs 外的所有金融机构。
② 郑钧、苏醒侨:《欧盟影子银行监管改革进展》,《中国金融》2019 年第 3 期,第 82-84 页。
③ 截至 2021 年第一季度,我国广义影子银行资产规模约为人民币 58.7 万亿元,占名义 GDP 的比例从 2020 年底的 58.3% 降至 55.4%,创下 8 年来的最低水平。
④ "中央对手方清算制度"是指在衍生品交易中,由中央对手方,通常是专业的清算所取代双边清算,成为每一个卖方的买方和每一个买方的卖方,以确保任一方交易对手违约,也能够确保交易的完成,以抵消交易中的对手方风险。该制度源于日本,而现代意义上的中央对手方机制主要是指美国模式。

发展方向①,但支付与清算仍是银行的重要功能。

二、银行业"双重失灵"对虚拟经济有限发展的挑战

从历史的经验来看,银行业既是经济持续增长的"发动机",也可能成为经济波动的"加速器"。在经济全球化浪潮中,自由主义推动之下的金融创新非常活跃,银行跨境业务活动增长迅速,境外利润占比越来越高,跨境并购,特别是通过高杠杆负债进行的并购逐渐成为海外扩张的重要形式,银行资产的集中度增大,竞争空前激烈。银行不再满足于传统的信贷业务,转而青睐复杂的衍生品交易,混业经营日益普遍,"大而不倒"的银行集团不断涌现,金融资本与金融资本、产业资本与金融资本的高度融合,市场中既出现了"影子银行",也有"银行的影子",而政府干预也存在一定的滞后性和非有效性,银行领域的"市场失灵"与"政府失灵"并存是对虚拟经济有限发展的极大挑战。

(一)银行业"市场失灵"对虚拟经济有限发展的挑战

1."竞争失序":虚拟经济有限发展面临的利益诱导

银行既是经营信用的融资中介,也是追求利润最大化的市场主体,必要的竞争有助于提高银行抵御风险的能力,并保持必要的市场活力。始于20世纪中后期的金融服务现代化浪潮,施行以自由市场主义为导向的改革措施,带来了银行与银行之间,银行与非银行金融部门、非金融部门之间的融合与竞争。银行属于高杠杆、高风险的特殊金融机构,为应对内外交织的竞争压力,银行的商业模式日趋激进,而这种"野蛮生长"极易滥用其信用中介地位,进行缺乏约束的信用扩张,导致政府、私人部门债务高企,从而将社会

---

① 2021年,全国银行系统共处理移动支付业务1512.28亿笔,金额526.98万亿元,同比分别增长22.73%和21.94%。数据来源于中国人民银行《2021年支付体系运行总体情况》。

负债提升到一个极度危险的水平,国家变成一个高杠杆经济体,同时也扭曲信用资源配置,降低引导资本的有效性和透明度,蕴含着极大的系统性风险。

首先,激烈的市场竞争让银行更倾向于对规模经济和监管套利的追求,进一步推动了银行机构之间,以及银行机构与非银行机构之间的重组。以美国为例,基于对垄断的担忧,银行的扩张曾受到严格限制,因此,即便是经历了 20 世纪 30 年代的"大萧条",其银行机构的数量仍保持着相当的稳定性,直至 70 年代关于银行跨州兼并和设立分支机构的诸多法律障碍才出现系统性松动,1995 年通过的设立分支机构法案以及 2010 年通过的兼并法案则进一步强化了这种趋势。在我国,商业银行特别是国有大型商业银行,在金融体系中占有绝对优势。截至 2021 年末,大型商业银行资产规模为 138.4 万亿元,占同期银行业金融机构资产总额的四成左右。① 2006 年,《中华人民共和国国民经济和社会发展第十一个五年规划纲要》就明确提出要"完善金融机构规范运作的基本制度,稳步推进金融业综合经营试点"。2007 年成立的四家资产管理公司也在承担原有资产处置功能的基础上,逐步向投资银行转化,并重新接受原有大型国有银行的控股,以实现四大商业银行的综合化经营。虚拟经济的有限发展并非要限制或排斥正常的市场竞争,然而,规模庞大且多元化经营的大型银行不仅会造成金融资本与金融资本、金融资本与产业资本之间的高度融合,从而削弱竞争的有效性,出现诸如"信贷配给"等非市场化结果,还将由于其日趋复杂的管理层级、交易架构和经营动机增加了外部监管与调控的不确定性,危及金融安全与经济安全。

其次,资本的逐利性诱导银行的经营行为背离正常的信用规律和审慎的监管原则,浪费金融资源的同时,也不可避免地带来了道德风险、逆向选择等问题。以信用卡为例,该项业务是商业银行履行支付中介职能,处理支

---

① 数据来源于中国银行保险监督管理委员会公布的《2021 年银行业总资产、总负债(季度)》。

付中的资金转移与清算业务的一种非现金结算方式,具有消费支付、信用贷款、转账结算、存取现金等全部功能或者部分功能。发卡银行授予持卡人一定的信用额度,允许其先用后还,通常有长短不一的免息期,但超过该期限之后,就必须支付利息作为资金占用成本,因此,持卡人必须具备相应的偿还本息能力。近年来,我国商业银行利用利率优势,采取线上线下相结合的方式,以信用卡业务切入消费金融领域,积极地"挖掘"了社会底层用户及其贫瘠的信用。2021年9月,中国银行业协会发布的《中国银行卡产业发展蓝皮书(2021)》显示,截至2020年末,我国银行卡累计发卡量89.8亿张,当年新增发卡量4.5亿张,同比增长5.3%;全国银行卡交易金额792.8万亿元,同比下降3.6%。无论实体经济还是虚拟经济,安全运行都是其内在的价值追求,同时也是实现虚拟经济有限发展的重要保障。信用卡交易虽有利于提高结算效率,刺激经济需求,拉动社会消费,但在这种急速扩张过程中,部分持卡人的信用能力远不能满足监管要求,而发卡银行则通过降低发行的审慎性标准来换取市场份额,其危害性不容忽视:就个体而言,持卡人有可能背负超出其偿还能力的大额信用卡贷款,甚至陷入"以贷还贷""以卡养卡"的窘境,如果再将借款违规用于房地产、证券、基金、理财等非消费领域,放大资金杠杆,还会严重影响个人、家庭财务的稳定性和可持续性;而对社会来说,信用卡业务的超常规发展,甚至是违规发展,刺激了非理性的超前消费,严重透支了未来的消费能力,也会导致金融机构风险累积,并有可能引发更大范围的信用危机。统计数据显示,从2019年末到2020年第三季度末,我国的信用卡逾期半年未偿信贷总额就从742.66亿元增至906.63亿元,占信用卡应偿信贷余额的比例也从0.98%提高到1.17%。① 上述危害性在宏观经济下行趋势未能得到根本遏制背景下就显得尤为突出,引起了监

---

① 数据来源于中国人民银行《2019年第四季度支付体系运行总体情况》《2020年第三季度支付体系运行总体情况》。

管部门的高度重视①,而到 2021 年末,上述两个指标就分别下降到 860.39 亿元和 1.00%。②

2. "脱实向虚":虚拟经济有限发展面临的结构偏好

整体而言,实体经济是虚拟经济的基础,虚拟经济需根植于实体经济,并服务于实体经济,与之同时,虚拟经济也具有相对的独立性,并反作用于实体经济。虚拟经济有限发展的重要内容之一就是力求虚拟经济应然层面的"向实而生"成为实然选择,避免过度发展而严重脱离实体经济的客观需要,产生资源错配、融资成本畸高等"负外部性"。虽然虚拟经济的"脱实向虚"会导致一定程度的风险集聚与扩散,但无论是信用规模与结构失衡,还是高企不下的社会杠杆水平都是多种因素和多种背景下的产物,也存在一定的合理性和必然性。因此,关注与重视虚拟经济"脱实向虚"问题既要警惕虚拟经济的过度膨胀可能导致的经济泡沫,更不能"因噎废食",将虚拟经济与实体经济对立起来,从而忽视虚拟经济在促进社会价值流动、资源配置领域所发挥的特殊作用。

在信用货币时代,货币具有虚拟资本的属性,通过中央银行不断创造新货币,以及商业银行积极参与证券市场的经营活动是虚拟资本扩张的两条重要途径。银行是经营货币信用的特殊金融机构,基于不同时期的经济形势、货币政策等宏观原因,以及监管套利、内部治理等微观原因,有可能共同推动其资产负债表的急速扩张,出现货币超经济发行和信用资源错配等"脱实向虚"现象,并最终成为引发银行危机或金融危机的"导火索"。关于货币发行所带来的问题将在本书后续章节再行论述,此处不予赘述,而 20 世纪末发生在爱尔兰的情况确是十分有趣的分析样本,因为在这里根本看不到

---

① 2020 年 6 月,中国银保监会消费者权益保护局发布 2020 年第四号风险提示提醒消费者:应正确认识信用卡功能,合理使用信用卡,树立科学消费观念,理性消费、适度透支。参见"中国银保监会消保局关于合理使用信用卡的消费提示"。

② 数据来源于中国人民银行《2021 年支付体系运行总体情况》。

金融创新、证券化或者复杂金融产品的影子,更类似于美国20世纪80年代的储贷危机,即银行发放了过多的住房贷款,并体现在银行的资产负债表中。自20世纪90年代以来,爱尔兰主要银行的扩张速度令人震惊,仅以四大行中规模最小的盎格鲁爱尔兰银行为例,其资产扩张速度在1999年至2007年期间就达到年均40%,期末资产相当于期初的约20倍,而来自该国的官方报告显示,正是银行不计成本的扩张成为危机发生的主要原因之一。[①] 实际上,无论是在发达国家,还是发展中国家,趋利的银行机构都试图让借款人相信无论其信用记录多么不堪,都能够获得所需贷款,这在房地产信贷领域表现得尤为突出。例如,1999年至2007年,英国的房地产名义价格上涨了122%~146%,在此期间,以证券化为标志的金融创新起到了推波助澜的作用,房地产按揭贷款规模不断扩大,推动了该国银行杠杆率水平的大幅提升。2007年9月,按揭贷款占比高达90%的北岩银行,终因其贷款集中度失控,发生了英国自1866年以来的第一起银行挤兑事件,进而引发金融危机。

在中国,长时期的经济高速增长也造成了虚拟经济出现“脱实向虚”症状。2017年的全国金融工作会议首次针对如何抑制经济中的脱实向虚作出重大部署,随后的十九大报告则进一步加以强调,使之成为我国宏观经济调控的首要任务之一。在中国,经济的脱实向虚主要表现在以下两方面:一是资金在金融体系内部以同业业务形式空转套利,导致实体经济使用资金的成本激增;二是资金进入实体经济过程中存在行业错配,主要表现为过度流向房地产市场,推动房地产价格持续高涨,对实体经济产生负面影响。[②] 就银行而言,就是大量的信贷资金违规进入股票债券市场、房地产市场等领

---

① 参见 The Irish Banking Crisis: Regulatory and Financial Stability Policy 2003-2008、A Preliminary Report on the Sources of Ireland's Banking Crisis 等来自爱尔兰中央银行与财政部的报告。转引自詹姆斯·R.巴斯、小杰勒德·卡普里奥·罗斯、列文:《金融守护人:监管机构如何捍卫公众利益》,杨农等译,生活·读书·新知三联书店,2014,第152-153页,第176页。

② 曹德云:《保险业要坚持脱虚向实》,《中国金融》2017年第19期,第36-38页。

域,不断推高市场价格,形成了不同形式的资产泡沫,而与之同时,实体经济则出现"融资贵""融资难"等问题。金融学的常识告诉我们,"加杠杆"是金融交易的内在要求和本质特征,不同的杠杆水平会带来不同的收益结果,同时也意味着投资者可能面临不同的风险程度。因此,信用交易的广度和深度应当被控制在合理的范围之内,若整个社会的杠杆率超过这个限度,且越来越多的金融活动与实体经济无关时,金融机构乃至金融体系的脆弱性将迅速上升,大大增加爆发危机的概率。从维护金融稳定、促进国民经济健康发展的角度出发,有必要合理控制金融杠杆和社会杠杆水平。目前,高度关注经济运行中的高杠杆问题,抑制资产泡沫和"防风险",让金融回归到支持实体经济的本源已经成为我国宏观调控的政策基调和主要任务之一。

近年来,针对银行间业务存在的"三违反""三套利"及"四不当"现象展开专项治理工作,上述问题中的第一种现象得到一定程度的缓解。然而,在土地财政的推动之下,政府信用和房地产成为银行信贷扩张的重要驱动力量,这不仅导致金融风险逐渐向银行和政府集中,而且还干扰了市场风险、财政风险与金融风险之间的隔离机制,进而累积了产能过剩、房地产泡沫和债务杠杆风险,简而言之,房地产泡沫已经成为威胁我国金融安全最大的"灰犀牛"。面对银行业"脱实向虚"所造成的信贷房地产化、房地产金融化,中央银行和监管机构在制定货币政策和实施监管过程中,不得不面临"控房价、防风险"和"支持实体经济发展"的两难选择①。尽管随着调控力度的持续加强,房地产贷款增速持续性回落,占比有所下降,但截至 2021 年第三季度末,我国人民币房地产贷款余额为 51.4 万亿元,仍占同期人民币贷

---

① 2021 年以来,房地产市场调控政策持续收紧,房地产企业"三线四档"融资管理、金融机构房地产贷款集中度管理等调控措施表明了中央坚持房地产金融审慎以及持续加强房地产金融管控的态度,房地产市场整体承受着来自资金、市场等方面的巨大压力;同年 12 月召开的中央经济工作会议坚持房住不炒的定位不变,提出要"加强预期引导,探索新的发展模式"则引发了对未来政策走向变化的新猜想。

款余额 189.46 万亿元的 27.13%。① 如何坚持"房子是用来住的,不是用来炒的"定位,如何保持房地产金融政策连续性、一致性、稳定性,稳妥实施好房地产金融审慎管理制度,处理好加强房地产金融管理与促进房地产市场平稳健康发展之间的矛盾,紧紧围绕稳地价、稳房价、稳预期的目标全面落实房地产长效机制是未来宏观经济调控的难点和重点。

（二）银行业"政府失灵"对虚拟经济有限发展的挑战

银行业的"市场失灵"为政府干预提供了必要的正当性基础,然而,调控者、监管者也可能是非理性的。从行为金融学的角度出发,过度自信与从众心理、一定程度的损失厌恶与信息可得性偏差,以及行为与目标的"锚定效应"等非理性都将削弱政府干预的有效性,甚至引发或加剧市场动荡,特别是在我国银行业存在极强"政策性"的背景之下,可能在一定的时空范围内导致虚拟经济偏离有限发展轨道。

1."调控失度":虚拟经济有限发展的宏观干预失灵

金融调控是国家宏观调控体系的重要组成部分。一般而言,金融调控机制通常由以下三部分构成:决策执行机构,这个角色在大多数国家是由中央银行担任;金融法律法规,即实施调控的制度性部分;货币政策,包含完成调控任务所需要的政策设计以及采取的措施。② 货币以及建立在货币上的金融制度将人与人之间的关系抽象化,并大大超出了人的认知能力范围③,因此,虚拟经济的不平衡是常态化表现和本质特征,平衡只是暂时的。在国家有效干预和市场自发调节之下,周期性地呈现从不平衡到平衡,再到不平衡的发展脉络。银行业既是金融调控的对象,又是金融调控的载体,银行领域的市场失灵为实施宏观调控提供了必要的正当性基础,而调控的失灵则

---

① 数据来源于中国人民银行发布的《2021 年三季度金融机构贷款投向统计报告》。
② 曾筱清、杨益:《金融安全网法律制度研究》,中国经济出版社,2005,第 23 页。
③ F.A.哈耶克:《致命的自负》,冯克利、胡晋华等译,中国社会科学出版社,2000,第 115 页。

体现了国家干预的局限性。

(1)市场失灵:银行业宏观调控的正当性

金融的发展最终取决于实体经济,但也推动和促进实体经济的发展。资本市场资产价格与实体经济成长之间呈现出阶段性的发散关系,体现了现代金融在经济运行中的独特作用。不过,在一个经济周期结束时,这种关系可能演化为资产价格不同程度地向实体经济收敛,而其表现形式就是金融波动或金融危机。[①] 始于 20 世纪中后期,以自由化为导向的金融服务现代化浪潮,无视金融创新的逐利动机以及所蕴含的风险,一味强调放松监管,鼓励金融机构参与不稳健的经营活动,从而置身于充满投机与赌博的"市场旋涡",严重危及金融市场的安全与稳定。在金融领域,如何处理政府与市场之间的关系一直是个极其敏感的话题,对于政府介入金融市场的忧虑从未消除,因此,干预需要格外谨慎且必要,以便让竞争性金额市场在资源配置领域发挥基础和核心作用。

银行业的宏观调控有助于实现市场的供求平衡。通过设定合理的货币政策目标,综合运用多种货币政策工具和审慎监管手段,能够有效调控货币流通规模,调整社会信用结构,引导投资需求与消费需求,充分发挥金融手段在促进经济总量平衡、优化经济结构中的重要作用,同时,加强与财政、产业等宏观经济政策之间的协调配合,将大大增强调控的有效性。避免虚拟经济的"脱实向虚"进而实现虚拟经济的有限发展,并非无视资本市场、房地产市场等要素市场发展所需的流动性需求,而是要在厘清虚拟经济出发点与归宿的基础之上,借助政府"有形之手"克服市场自身缺陷,协调不同市场之间的资金需求,做到"虚实结合"和"以虚促实"。2020 年新冠肺炎疫情爆发之后,世界经济遭受百年未遇的重创,各主要经济体所采取的宏观调控政策就是很好的例证。在中国,中国人民银行推出了金额高达 9 万亿元货币

[①] 吴晓求:《关于金融危机的十个问题》,《经济理论与经济管理》2009 年第 1 期,第 5-13 页。

资金的货币政策应对措施：引导中期借贷便利和公开市场操作中标利率下行，推进 LPR 改革，释放利率市场化红利，三次降低存款准备金率释放 1.75 万亿元长期资金，推出 1.8 万亿元再贷款、再贴现政策，创新两项直达实体经济的货币政策工具以支持小微企业融资 4.7 万亿元。金融部门通过降低利率、减少收费、贷款延期还本付息等措施向实体经济让利约 1.25 万亿元，全年可实现 1.5 万亿元的目标。货币政策保持流动性合理充裕，带动 2020 年全年人民币贷款新增 20 万亿元左右，社会融资规模增量超过 30 万亿元。广义货币和社会融资规模增速高于 2019 年。① 上述举措有效地满足了疫情防控、复工复产和经济社会发展的金融需求，为中国经济逆势增长②并企稳向好提供了强有力的支撑。

银行业的宏观调控有助于货币的持续稳定。马克思曾言"金融危机就是货币危机"，深刻而系统地揭示了危机产生的基本原理。基于对货币流通只影响社会价格水平，而不会影响经济增长、劳动力就业以及国际收支平衡等宏观经济变量的认识，中央银行在设立之初往往被定位为"统一货币的发行者"和"票据清算的组织者"。然而，随着现代经济运行风险的不断显现，中央银行的角色及其功能也在悄然发生变化：一方面是充当"最后贷款人"，提供必要的流动性支持，以确保金融市场的稳定；另一方面则是主导货币政策的制定与执行，进而对金融、经济进行宏观调控，并将保持币值稳定作为其最重要的目标。

银行业的宏观调控有助于社会的分配正义。金融全球化、自由化使金融资本的流转变得更加快捷与便利，进而出现高度的集中。自 20 世纪 80 年代以来，全球财富的增长速度平均要高于收入增速，而大额财富的增长速度更是远高于平均财富的增长速度，这意味着在新的全球经济环境中，贫富悬

---

① 参见中国人民银行《2020 年第三季度中国货币政策执行报告》。

② 国家统计局数据显示，2020 年，我国 GDP 增长 2.3%，达到 101.5986 万亿元人民币（约合 14.72 万亿美元），历史性地突破百万亿大关。

殊或许正以前所未有的速度不断加剧,而资本收益的不平等是重要的原因之一。^① 分配的问题不仅仅是简单的经济问题、金融问题,更是严峻的社会问题。金融属于社会再生产过程中的分配范畴,基于现代银行体系在创造与分配社会财富中的地位、功能,适当的调控可以改变和影响资本的流向、结构与收益,进而在不同主体之间、效率与公平之间寻求新的平衡,一定程度上修复分配的"非正义"。

(2)调控失度:政府干预的局限性

毫无疑问,货币政策通过控制货币的发行与流通,已经成为影响社会投资、消费,乃至整个国民经济的调控手段之一。然而,流动性失度有可能导致通货膨胀或通货紧缩,埋下经济不稳定的隐患。哈耶克在分析货币框架时指出,现代商业组织高度依赖信贷机构,但货币供应在影响生产和价格方面更具干扰性,也容易以一种颇具危害的方式发生变化,为此,市场机制却无能为力,进而打破供需之间的既有平衡。^② 2008 年次贷危机之后,世界主要国家都不约而同地施行宽松的货币政策,货币发行远超历史上的平均水平,这导致主要国际货币大幅贬值,全球资产价格大幅上涨。为此,中国也抛出 4 万亿元的经济刺激计划,实施积极的货币政策加以应对,中央银行的资产负债表与国内社会融资规模迅速扩张,并形成了以人民币贷款规模放量支撑社会融资总额,进而促使企业及政府部门加杠杆的传导机制。统计数据显示,广义货币供应量 M2 从 2008 年的 71724 亿元激增到 2015 年的 163903 亿元,年均增幅为 16.5%,其中,2009 年的同比增幅竟高达 28.5%。^③ 充裕的流动性在一定程度上缓解了经济危机给实体经济所带来的巨大冲击,但也不可避免地进入股市、房市以及产能过剩的行业,不仅导致国内债

① 托马斯·皮凯蒂:《21 世纪资本论》,巴曙松、陈剑、余江等译,中信出版社,2014,第 443-450 页。
② 弗里德利希·冯·哈耶克:《自由秩序原理》(下册),邓正来译,生活·读书·新知三联书店,1997,第 96-97 页。
③ 根据国家统计局历年数据整理。

务规模直线攀升,也失去一次有效化解资产泡沫,淘汰落后产能,调整经济结构的大好时机,中国不得不从 2015 年底开始实施"三去一降一补"(去产能、去杠杆、去库存、降成本和补短板),以解决 2008 年过度信贷刺激的后遗症。当前,中国经济同时面临内生增长动力不足,外部不确定、不稳定因素增多的复杂局面,应保持必要的战略定力,实施稳健的货币政策,妥善应对经济下行压力,坚决避免"大水漫灌"的历史重演。

在调控过程中,忽视资本抵御风险的重要性有可能加重银行系统的脆弱性。最低资本要求(Minimum Capital Requirements)是巴塞尔资本协议框架的基础,要求宏观金融政策必须保证银行具备充足的资本水平,并成为抵御信用风险、市场风险和操作风险的第一道防线。世界上第一单信用违约互换(CDS)由摩根大通银行在 1994 年创设,银行可以通过购买 CDS 降低信用风险敞口,从而减少资本占用。1996 年,美联储无视 CDS 交易游离于监管之外的事实,允许银行通过场外衍生品工具——信用违约互换来缓释资本。[①] 截至 2007 年底,美国大型商业银行购买 CDS 共计 7.9 万亿美元,整个信用互换市场的名义价值高达 62 万亿美元[②],极大地削弱了银行资本抵御风险的缓冲作用。美联储的上述政策导向客观上增加了银行对高风险业务的需求,诱导其过度承担风险,并最终引发了市场对银行偿付能力的质疑,致使脆弱的银行体系在危机发生后显得更加脆弱。

过于宽松的调控政策,还可能扭曲市场价格,不利于维持必要的市场竞争秩序。即便如何强调政府干预的必要性,市场经济也必须遵循优胜劣汰的法则,以保持适度的竞争,因此,既要有合理的市场准入规制,又离不开有效的退出机制。在宽松的货币政策环境之中,银行往往掌握着更多、更便宜

[①]　银行在持有证券的同时购买了信用违约互换(CDS),那么,被保险证券的信用等级就与该 CDS 发行人的信用等级相同,因此,在大量释放银行资本的同时,也增加了银行对高风险证券的需求。

[②]　詹姆斯·R.巴斯等:《金融守护人:监管机构如何捍卫公众利益》,杨农等译,生活·读书·新知三联书店,2014,第 110 页。

的金融资本,能够提供更多优惠的利率条件,将社会融资成本维持在一个较低的水平,那些本应被淘汰的产业、企业可以轻松地得到贷款,或轻松地支付利息,以掩盖其经营状况恶化的现实。更让人担忧的是,充裕的流动性会让银行降低对潜在借款人的信用要求,甚至是在明知其不具备偿贷能力的情况下,仍然授予信用额度,然后通过续贷延迟不良资产的暴露,形成账面上的监管合规。在市场出清的过程中,大量的企业"死而不僵""僵而不退"在一定程度上就是金融宏观调控偏弱的结果。

2."监管失灵":虚拟经济有限发展的微观调适失度

无论是发达国家,还是发展中国家,金融市场从未真正自由,银行业体系总是处于严格的监管之下,而非游离于监管之外,因此,银行业所显现出来的问题不能简单地归结为"监管的缺失",而是应当深刻反省"监管为何失灵"。金融监管是一种有利于促进社会商业化、经济货币化的重要基础设施,而明确监管边界和监管范围显得尤为重要。值得关注的是,金融监管并非纯粹的技术性问题,也容易受到来自政治、社会等方面的干扰。在金融领域,对于政府干预的忧虑不光是基于市场是完全的理性假设,更是质疑立法者、政府官员的动机和能力。

基于不同时期的政治、经济环境以及所面临的挑战,银行监管理念与实践往往会在安全性目标与效益性目标之间"摇摆不定",导致监管的缺位、越位以及错位几乎难以避免:(1)20世纪30年代至70年代——安全优先阶段。"大萧条"给西方经济和金融体系带来的巨大创伤让各国政府意识到,自由银行体系与全能金融体系的脆弱性,以及市场的不完备性导致"看不见的手"并不会如人所愿地运行,积极的政府干预被寄予厚望,以弥补市场缺陷,强化金融市场监管,维护金融体系安全。(2)20世纪70年代至80年代——效率优先阶段。随着危机的阴影渐渐褪去,高失业率与高通货膨胀率并存的"滞涨"把"凯恩斯主义"拉下神坛,以"金融抑制论"和"金融深化论"为代表的新自由主义掀起了一场反监管运动,商业银行"安全第一"的监管要求被放松管制所削弱,金融市场开始由严格监管为主的限制性体制向效率优先的体制进行转变。(3)20 世纪 90 年代至今——安全与效率并重阶段。金融的自由化浪潮不仅带来了市场的繁荣,也引发了区域性,乃至全球性的金融危机。监管与自由、政府与市场之间的关系被再次审视,被逐步缩小了分歧,即市场虽然存在失灵,但仍然是最有效的资源配置方式,政府即便也会失灵,但国家干预在现代市场经济中发挥重要作用。在此基础之上,监管制度不断尝试在安全稳定与创新效率之间寻求平衡。①

　　缺乏对称且均衡的监管模式是"监管失灵"的重要表现之一。相对于传统商业银行,监管者对于能够带来更多市场活力的金融创新,例如,对冲基金、投资银行以及其他表外业务保持着极大的包容度而缺乏应有的监管。也许这些机构或业务与一般金融消费者之间没有直接联系,但同样蕴含着系统性风险,特别是对一些缺乏必要的存款基础,且负债不受存款准备金约束的机构,由于其主要资金来源于短期市场融资,一旦出现市场流动性问题,其偿付能力远远低于资本要求更高的商业银行。20 世纪末,美国的场外衍生品市场规模增长迅猛,并出现了爆炸性增长趋势,但由于政府缺乏必要的数据信息,难以评估其系统重要性以及潜在的风险,时任美国商品期货交易委员会(CFTC)主席的布鲁克斯利·伯恩将其称为毫无透明度的"灰色市场",并发出了强烈的警告,建议增加市场透明度。但令人遗憾的是,美联储、财政部以及证券交易委员会的官员们却认为市场自身可以解决问题,加强透明度监管毫无必要,甚至还指出上述建议会"在原本生机勃勃的市场之上强加一份监管的不确定性"。2000 年,美国国会通过《商品期货现代化法案》,将包括违约互换市场在内的整个场外衍生品市场移出政府的监管视线,导致场外衍生品市场就在不受监管的环境下继续扩张,市场规模从 1996

---

① 曹凤岐:《金融市场全球化下的中国金融监管体系改革》,经济科学出版社,2012,第 22-25 页。

年的 25 万亿美元增至 2006 年的超过 500 万亿美元[1]，并最终成为引发危机的"导火索"。

"监管失灵"的另一个重要表现就是出现监管真空。银行控股公司或金融控股公司是金融自由化背景之下组织创新的集中体现，其内部管理层级众多，业务纵横交叉复杂，彼此之间的利益冲突和关联交易，以及高度集中性都预示着极大的风险，而传统分业经营条件下严格区分不同金融机构及其业务经营的金融监管体制，难以对其实施全面、有效的监管。在宏观层面，传统金融监管体系之下的金融机构与金融市场被认为是平行的融资形式，分别完成间接融资与直接融资，相应的监管也相互独立，各有不同的监管逻辑。基于此所构建的二元监管结构将应对挤兑风险的监管措施仅限于金融机构，而利用这些监管漏洞进行监管套利正是影子银行得以产生与存在的根本动力。就微观而言，影子银行系统中的长期资产支持证券、债务抵押债券、商业票据等交易工具均属于证券的范畴，适用的是以信息披露为核心的证券市场监管体系。而且，通过柜台进行交易的商业票据、资产支持证券、资产支持商业票据，以及储架发行[2]的资产支持证券等还能获得注册豁免，几乎不受监管。在这些工具组合成影子银行系统之前，市场机制尚能确保金融市场的稳定运行，但一旦把借短贷长、期限错配的结构性缺陷带到金融市场，就远非信息披露和市场机制可解决。作为金融系统进化的产物，影子银行使得金融机构与金融市场之间的界限逐渐模糊，并带来了传统二元监管路径所未曾涵盖的风险。[3]

---

① 詹姆斯·R.巴斯、小杰勒德·卡普里奥、罗斯·列文：《金融守护人：监管机构如何捍卫公众利益》，杨农、钟帅、靳飞等译，生活·读书·新知三联书店，2014，第115-118页。

② "储架发行"是指一次注册，多次发行的证券发行机制，发源于美国。2014 年 11 月 24 日，美国《资产支持证券披露与注册条例》(*Regulation Asset-Backed Securities Disclosure and Registration*, *Regulation AB II*)生效，正式确立了资产支持证券储架发行制度。我国信贷资产支持证券的"银监会备案+央行注册"以及深交所和上交所采用的"一次备案多次发行"等模式都借鉴了该制度。

③ 郭雳：《中国式影子银行的风险溯源与监管创新》，《中国法学》2018 年第 3 期，第 206-227 页。

作为"监管失灵"的一种特殊表现则是体现在对信用评级的过度依赖。几乎全世界的监管机构、金融机构都把信用评级机构的评估结论作为金融产品定价和风险管理的重要依据,但与之相关的利益冲突问题一直没有得到应有的重视,且在独立性、管理、报酬获取以及评级程序等方面缺乏必要的透明度监管[1],实质上已异化为监管部门将其监管职责"外包"给评级机构,并由后者向市场交易主体出售许可发行债券、股票、资产支持类证券以及其他金融产品牌照,因此所造成的极强破坏力,最终引发世界知名会计公司的造假丑闻,促使一些国家不得不制定更为严格的监管标准。[2] 信用是包括银行在内的金融业基石,也是一种具有经济价值的金融资源,货币虚拟化、资本证券化都离不开信用评估的有效介入,但信用评级的市场化改革需要分清政府与市场的边界,否则,将可能为监管者的"懒政"背书,造成严重的"监管缺位"。

三、银行业开放与虚拟经济有限发展的冲突与契合

作为金融行业的核心部门,银行业是我国对外开放的"先行者"和重要组成部分。改革开放以来,中国按照逐步开放、循序渐进的原则,有计划地向外资银行开放经营地域和经营领域,加入世贸组织以后,加快了金融对外开放,银行业发展迅猛:逐步确立了价值意识、资本约束意识、风险管理意识和品牌意识,并树立了资本经营、资本与风险相匹配等经营理念;积极稳妥地推进创新,调整经营方式和发展目标,并不断优化银行业务和收益结构;银行合规管理水平和风险管控能力持续提高,公司治理能力得以增强;通过设立分行和参股等形式加快海外扩张,积极参与全球金融服务。目前,中国

---

[1]　乔治·乌杜:《金融的背叛:恢复市场信心的十二项改革》,劳若珺译,东方出版社,2017,第157-158页。

[2]　例如,美国在安然、世界通信等一系列事件之后,为恢复投资者对其资本市场的信心,于2002年出台了《公众公司会计改革和投资者保护法案》,即《萨班斯-奥克斯利法案》,大幅修订了《1933年证券法》《1934年证券交易法》,并着重在公司治理、会计职业监管以及证券市场监管等方面作出了许多新的规定。

已成为世界第二大经济体、第一大贸易体,有条件且有必要进行更有深度、更有质量的高水平开放。在全面深化改革的新时代,为发挥金融在配置市场资源方面的作用,应结合我国金融市场的结构性禀赋,进一步扩大银行业对外开放,不断完善我国银行市场体系,从而持续地提升我国金融市场、金融工具和金融主体的丰富程度和竞争力。2019 年 7 月月 20 日,国务院金融稳定发展委员会办公室发布《关于进一步扩大金融业对外开放的有关举措》,推出 11 条金融业对外开放措施,进一步扩大金融领域开放。此次改革涵盖债券市场、银行保险市场和证券市场 3 个领域,并涉及市场和机构层面实质性的变化,预示着中国金融市场国际化迈入一个新的历史阶段。

开放是一把"双刃剑",不仅意味着更多的国际金融资本,更广泛的国际金融合作,以及更广阔的国际金融市场,更意味着更加激烈的竞争,必将倒逼中国金融机构、金融市场、金融监管都要尽快补上短板,增强创新能力和风控能力,以强化全面开放条件下的金融风险防范,切实维护国家金融稳定和安全,毕竟一个静态的、故步自封的调控与监管体系无法与一个动态的、不断创新的金融系统相匹配。虚拟经济有限发展并非限制和排斥发展,而是强调以"有所为,有所不为"的开放促进发展。因此,虚拟经济有限发展视野下的银行业开放是"立"与"破"的有机结合,兼顾开放条件下银行业的创新激励与风险防控、内部治理与外部约束,并以安全运行为中心,以不发生系统性风险为底线,完善银行立法与监管体制,积极参与银行治理的国际合作,实现从金融大国向金融强国的转变。

(一)平衡银行业的创新激励与风险防控是虚拟经济有限发展的目标

创新是现代金融业发展的强大推动力,广泛涉及不同金融领域的组织与模式、产品与服务、工具与技术等各个方面,而创新能力建设事关一个国家的金融服务水平和核心竞争力。尽管风险总是与创新如影相随,但银行产生与存在的价值就在于承担风险和经营风险,因此,规制银行的目标不是,也不可能是消灭风险,而是帮助银行如何更好地识别和管理风险,并在此基础上实现对风险的合理定价和有效对冲。当然,银行的开放并不能过于强调行业发展,而忽视必要的审慎原则。历史经验告诉我们,每一次危机之后的政府应对具有高度的雷同性,那就是制定更多、更为严格的监管规范,建立更为复杂的监管体系,并赋予相关政府机构更大的权力,不过当危机的大潮逐渐退去,监管又不可避免地陷入迟钝、低效,甚至是熟视无睹,直到下一次危机如约而至。

在两个极端之间的摇摆,或是矫枉过正反映出治理理念上的缺陷,其结果必然是难以克服的系统性、周期性的“监管失灵”。所以,既要充分意识到任何危机背后的巨大经济和社会成本,以及应对银行风险的复杂性,更不能因噎废食而限制行业的创新和进步,因为后者的代价也是极其昂贵的。换言之,必须不断适应市场变化,加强银行业创新的市场透明度,有效平衡鼓励创新与防范风险,注重金融创新与加强金融监管之间的相互协调、相互促进,并保持金融政策与经济发展之间的协调性,将危机发生的可能性及其危害结果降到最低,打破和避免陷入上述“治乱循环”,以控制国家干预的社会成本,降低对经济的负面影响。

如何应对金融创新所带来的监管挑战,许多国家及国际组织都在进行持续性的观察、研究和实践,其中,英国的“监管沙盒”机制就是应对金融监管创新需求的宝贵经验。尽管监管沙盒的设计及运行存在一定的差异,但基本原理在于为金融创新提供一个“安全空间”。金融机构可以在此虚拟的市场空间测试创新性产品、服务、业务模型以及交割机制等,但不会立即引发正常监管状态下的后果,较好地解决了创新与监管之间的矛盾。因此,逐渐被美国、澳大利亚、新加坡、泰国以及我国台湾和香港地区等国家和地区效仿。[①] 我国的金融科技创新监管试点,即“监管沙盒”自 2019 年 12 月在北

---

① 宋晓燕:《国际金融危机后十年监管变革考》,《东方法学》2018 年第 1 期,第 190-197 页。

京市试点以来,已逐步扩大到上海市、重庆市、深圳市、河北雄安新区、杭州市、苏州市、成都市和广州市等 9 市(区),各地陆续公布了"监管沙盒"的应用名单,接下来将根据试点情况,优化风险防范机制,适时出台相关监管细则。2020 年 5 月 14 日,中国人民银行、银保监会、证监会、外汇局联合发布的《关于金融支持粤港澳大湾区建设的意见》进一步提出了建立跨境金融创新监管沙盒。尽管上述机制基于其严苛的条件导致适用范围较为有限,目前入围的项目更偏重于技术手段、业务流程等方面的应用试点,业务创新数量较少,但其仍不失为一种友好型的试错平台,不仅有利于减少市场创新的时间和成本,提高金融产品供给效率,并且通过与创新者合作,确保新产品或服务已采取适当消费者保护措施,因此,能够在有利于消费者利益的前提下鼓励金融创新,并促进有效竞争。此外,银行业全面开放也给金融信息保护提出新的挑战,海量的金融数据既是银行金融机构最为重要的资源要素,也事关消费者、投资者的人身和财产权益,故应规范金融机构收集、保管、运用数据的行为,加强信息时代背景下的数据安全和个人隐私保护。与之同时,加强监管领域的基础制度建设,补齐监管短板,健全包括适当性管理、风险教育等消费者保护制度,更好地平衡创新和监管之间的关系,引导普惠金融规范发展。

(二)协调银行业的内部治理与外部约束是虚拟经济有限发展的路径

自现代银行制度确立以来,无论是会计准则、风险分析技术,还是企业组织形式等方面的发展都在不同时期、不同领域提高了银行内部治理水平,但如何克服内部治理缺陷仍是银行业需要认真面对和应对的问题之一。以激励机制为例,基于银行的市场属性以及资本逐利性,普遍施行以市场为导向,以业绩为目标的报酬机制,往往使得银行决策者、经营者的利益背离社会公共利益,客观上诱发了更为隐蔽的逃避监管行为,导致银行机构乃至整个金融体系过度承担风险,而这正是 20 世纪中后期以来危机频发的重要原因之一。因此,针对类似短期行为的亲周期性,应重视高管薪酬制度设计的科学性和合理性。银行监管的首要目的在于不断强化市场纪律约束,加强银行机构的公司治理和内部控制,并由外及内提高风险管理水平,构建防范风险的第一防线。与普通的工商企业相比,银行业在脆弱性、信息不对称以及外部性等三个方面的特点,决定了银行的公司治理具有特殊性和重要性。对此,包括巴塞尔银行监管委员会、国际货币基金组织、世界银行等国际组织都给予极大的关注[1],而竞争压力及创新推动之下的银行产品多样化、业务综合化、交易电子化、经营国际化等发展趋势,也给相对封闭运行的银行内部治理提出新的要求。

在金融领域,监管政策的调整就是一个不断修改监管边界的过程[2],广泛涉及政策与法律的关系,例如,是否存在政府政策、行政措施替代了法定的监管标准;还包括中央与地方,以及监管机构之间的监管责权配置。当然,从政府与市场的角度出发,在强调银行内部治理重要性的同时,更应加大来自监管体系的外部约束。因为金融市场的全面开放会通过金融交易的标准化、金融手段的网络化促进金融的全球一体化,也可能在提高金融市场关联性的同时,使得一个国家或地区发生的金融动荡像"池塘里的涟漪"一样,快速传递到其他国家,从而导致金融风险的国际化。为整治市场乱象,惩治违法行为,防范和处置各类金融风险,引导银行业金融机构回归本源,加大对实体经济的支持力度,我国于 2017 年对银行业的严监管、强监管已经成为监管历史上的鲜明特征。[3] 开放并非意味着放松和降低监管标准,相反,强化监管是银行业有序、安全开放的重要保障。在全面开放的语境下,

---

[1]　例如,1999 年,巴塞尔银行监管委员会在经合组织(OECD)的《公司治理原则》(*Principles of corporate governance*)基础上,出台了专门适用于银行业的《健全银行业的公司治理》(*Enhancing corporate governance for banking organizations*)指导性文件,并于 2006 年 2 月经修订后再行发布,指导各国监管机构提升本国银行业的公司治理。

[2]　黄毅:《银行监管与金融创新》,法律出版社,2009,第 27 页。

[3]　胡滨:《中国金融监管报告(2018)》,社会科学文献出版社,2018,第 68 页。

系统而规范的内部治理,能够让银行对内形成有效的自我约束,对外树立良好的市场形象,以便持续性地获得消费者、投资者,乃至一般社会公众的信任,夯实银行经营管理的信用基础;有效的外部监管则有助于克服银行自身的盲目性、逐利性等缺陷,调整经营行为,实现稳健与安全运行,真正发挥其主导性和基础性功能,从而成为虚拟经济有限发展的"定海神针"。

(三)完善银行业的法律体系与监管体制是虚拟经济有限发展的保障

实体经济与银行体系之间存在密切的互动关系,包括良性的互动、恶性的互退,以及两者发展程度不一致而产生的背离关系,而且,基于上述关系所呈现的状态并非稳定不变的,可能发生相互的动态转换。在此过程中,无论是诱致性或强制性的制度变迁,都会导致实体经济与银行体系之间的关系发生变化。① 进言之,法律与金融之间的联系则更为复杂,法律所创制的规则体系不仅为金融系统提供了外部保护机制,甚至作为金融体系的内生机制,促成了金融体系的形成与发展,并且也可能演化成为危及金融体系稳定的内在原因。② 完备而有效的法律制度是金融监管的基础和保障,监管首要的任务制定授予并限制监管机构权力的法律制度,并在此基础上建立健全监管运行的框架结构。当然,并非越复杂、越精巧的监管体制才是越有效的,因为金融监管的历史经验已经证明,每一次危机之后所采取的应急式和被动型的变革,都不可避免地为业已错综复杂的监管体系增添了新的复杂性、不确定性。虚拟经济的有限发展不是以遏制银行的发展为目标,更不可能重回简单、严苛的限制或禁止之路,而是应正视金融市场的不断深化,评估金融风险的整体程度,回归银行监管的本位,在坚持审慎有效的传统监管要求之上,关注创新所带来的新挑战,从转变监管理念、明晰监管职责、增强监管的独立性与协调性等方面重塑银行监管体制。

---

① 陈华强、何宜庆:《银行体系与实体经济》,中央编译出版社,2013,第132-137页。
② 郭雳:《中国式影子银行的风险溯源与监管创新》,《中国法学》2018年第3期,第206-227页。

首先,树立科学的监管理念。我国银监会自成立伊始,就明确提出了四个方面的监管理念:管法人,将银行机构作为一个法人整体进行监管;管风险,增强银行机构识别、监测和控制风险的能力;管内控,严格监管银行机构内控制度建设和执行情况,培养银行防范风险的自律意识;提高透明度,通过真实披露信息,约束经营者的行为。时过境迁,当前银行体系的规模与结构都发生了翻天覆地的变化,所面临的风险也更加复杂,这是在国际金融危机影响扩散的背景下,国内经济周期性、结构性、体制性矛盾叠加的结果。因此,必须树立包括系统性监管、差异化监管、适度性监管、常态化监管等监管理念,在不断弥补监管空白的同时,也要避免出现过度监管。虽然国务院金融稳定发展委员会被定位为统筹协调金融稳定和改革发展重大问题的议事协调机构,但是其设立仍是我国加强金融监管协调、补齐监管短板的重要标志性事件,并在成立伊始就将影子银行、互联网金融、资产管理行业和金融控股公司列入金融监管的重点领域。以影子银行为例,中国影子银行的形式和功能与英美等发达国家均有所不同,就目前的运行情况来看,并不是在主体层面替代银行,在功能上与银行也存在不同程度、不同形式的重叠,即在充当信用中介方面并无本质区别。因此,如果对影子银行的信用中介行为建立一套有别于银行的监管制度,只会在影子银行与银行之间形成不必要的监管套利①,也浪费了宝贵的监管资源。

其次,厘清监管机构以及中央与地方之间的职责边界。2008 年次贷危机之后,美国出台了该国史上最为严苛的监管法案——《多德-弗兰克华尔街改革和消费者保护法案》,针对危机中暴露出来的监管缺位、监管套利等问题,进一步明晰了美联储、联邦存款保险公司、美国货币监理署等主要监管机构的监管权限,特别是第一次明确了衍生品和互换交易的监管分工,即由美国证券交易委员会对"基于证券的互换"(Security-based Swaps,SBS)享

---

① 郭雳:《中国式影子银行的风险溯源与监管创新》,《中国法学》2018 年第 3 期,第 206-227 页。

有监管权,而美国商品期货委员会对其他形式的互换,如能源互换,负有主要监管权。在中国,随着国务院金融稳定发展委员会的设立以及银监会与保监会的合并,中国金融监管格局从原来的"一行三会"升级为"一委一行二会",其中,国务院金融稳定发展委员会承接和扩展了之前金融监管部际协调联席会议制度的主要职责,基本确立了最高金融监管部门的地位①,大大增强金融监管的权威性和有效性,有助于在金融业综合经营的大趋势之下,加强监管协调,弥补监管短板,减少监管空白。金融监管的集权与分权也是一个无法回避的问题,赋予地方适度的金融监管权力既要考虑不同国家或地区的政治体制,也需适时回应发展的现实需求。广义上的金融分权属于双重分权,本质就是政府与市场以及政府内部权力边界的划分②,而狭义的金融分权则主要是指后者,包括横向分权与纵向分权。在中国,建构于分业经营、分业监管基础上的金融监管体制,在经过调整之后,较好地解决了横向分权的问题,同时,也逐步探索金融监管的纵向分权,例如,在互联网金融方面的实践以及来自国务院金融稳定发展委员会的最新动态。③

最后,增强监管的独立性和协调性。危机之后的监管机构往往被新赋予或被强化其监管权力,使它们拥有了更为广泛、更为自由的"相机抉择"的操作空间。监管者本应充当市场纪律的代言人和监督者,然而,作为监管对象的金融机构、投资者及其利益相关者可能利用其掌握的资源,以各种手段影响监管的方式、内容,从而导致监管效果偏离预定的目标,即出现"监管俘

---

① 其职责主要包括"统筹金融改革发展与监管,协调货币政策与金融监管相关事项,统筹协调金融监管重大事项,协调金融政策与相关财政政策、产业政策等",且由国务院副总理兼任该委员会主任,均凸显其在我国金融监管体制中的特殊性和重要性。

② 屈淑娟:《地方金融监管权研究》,中国社会科学出版社,2020,第48-52页。

③ 2020年1月,设在中国人民银行的国务院金融稳定发展委员会印发了1号文件,在各省区市建立国务院金融稳定发展委员会地方协调机制,以加强中央和地方在金融监管、风险处置、信息共享和消费者权益保护等方面的协作。

获"问题。① 所以,必须建立与权力相匹配的督促、监督与问责机制,否则,我们可能一次又一次被带到危机的大门口。审慎监管、中央银行的"最后贷款人"职能和投资者保护制度是维护金融稳定的"三大支柱",需要不断加强三者之间的政策协调:审慎监管,要不断提高监管的有效性、协调性,做好信息共享,维持金融机构和金融市场的健康有序运转;中央银行履行"最后贷款人"职能,既要注重守住不发生系统性风险的底线,又要注意防范道德风险;投资者保护制度重在落实,并兼顾教育与保护、预防与救济。

(四)兼顾银行业的国内规制与国际合作是虚拟经济有限发展的要求

金融混业经营、综合经营的发展对监管的国际标准、规则及跨境监管的一体化提出了更高的要求。与此同时,面临更为开放的市场环境,银行业的外部性将在更大空间释放:一方面,国内经济的下行趋势没有得到根本性改变,各种潜在风险可能持续暴露,甚至加剧;另一方面,全球范围内的经济金融动荡持续不断,贸易争端、地缘政治等因素所造成的风险点仍在增加,而风险传播的"蝴蝶效应"会让国际层面的监管合作承受更大的压力。金融市场的国际开放是一个渐进的过程,区域性的成果为更大范围的国际协作提供了有益的经验。以欧盟为例,逐步确立的单一市场、单一货币和单一货币政策促进了金融一体化,不过也显著提高了风险跨境传染的可能性。在从分散走向集中,由多元转向单一的发展过程中,曾因为缺乏包括统一监管者、单一清算制度和存款保险制度等,难以对金融服务单一市场实施统一监管,出现了大量银行已经开展跨境经营,但监管机构、措施仍停留于成员国层面的碎片化现象,无法及时预防和有效应对危机,因此,从 2013 年起,欧洲银行业监管和问题机构处置的制度框架发生了根本性的变化,并推出银

---

① George J.Stigler,"The Theory of Economic Regulation",The Bell Journal of Economics and Management Science,Vol.2.No.1,1971,pp.3-21.

行业联盟单一监管机制(SSM)。①

　　来自国际组织的持续性努力也极大地推动了金融市场的开放与国际监管合作。世贸组织制定和促成了包括《服务贸易总协定》金融服务附件和金融服务附件二、《关于金融服务承诺的谅解书》以及 1997 年达成的《金融服务协议》等多项基本法律文件,进一步明确要求缔约国取消或减少对外国金融机构的各种限制,以消除不同国家之间长期存在的金融服务市场贸易壁垒,并确立了既能体现多边主义,又具有统一性的金融市场开放规则和政策。作为乌拉圭回合一揽子协议的组成部分,《关于金融服务承诺的谅解书》提供了更多可供作出具体承诺的方式,以助于金融服务的具体承诺与自由化的最低限制相符。《金融服务协议》则要求放宽或者取消对外资参与本地金融机构的限制,放宽对商业的市场准入,扩展现有的业务范围,构建了全球开放性的监督机制,大大推动了准入监管领域的协调与合作。随着上述法律文件的签署及推广,将金融市场准入的国际合作问题上升到具有全球性影响的国际条约层面,促成了准入监管国际合作与协调的实质性发展,为处理国际金融中的利益冲突提供了法律依据和争端解决机制。

　　进入 21 世纪,银行监管的国际合作取得长足进步,并就某些监管原则、监管政策逐渐达成共识。例如,2004 年巴塞尔银行监管委员会发布新资本协议后,其最大创新之处在于允许银行采用内部评级法(IRB 法)计算监管资本,为评估银行在建立包括信用风险、市场风险、操作风险在内的风险管理体系,有效地识别、计量、监测、控制风险方面所取得的进展提供了具有可操作性的评估框架。根据内部评级法要求,银行在符合一定条件并明确得到监管当局批准的前提下,可以使用本行对信用风险关键要素的内部估计值作为资本充足率计算的主要参数。对银行、公司和主权的信用风险,新资本协议允许采用内部评级法的初级法或高级法:初级法仅要求银行计算出

---

① 　宋晓燕:《国际金融危机后十年监管变革考》,《东方法学》2018 年第 1 期,第 190-197 页。

借款人的违约概率,其他风险要素值由监管部门提供;高级法则要求银行使用自己计算的违约损失率、违约风险敞口等风险要素值。通过使用巴塞尔委员会所设定的风险权重公式,这些风险度量值可以被转换为风险权重和监管资本要求。

2008 年次贷危机之后,巴塞尔银行监管委员会(BCBS)、金融稳定理事会(FSB)等国际组织和 G20(二十国集团)主导了国际层面的监管改革,共同制定了新的国际金融监管标准,主要涵盖微观审慎监管、宏观审慎监管和完善金融基础设施等三个方面,其中,由 BCBS 负责微观审慎监管改革,其余两个方面则由 FSB 会同 BCBS、IOSCO(国际证监会组织)以及 IAIS(国际保险监管官组织)等国际金融标准制定组织共同推进。然而,设计和推行统一的监管措施,无疑是一项庞大而艰巨的系统工程,而且,往往不得不服从于政治,而非基于对全球金融监管的客观、合理评估。此次危机之后的国际金融监管改革既是国家之间更大范围、更高水平的合作,也开启了新一轮的竞争,各国将防范国内金融风险与保持国际金融竞争力都视为改革的重要目标,积极参与国际金融规则的制定,并高度重视和努力谋取更大的话语权,以最大限度地满足本国发展的需求,从某种角度来讲,在制定国际金融监管规则中的影响力已经成为彰显一个国家竞争力的重要指征。作为发展中国家,随着综合实力的不断增强,我们需要一个更加开放、更加活跃的金融市场,但中国金融业的开放不能再单纯依赖"引进来"。因此,身处"百年未遇之大变局",我国可以借助人民币国际化和"一带一路"建设等发展契机,大踏步"走出去",形成双向开放的良好局面,但要构建符合新时代需要的大国金融体系,应准确把握当前国际金融监管演变的新特点,主动应对新挑战,积极参与国际金融监管规则的重塑。

四、虚拟经济有限发展法学理论指导下的银行法律制度变革

在深化金融开放的语境之中,银行法律制度如同历史上的任何一项制度,不可能有利而无弊,也不可能历久而不变①,其变革既有内在动力,也有外部压力。"虚拟经济有限发展法学理论"是检视、反思、促进我国虚拟经济立法以及相关制度设计的重大理论贡献,其基本含义是在认识到虚拟经济应是一种适度型、约束型经济模式前提下,以虚拟经济的运行安全为立法目标,并以此设定发展的自由限度和约束条件,进而保障其有效性和可持续性。该理论有助于指导银行法律制度从因应型、被动型转向引导型、主动型,并结合我国银行业开放以及监管的重点,进一步建立健全风险防范化解长效机制,加快出台金融控股公司监督管理试行办法,制定系统重要性金融机构监管实施细则,完善金融基础设施监管制度,推动修订《中华人民共和国中国人民银行法》(简称《中国人民银行法》)、《中华人民共和国商业银行法》(简称《商业银行法》),制定《政策性银行法》等基础性银行法律法规,进一步完善外资银行、政策性银行法律体系,加强打击非法金融活动等重点领域的立法工作,为开放条件下虚拟经济运行安全提供必要的法律保障。

(一)虚拟经济有限发展法学理论引导银行法律制度变革的理念跃迁

作为资源配置的枢纽,金融在市场经济发展中发挥着重要的"造血"和"输血"功能,而金融治理水平则决定和反映了一个国家治理体系和治理能力的现代化程度。当前,中国特色社会主义进入新时代,金融应回归服务实体经济的本源,金融体系对新发展阶段的适应性转变是高质量发展的必然要求,并极大地推动我国经济发展进入质量变革、效率变革、动力变革的新阶段。以经济可持续发展观为指导,现代金融应当是以金融创新为基础,有

---

① 钱穆:《中国历代政治得失》,生活·读书·新知三联书店,2005,第2页。

效化解金融风险,保障金融安全,并拥有良好金融生态系统的可持续性金融。[①] 虚拟经济有限发展与经济、金融的可持续发展高度契合,相互促进。

作为一种发展观,并结合我国金融银行业的全面开放,虚拟经济有限发展的理论价值与现实意义主要体现在以下几方面:首先,界定和体现"有限发展"的时代内涵,完善银行规范体系,积极应对金融创新与对外开放所带来的各类风险,建立安全、稳定、有序的市场秩序,为发展提供良好的市场环境;其次,明确和落实"有限发展"的标准,按照"有所为,有所不为"的基本原则,从市场准入与退出、业务范围、发展规模、法律责任等各个方面划定发展边界,让虚拟经济不脱离、不偏离实体经济的发展需求,同时保持虚拟经济在活跃金融市场,满足实体经济对金融资源需求等方面的灵活性,并有效防范系统性风险;最后,优化"有限发展"的实现路径。无论是虚拟经济,还是实体经济,都必须坚持"以人为本",这是实现有限发展的出发点和归宿所在,而加强消费者、投资者保护是其重要内容。虽然目前虚拟经济的参与者大多为机构投资者,但这种不完全的市场业态只让我们看到了虚拟经济的"冰山一角",虚拟经济活动通过不同金融市场、不同金融产品的组合提高了金融资产的流动性,增加了获利机会,但也把局部的风险带向整个市场,而千万个消费者、投资者的信任是建造金融市场这座"金字塔"的宽大塔基,因此,虚拟经济有限发展所强调的"以人为本"是一种共同参与、共担风险、共同分享的金融合作机制,而非弱肉强食的"薅羊毛"。

(二)虚拟经济有限发展法学理论强调银行法律制度变革的系统协调

中介化、杠杆化是银行体系脆弱性的主要来源,且这种风险可以在短时间内传播到其他金融市场,乃至整个市场经济领域。在国际经济一体化的背景下,主要经济体的金融风险还会波及世界各地,从而影响全球的金融行

---

① 何泽荣:《以人为本的中国金融全面协调与可持续发展研究》(第二版),西南财经大学出版社,2015,第55-57页。

业。另外,以服务于实体经济为主的银行金融服务业在受到风险冲击时也会影响服务供给质量,从而影响整个市场经济的发展。作为现代经济体系的核心,银行体系的有序发展对于维护整个金融体系的安全、稳定至关重要,而在银行体系内部,商业银行是基础和货币政策最主要的传导者。国内外金融发展的实践证明,仅仅依靠单个金融机构合规运营的治理方式,已经难以有效应对复杂的金融体系所蕴含的系统性金融风险。虚拟经济有限发展理论从整体性视角考察整个金融业内部的发展情况,以虚拟经济主体构成、业务规模、业务范围、杠杆率以及与实体经济发展的需求等基本标准,判定虚拟经济泡沫大小以及是否在市场经济承受范围之内,并重点分析银行业务中的表外业务发展情况及相应的风险隐患等情况,因此,它是一种系统性、协调性的风险防范理论。

从结构功能主义的视角来看,现代国家治理体系建设是一个巨大而复杂的系统工程,包含政治、经济、社会等诸多子系统,以及由此构建的制度体系或法律系统。作为一种指导虚拟经济立法的理论,虚拟经济有限发展理论将从金融市场、金融法律体系的整体出发,观察、评估风险,并针对系统性风险所涉及不同类型的金融业务、不同性质的金融服务机构和金融交易主体等,以维护金融系统安全,提升社会整体福利为目标,明确立法理念和基本原则,并在此基础上,完善相关法律制度。以保险业为例,产品设计与销售出现了轻保障、重投资的趋势,而诸如年末或年初的"开门红险"等险种,实际上与银行的理财产品高度重合,而银监会与保监会对此类产品的监管边界不清,容易出现监管真空。当然,随着上述两个监管部门的合并,可以在一定程度上堵住监管漏洞,防止监管套利,但这仅仅只是一个开端,还须遵循从"事中事后"监管走向"事前"监管的改革方向,完善适应混业经营的监管体制。另外,应进一步细化和创新金融控股公司、系统重要性金融机构的监管规则,按照功能监管原则,对所有金融业务实施有效监管,并确立特殊的监管标准和危机处置机制,妥善解决"大而不能倒"问题。

(三)虚拟经济有限发展法学理论关注银行法律制度变革的利益平衡

有效的监管首先是以合理界定监管边界为前提,并在此基础之上,衡量监管的成本与收益。与监管不充分一样,过度监管,甚至是有害监管都是"监管失灵"的表现形式,而"监管越少越好"的极端态度通常可能演化为监管机构的不作为或是放任自流。基于政府的非理性而否定干预的逻辑过于简单粗暴。实际上,通过设定单一的监管目标、减少干预次数、提高监管透明度以及建立有弹性的纠错制度[①]等都是解决问题的重要途径,而核心在于如何掌握好规制的适度性和合理性,以权衡不同利益之间的内在冲突。尽管 2008 年次贷危机让美国认识到《格拉斯-斯蒂格尔法案》可以在一定程度上隔离商业银行和投资银行风险,希望能以某种形式重新制定,然而,考虑到金融市场的混合经营已是大势所趋,并牵连复杂的利益关系,任何可能引起重大结构调整的改革都必须慎重,最后经过艰难博弈,通过了沃尔克规则,禁止接受联邦保险的存款机构、具有美联储贴现窗口渠道的机构及其附属机构从事自营交易业务。[②] 在英国,则是让传统商业银行零售业务成立独立子公司,与自营、做市等投行业务隔离,并实施"结构性分离监管",以防止风险跨部门、跨业务传递。金融业混业经营是大势所趋,传统界限将越来越模糊,监管机构要不断适应变化,监管格局也会继续变动和完善,因此,注重立法中的利益平衡有利于保持制度的活力与弹性。

虚拟经济发展迅猛,甚至从量上超越了实体经济,但实体经济始终是虚拟经济的基础,虚拟经济的产生与发展不能完全脱离实体经济,两者之间具有共同的利益基础。因此,对于金融领域的系统性风险治理的另一条路径就是,以实体经济发展的需求为基础,合理设计指标,对经济的虚拟化进行

---

① 从金融全面协调与可持续发展的视角出发,行为金融学家就解决政府非理性下的证券监管问题所提出的政策建议,对于银行业而言,同样具有一定的参考价值。参见何泽荣:《以人为本的中国金融全面协调与可持续发展研究》(第二版),西南财经大学出版社,2015,第 150 页。

② 郭杰群:《沃尔克规则的来龙去脉及影响》,《清华金融评论》2014 年第 2 期,第 124-128 页。

科学度量,从而避免过度虚拟化,并使之既能够满足实体经济的发展需求,又能充分活跃市场,优化资源配置。虚拟经济的"有限发展"并非不尊重虚拟经济的内在规律,实施干预的强制性介入,而是从促进市场经济经济可持续发展出发,调控虚拟经济的规模结构,优化运转机制,因此,虚拟经济有限发展理论也是一种利益平衡理论。以建立市场化的银行市场退出法律制度为例,从问题机构的出现直至最终退出市场,是一个风险不断积累、爆发的过程,必须在安全与效率之间,保持市场竞争活力与维护市场经营秩序之间,以及银行机构、储户或投资者的私人利益与社会公共利益之间进行权衡,明确中央银行、监管部门、存款保险机构与银行机构的权责,细化干预标准、方式、程序以及措施等,特别是要健全存款保险制度,通过收购承接、过桥银行、经营中救助和存款偿付等多种方式处置风险,提高救助的有效性保护存款人利益,维护金融和社会稳定。

(四)虚拟经济有效发展法学理论促进银行法律制度变革的结构优化

金融深化理论是虚拟经济产生的理论基石,而金融结构优化理论则进一步推进了虚拟经济的发展,最优金融结构理论是虚拟经济有序、稳定、安全运行的优化发展理论,因此,虚拟经济有限发展理论不仅是建立在系统观指导下的利益协调理论,更是促进金融业态优化发展、金融资源优化配置,以满足实体经济需求的理论。虚拟经济是以正规金融行业为基础发展而来的,正规金融体系的结构优化必然影响虚拟经济发展的效率,银行业是虚拟经济体系的主要表现形式之一,其内部构成的优化程度也会影响虚拟经济发展的效率。作为金融法律体系的重要组成部分,银行法律制度的自我完善有助于改良或重构金融生态,其终极目的在于使金融体系与实体经济相匹配,因此,虚拟经济有限发展理论是一种结构优化理论,必然关注银行体系内部的结构,以及从整体发展的视角分析银行业结构、证券业结构及保险业结构中的虚拟经济发展情况及相互间的关系等,为银行业结构优化奠定基础。

在全面开放条件下的我国银行法律制度变革之中,应当以结构优化为目标的虚拟经济有限发展理论作为立法指导原则:宏观上,涉及银行发展虚拟经济的准入资格限制、业务范围调整、风险隐患测量的指标体系和银行监管权配置、监管方式、监管职责等主要内容,需要在保障银行法律体系内部的系统性、协调性基础之上,兼顾混业经营背景下的银行立法与其他金融立法之间的关系;微观层面,应补齐银行法治建设的短板,推动《中国人民银行法》、《商业银行法》[①]、《中华人民共和国银行业监督管理法》(简称《银行业监督管理法》)、《中华人民共和国企业破产法》等法律法规的修订,加强银行创新与风险防控立法,健全银行金融机构市场退出风险处置法律框架。外资银行是建设开放型经济的重要中介,也是银行业开放的内容和形式所在。为进一步扩大银行业对外开放,提高我国银行业的国际竞争力,增强外资银行抵御风险的能力,加大金融消费者权益保护力度。新近完成的外资银行立法修订已经在营运资金监管要求,外资银行营业性机构经营代理发行、代理兑付、承销政府债券等业务,以及在中国境内同时设有外商独资银行(或中外合资银行)和外国银行分行的业务范围等方面出现了新的变化[②],以期不断完善内外统一的银行制度体系。

(五)虚拟经济有限发展法学理论重视银行法律制度变革的风险治理

虚拟经济是通过复杂的数理原理将基础金融资产证券化,并通过层层嵌套的方式开发了类型多样、风险程度不同及难以评估的金融衍生工具来吸引机构投资者、金融散户消费者购买。信用链条的延长必然涉及众多不特定的金融消费者和经营者,加上基础资产复杂多变、金融衍生工具透明度不高等因素,客观上放大了金融行业的内在脆弱性,增加了系统性风险爆发

---

① 2020年10月16日和10月23日,中国人民银行先后发布通知,就《中华人民共和国商业银行法(修改建议稿)》《中华人民共和国中国人民银行法(修订草案征求意见稿)》公开征求意见。

② 修订后的《中华人民共和国外资银行管理条例实施细则》,自2019年12月18日起施行。

的可能性,导致虚拟经济内部的不稳定性、不确定性。进入 21 世纪后,在金融自由化、金融一体化的推动之下,我国金融市场活力不断增强,但同时也带来了更多、更大的风险集聚,其中,既有因为信贷过度扩张所带来的传统风险,如信用风险、流动性风险,也有金融创新活动所带来的新型风险,如影子银行风险、互联网金融风险,以及与金融开放如影相随的各类风险,导致市场乱象丛生,套利投机泛滥,利益输送严重。更让人担忧的是,来自金融领域的风险与产业发展、政府财政之间存在千丝万缕的关系,甚至是相互交织融合,进而演化为地方债务风险、房地产市场风险等,若不能从源头上避免和控制这些风险在不同市场传递、扩散,银行风险将逐次恶化为金融风险、经济风险,乃至社会风险。

从广义上说,整个法律制度都是旨在解决风险问题的防范与控制制度,但从狭义上说,各类法律制度中还有解决某类具体风险问题的专门制度。①银行业是虚拟经济的重要构成部分,不仅面临不容忽视的信用风险②、流动性风险、市场风险等传统风险,而且基于各类风险的积聚、扩散所衍生出的系统性风险则是风险治理的重点内容,因此,深层次的危机管理的对象就是虚拟经济和实体经济在发散和收敛过程所出现的各类风险,但如同保险不能"保证无险"一样,危机管理并不能消灭危机。实际上,危机爆发引发的整个金融体系的去杠杆化,预示着金融过度创新催生的信用膨胀之后,虚拟经济向实体经济的回归,根本上是信用货币急剧收缩的过程,但一旦收缩导致货币供给小于实体经济的需要,又会引发实体经济的收缩。因此,危机管理是让两者协调发展,而不是消除波动,只是将波动幅度控制在一个可以接受的范围之内,其中的关键就是对信用货币总量和结构施行更为有效的宏观

① 张守文:《当代中国经济法理论的新视域》,中国人民大学出版社,2018,第171-172页。
② 银保监会统计数据显示:2019年、2020年,我国商业银行不良贷款余额分别为 2.41 万亿元和 3.5 万亿元;不良贷款率分别为 1.86% 和 1.92%。2020年银行业共处置不良资产 3.02 万亿元。

调控,以避免矫枉过正,大起大落。[①] 虚拟经济有限发展理论是一种整体性、结构性风险治理理论,以虚拟经济和实体经济协调发展为基础,以结构优化为手段,有利于识别虚拟经济发展中所暴露出的风险点。在一个全方位、广覆盖的系统性风险治理体系之中,应兼顾日常监管与危机处置,预防治理与事后治理,对于那些可能引发系统性风险的机构、行业或者领域,应首先构建起风险识别机制,明确监管机构的事先介入权责,细化识别标准、程序与手段,实现"早发现、早处置"。

---

① 刘锡良、周轶海:《中央银行的金融危机管理:基于货币契约论的分析视角》,中国金融出版社,2011,第 93 页。

第二章 虚拟经济有限发展法学理论视角下的中央银行法律制度

　　无论是将中央银行界定为国家机关抑或是特殊的金融企业,制定和执行货币政策都是其最为基础和重要的职能。虚拟经济有限发展的理论内核与货币流通规律具有高度的契合性,即通过中央银行的货币政策调节社会的货币供应量,在满足经济增长对货币需求的同时,保持币值的对内和对外价格稳定,实现社会总需求与总供给之间的均衡。货币是人类社会进化过程中的一种制度安排,是一切虚拟经济的最初起点。① 在创造货币方面,早期的中央银行通常受到金银等贵重金属数量的限制,然而,进入信用货币时代之后,中央银行的货币权力具有了无限"可能性",并成为货币发行与信用调控的"天然垄断者"。中央银行的货币政策既要积极回应不同时期社会经济发展信用需求,还应当保持相对的独立性,否则,必将偏离其正常的轨道,出现流动性过剩或不足,造成国家信用的减损,影响金融经济发展,进而引发货币危机、金融危机和社会危机。

　　金融创新的监管缺位诱发虚拟经济过度膨胀,严重脱离实体经济是2008 年次贷危机爆发的制度性和市场性原因,而过于宽松的货币政策导致货币发行超过了实体经济的需要则是更为深层次的体制性和经济性因素。货币发行与流通是货币政策发挥作用的渠道与载体,然而,信用货币的弊端

---

① 严明:《虚拟经济》,新华出版社,2005,第 104 页。

早已显现无遗,未来是否会出现金属货币的"回归",或是在金融创新推动之下,以数字货币"替代"备受诟病的信用货币是一个值得深思的诘问。在经济高度虚拟化的21世纪,不能脱离人的生活场景去考察货币,应回归到货币本源,从人性的角度去分析和回答货币"是什么""为什么"等基本命题,并以此为基点,科学地评价和平衡中央银行货币政策的政策性因素与制度性因素之间的关系。在虚拟经济有限发展理论的指引下,强调调控效率导向的"相机抉择"与追求程序正义诉求的"规则至上"将得以有效协调。

金融危机频发是现代社会"风险性"的表现形式之一,中央银行作为一个国家或地区货币和金融体系的核心,已逐步成为金融市场乃至经济系统的"稳定器"。在中央银行的"工具箱"中,主要有两类维护金融稳定的"利器":一是事前性的预防型工具,例如,宏观审慎监管,其以整个金融体系而非单个金融机构为监管对象,并将市场作为一个整体,重视金融机构之间的风险关联性、顺周期性,强调政府干预政策的逆周期调节,以减缓风险要素的积累,提高系统性风险的防范能力,避免风险进一步扩散,重点关注系统性重要金融机构;二是事后性的应对型工具,主要包括以"最后贷款人"身份提供紧急流动性,以及清算、整顿、重组存在问题的金融机构。自20世纪中后期以来,频繁爆发的金融危机表明中央银行在维护金融市场稳定方面的作用曾被极大地忽视。当金融系统,特别是银行体系出现危机后,为防止金融市场陷入瘫痪,减少随之而来的经济衰退,各国中央银行都采取了更为激进的货币政策,以贷款、贷款担保、国有化和其他财政援助等方式向市场注入大量的流动性。然而,由此引发的争论从未停歇,广泛涉及政府与市场之间的关系,金融安全与市场公平之间的权衡等诸多问题,需要重新进行审视与完善。

一、虚拟经济有限发展的信用调控机制：货币政策

市场经济就是货币经济,货币政策与财政政策、产业政策、收入政策等宏观政策都是国家进行宏观调控的重要手段,包括政策目标、政策工具以及政策传导机制等主要内容。中央银行是发行的银行、政府的银行和银行的银行,制定和实施货币政策是其基本职责之一,借此对经济运行中的社会价格总水平、就业、国际收支平衡以及经济增长等领域产生直接或间接影响,因此,无论是实体经济,还是虚拟经济都需要规模与结构合理的货币信用体系。中央银行通过货币政策进行的信用调控体现了国家干预意图,然而,在不同国家,货币政策的应然与实然状态都存在一定程度上的不一致,中央银行从货币政策目标的设定,到货币政策工具的运用不得不在"超脱性"与"附属性"之间作出艰难选择,特别是货币发行不得不屈从于某种政治目的,必将减弱干预所产生的效果,甚至会"南辕北辙",造成金融、经济和社会波动。虚拟经济有限发展理论以国家干预为逻辑前提,以有限干预为价值目标和实现路径,这为检视、评价中央银行货币政策的独立性、有限性、有效性提供了一个新的观察角度,也为完善中央银行法律制度提供了更具时代价值的理论基础。

(一)中央银行:天然的货币信用调控者

人类货币的演进历史大体是沿着两条主线展开的:从货币层面,货币史是货币形态与属性演进的历程;从国家层面,货币史就是国家掌控货币发行权的演化历程。因此,货币发行权是关乎国家生存与发展的大事,如果将掌控国家的货币权定性为对货币形态与属性的"强化",那么"强化"的重点与效果将是国家掌控货币发行权的关键。[①] 回顾人类历史,危机总与时代的进

---

① 周陈曦、曹军新:《数字货币的历史逻辑与国家货币发行权的掌控:基于央行货币发行职能的视角》,《经济社会体制比较》2017 年第 1 期,第 104-110 页。

步如影相随,例如,周期性的金融危机。通常情况下,战胜危机的首要任务是恢复市场的信心与信任,而关键就是要保证充足而必要的流动性,对此,拥有货币发行权的中央银行更有能力、更便于应对危机:一方面,中央银行可利用存款准备金、再贷款、再贴现以及公开市场操作等传统的货币政策工具,向市场注入流动性;另一方面,也能够提供创新性工具类型,并根据经济金融形势的变化和需要,开展逆周期的货币政策操作。

在人类金融史上,货币经历了商品货币(货币商品)、金属货币、信用货币的不同发展阶段,并已逐渐显现出未来的发展趋势。在理解货币本质的过程中,货币的"固有价值"或"内在价值"是一个关键性的概念。作为克服以物易物弊端而产生的货币,人们之所以接受在于其自身的价值,因此,凡是具有某种交换价值的东西都有可能成为"货币",大到马匹、牛羊,小到贝壳、烟草,借此人类迈入了"商品货币"①时代。正如马克思所言"金银天然不是货币,但货币天然是金银",以金银为代表的贵重金属,以其体积小但价值高、易分割且便于携带、可量化又能长期储藏等先天优势,在历经漫长的自然竞争之后,成为最主要的币材或货币。但是,金属货币也是不可靠的,通过降低黄金或白银成色贬损货币价值的手段变得更加复杂与隐蔽,因此,放弃金属本位制,创造一个纸币体系,并通过银行制度无限制地扩张信用成为历史的必然选择。实际上,每种主要货币都直接或间接地与一种商品相联系②,而马克思的上述论断,更凸显了货币价值在与金银等贵重金属有机结合时的稳定性。

无论采取何种经济体制,为实现经济的持续增长,就必须保证稳定而充足的货币供给,这是货币政策的主要目标。中央银行作为一个国家或地区的货币管理者,垄断货币发行权是最主要的组织特征,进而天然成为货币信

---

① 在此过程之中,基于使用价值以及交易的便利性,在不同地区、不同时期逐渐出现了某些商品相对固定、相对频繁地充当交换媒介,我们通常将其称为"货币商品"。

② 米尔顿·弗里德曼:《货币的祸害:货币史片段》,安佳译,商务印书馆,2006,第19页。

用的调控者。在 18 世纪,被广泛接受的真实票据理论认为,只要银行主要投资于体现实际生产的短期商业票据,保证发行货币的充分安全性,就不会引发通货膨胀或紧缩,甚至也不需要设立中央银行这样的专门机构负责管理货币。① 1694 年设立的英格兰银行被视为现代意义上的中央银行发端②,以此为起点,至今已是三百年有余,然而,围绕是否需要设立中央银行及其职能的争论却从未停止。英格兰银行虽从设立之初就承担了政府融资职能,同时管理国家债券,却直到 1844 年根据《比尔条例》才垄断了货币发行权。在当今世界的大多数国家,货币发行是中央银行的专属之权,其理由在于私人发行货币存在诸如欺诈、伪造和逆向选择等问题,而由中央银行统一发行货币则有利于稳定货币价值,建立良好的发行流通秩序,保证货币供应与经济发展相适应。如果套用马克思的逻辑和表述,"货币发行天然不是中央银行,而中央银行天然发行货币"恰当地诠释了中央银行与货币之间的关系,甚至有学者断言,所有文明国家的货币无可争辩地都属于国家货币。③

作为发行的银行,中央银行的资产负债表既能够反映出其控制的经济资源、承担的现有义务和所有者对净资产的要求权,也可以了解到该国基础货币的发行机制。④ 信用货币在某种意义上就是主权货币,然而,随着世界经济、政治、金融一体化的浪潮,也出现了超越主权的货币和中央银行。在欧洲,从 1969 年提出建立欧洲经济与货币联盟的构想,到 1991 年通过《欧洲联盟条约》(又称《马斯特里赫特条约》),到 1994 年成立欧洲货币局,再到 1998 年建立欧洲中央银行(European Central Bank),并从 1999 年 1 月起,由欧洲中央银行和各欧元区国家的中央银行组成的欧洲中央银行系统(European System of Central Banks,ESCB)负责发行管理欧元,率先创造了一个

---

① 曹凤岐:《金融市场全球化下的中国金融监管体系改革》,经济科学出版社,2012,第 21 页。
② 另一种观点是 1656 年由私人资本成立,1668 年被改组为国家银行的瑞典里克斯银行是世界上最早的中央银行。
③ 约翰·梅纳德·凯恩斯:《货币论》(第一卷),周辉译,陕西师范大学出版社,2008,第 2 页。
④ 朱虹:《各国(地区)货币发行机制机理初探》,《上海金融》2015 年第 12 期,第 40-47 页。

超越主权的中央银行,成功发行了"无国家"货币——欧元。即便将来自欧洲的实践视为成功的范例,却仍然无法掩盖其中所存在的诸多问题和挑战,毕竟各个成员国之间就像手的五个指头一样,外部环境与内在诉求参差不齐,成员国与联盟之间也需要更多的协调与融合,而这种担忧不仅仅局限于货币问题,否则,"分久必合,合久必分"的历史规律将难以避免,英国"脱欧"便是最好的例证。

当然,中央银行对于货币发行的垄断权也面临新的挑战。在美国,除联邦政府外,各州不能私自发行地方货币,但允许私人组织在获得许可的情况下印制不与美元纸币在外观上相似且只在当地使用的"纸质凭证"。2007年,非营利组织"E.F.舒马赫学会"代表马萨诸塞州的大巴灵顿镇向联邦当局申请印制地方货币的执照,并最终获得许可,在人口只有约 7400 人的大巴灵顿镇发行总量为 84.4 万元地方货币"伯克谢尔"。2008 年的次贷危机爆发之后,美国政府既要拯救面临破产的金融机构,又要拯救"揭不开锅"的各级政府,紧急救助资金远远无法满足需求。因此,一些地方政府不得不自寻出路,以图自救,发行地方钞票成为更多地方政府的选择。除此之外,数字货币①的"野蛮生长"让货币发行主体的多元化成为现实。货币的本质是一种被普遍认可并广泛接受的价值符号,发行主体仅仅是构建货币信用的手段,而非必要条件。相较传统货币,数字货币正是依赖区块链技术,完成了去中心化的货币信用构建。基于不同的维度,可以加深对数字货币的认识,其中,以是否由中央银行发行,可以将其分为法定数字货币和私人数字货币两种类型。私人数字货币虽然发展迅猛,是存在于现行货币体系之外的"影子货币",具有传统货币所不具备的某些优势,也在某些场景发挥了价值尺度、交换媒介等"货币性"职能,但根据主流的理论学说与监管实践,均

---

① 数字货币(Digital Currency)从字面上表现为数字+货币的组合:数字(Digital)指的是数字化、数据化,而货币(Currency)则代表着价值,由此,数字货币似乎可以简单表述为价值的数字化表现形式,这也得到包括各国中央银行以及国际金融组织在内的诸多官方定义所认可。

认为其并不具有货币的基本职能,在市场上主要被视为一种投机性资产。数字货币私人发行在金融消费者权益保护、外汇管制失控、影子货币以及非法集资、传销等方面容易引发风险①,且难以得到有效监管,影响金融稳定,是现行货币体系面临的新挑战,因此,全球范围内对数字货币监管的必要性认识正逐步深化,各国监管的实践也逐渐从早期的"小而被忽视"转变为在平衡创新与风险的基础上对数字货币进行适当的监管②,并大多将其定性为金融资产或虚拟商品。然而,一个不容忽视的现象是,越来越多的中央银行在发行数字货币方面表现出极大的热情,并积极付诸实践③,但能否解决信用货币发行的种种问题,尚待进一步观察。

(二)发展与有限发展:相机抉择的货币政策

现代中央银行通常被视为一个国家的货币信用管理者,而政府基于对货币政策的制定和执行实质上拥有了一种终极性的经济权力。无论如何强调政府的正当性,但其实质上是对人性的最大怀疑,毕竟组织一个人统治人的政府时,最大的困难在于政府能够控制被统治者,然后使得政府能够控制自己。④ 货币政策是政府或代表政府的中央银行为实现其特定的经济目标,通过控制与调节货币供应量,进而影响宏观经济的各种方针和措施,关键是基础货币⑤的发行。当人类迈入"信用货币"时代,以中央银行为核心的银行

---

① 崔志伟:《区块链金融:创新、风险及其法律规制》,《东方法学》2019 年第 3 期,第 87-98 页。

② 李东荣:《金融科技发展要稳中求进》,《中国金融》2017 年第 14 期,第 36-37 页。

③ 来自南美洲的厄瓜多尔成为首个发行央行数字货币的国家,而据国际清算中心(BIS)与支付和市场基础设施委员会(CPMI)两大国际组织在 2018 年和 2019 年的调查显示,全球 70% 的央行都表示正在参与或将要参与数字货币的研究。

④ 亚历山大·汉密尔顿、约翰·杰伊、詹姆斯·麦迪逊:《联邦党人文集》,张晓庆译,中国社会科学出版社,2009,第 245 页。

⑤ 按照现代货币供给理论,货币供应量决定于基础货币和货币乘数。事实上,中央银行并不能绝对地控制货币供给,其直接控制的只是基础货币(高能货币或货币基数),而依赖商业银行和其他金融交易参与主体的行为,影响全部货币供应量。参见盛松成、翟春:《中央银行与货币供给》(第二版),中国金融出版社,2016,第 15 页。

体系可以根据需要"铸造"或"创造"货币。令人担忧的是,当货币政策已经不再是一个完全由市场决定,保持币值稳定的首要目标也不得不服从于宏观调控目标或政治目标时,货币政策将可能偏离既定的目标和规则体系,成为服务于政府的金融工具,甚至演化为国与国之间解决经济冲突或政治分歧的利器,无形之中大大增加了货币价值的波动性,也给金融市场和经济秩序带来极大的不确定性,深刻地影响社会财富的分配公平,对此,有学者指出,"货币政策与其说是萧条的救星,不如说是萧条的根源"[1]。虚拟经济有限发展是以"发展"为终极目标,货币政策的相机抉择有助于实现虚拟经济发展的"可控性"和"可持续性",并最终促进虚拟经济与实体经济的良性互动,但作为一种长期的宏观经济政策,货币政策的制定与实施必须被纳入法治轨道,且需要在灵活性与稳定性、政策性与法定性、调控效率与调控正义之间达成体现某种经济意义和制度价值的平衡。

诚如孟德斯鸠所言,货币有真实的货币和想象的货币,前者就是某种金属或金属铸币,但文明的民族差不多全都使用后者,因为他们已经把真实的货币变成了想象的货币。当人类进入真正意义上的信用货币时代之后,纸币能否很好地代表真实货币,并具有毫无差别的效用成为一个值得关注的问题。[2] 作为一种公共产品,货币是现实经济生活中极其重要的"必需品",货币发行对于物价,进而对生活质量和经济发展的影响是深刻且微妙的。第一个将"需求"概念引入货币分析的约翰·劳认为,对货币的需求与对"人、土地或产品"的需求是成比例的,当货币供给与货币需求不一致,就会影响一般价格水平。相当长的一段时期内,中央银行货币政策的唯一目的在于保持币值稳定,进而控制通货膨胀。政府或代表政府的中央银行应采取一系列措施按照经济发展的需求调整货币供应量,既要避免"供大于求"

---

[1] 弗里德里希·冯·哈耶克:《货币的非国家化》,姚中秋译,新星出版社,2007,第116页。
[2] 孟德斯鸠:《论法的精神》(下册),张雁深译,商务印书馆,2004,第77—79页。

带来的流动性过剩,从而出现价值贬损,甚至是通货膨胀,也要避免"供不应求"造成流动性不足,无法满足市场流通的需要,导致通货紧缩。关于货币发行过度造成通货膨胀的历史可以追溯到遥远的中国宋朝[1],但货币政策成为干预宏观经济的重要手段却只有百年左右的历史。

作为一把双刃剑,信用货币制度可以根据经济发展需要确定货币供应量,适当的刺激性货币发行具有积极的正面效应,但由于受到各种利益的驱使,且缺乏必要的约束机制,有可能导致过量的货币发行,特别是采取增发货币,扩张信用的方式来解决宏观经济运行中出现的问题,例如,实现充分就业,必将使得经济波动永无止境,是一种"亡命徒式的政策"。[2] 在 2020年,为应对新冠肺炎疫情给经济社会带来的冲击,美日欧等发达经济体的中央银行大幅扩表,其中,仅美联储、欧洲央行和日本央行的资产负债表扩张幅度均在 30%以上,合计扩张了 8 万亿美元。从世界范围来看,除中国因坚持稳健的货币政策,没有搞"大水漫灌"外,新冠肺炎疫情所引发的全球量化宽松力度大大超过了 2008 年金融危机时期。以美国为例,新冠肺炎疫情以及国内社会矛盾带来了巨大的经济压力,2020 年第二季度的初次申请失业金人数就突破 100 万人,而同期的 GDP 年化季率仅为-31.7%,为该国有史以来的最大降幅。在此背景下,美联储使用多种货币政策工具,进行了空前积极,甚至是"无底线"的货币干预,累计向市场投放了数万亿美元。然而,一旦疫情被遏制,经济活动得以重启,如此大规模的基础货币对于美国经济,乃至世界经济都将产生灾难性的影响。

20 世纪 70 年代,欧美发达国家所面临的经济"滞涨"引发了对中央银行独立性及其货币政策目标的反思,如何摆脱政治控制,保持币值稳定,实现

---

① 作者以"利州票据"为线索,分析了宋朝的纸币发行及使用情况,并指出,宋朝末期的通货膨胀是世界上第一次有记录的因过度引发货币而引起的货币危机。参见威廉·N.戈兹曼、K.哥特·罗文霍斯特:《价值起源》,王宇、王文玉译,万卷出版公司,2010,第 95-107 页。

② F.A.Hayek, *Profits, Interest and Investment*, London: Routledge, 1939, p63.

低通胀逐渐成为各国最主要,甚至是唯一的选择。通货膨胀目标,即将通货膨胀率保持在低的但是正的范围之内,例如,英格兰银行制定的货币政策就是努力使每年的通货膨胀率控制在 2%,是中央银行的一般性目标选择之一。[①] 信用货币是以主权信用为保障,被人们视为一种无风险的金融资产。然而,各国为了特定的调控目标,以保持经济增长,或应对经济危机所实施的宽松货币政策,可能导致通货膨胀。中央银行本身不创造任何财富,通过制定和实施特定的货币政策将影响财富的分配。在分配社会财富方面,通货膨胀虽然能够发挥一定的作用,但也缺乏必要的稳定性和精确性,反而会引起信用货币购买力的波动,有损民众对国家法定货币的信任,从这个角度讲,信用货币成为一种风险资产。

一般来说,基础货币的发行要形成稳定的回流机制,使其始终运行在一个封闭式的循环之中,中央银行以此为基础进行货币政策操作,控制基础货币的供应。为此,中央银行通常会在国债、黄金和外汇之间选择储备资产,并通过对储备资产实现基础货币的发行和回流。目前,世界上主要形成了以美国为代表的"国债—货币"、以日本为代表的"基金—货币"、以英国为代表的"票据—货币"以及以中国为代表的"外汇—货币"发行机制,不同的货币发行机制对信用货币的价值稳定会产生不同的影响。[②] 以美国为例,国债是美联储所持有的唯一资产,并通过回购国债的方式来发行货币。2008年次贷危机发生前,美联储资产负债表中资产端的国债和负债端的现钞发行量基本相当,占比均在 90% 左右;危机发生后,常规利率工具失效,美联储

---

① 当然还包括多目标,即以保持经济稳定为综合性目标,并以低而稳定的通货膨胀、低的失业率、快速的经济增长、协调的财政政策和稳定的汇率为具体的目标追求,通常被解释为在保持实体经济健康运行的同时,保持低的稳定的通货膨胀率这样的双重要求;汇率目标,即在某些有固定汇率政策和开放的资本市场国家,其货币政策缺乏独立性,中央银行制定和执行就可看作是以汇率为目标。参见保罗·萨缪尔森、威廉·诺德豪斯:《萨缪尔森说财税与货币政策》,萧琛译,商务印书馆,2012,第120-121 页。

② 朱虹:《各国(地区)货币发行机制机理初探》,《上海金融》2015 年第 12 期,第 40-47 页。

实施非常规货币政策,先后实施了三轮量化宽松(QE)政策,购买国债和抵押贷款支持债券(MBS),致使其资产负债表中资产端的国债和 MBS,以及负债端的存款准备金规模大幅度增加。由于美国常年施行较低的法定准备金率,因此,随之增加的存款准备金绝大多数都属于超额准备金,实际上相当于直接向市场上投放了大量流动性。① 然而,由于美元是目前最主要的国际货币,增发的货币会随着美元资产的全球配置将货币贬值的压力传递到其他国家或地区,所以,美国政府和美联储并不担心因此而产生的货币贬值,以及市场投资的"挤出效应"。

客观而论,通货膨胀的原因是非常复杂的,除去纷繁复杂的技术性因素,我们会发现一个国家的货币供应量往往屈从于选举、公共支出、税收以及货币当局特定目的等政治目标。历史经验证明,在信用货币时代,政府或中央银行滥用发行权,控制货币供应量以满足某些政治欲望和利益诉求,甚至为弥补财政赤字,摈弃货币发行的计划性、经济性等基本准则,成为导致持续性、周期性通货膨胀的关键性因素。货币发行不是独立于人的活动,并没有一个纯粹的理性经济学模型来规范地制定理想的货币发行机制。相反,它已经发展成为人类道德体系的一个重要补充,如果货币政策太主动、太积极、太激进和太作为,货币体系就会喧宾夺主,影响、改变甚至破坏一个社会的道德体系。不幸的是,各国央行都感觉自己是上帝,能够在人类面临普遍绝望的时候,用货币拯救人类,实际上却是让整个社会陷入混乱和崩溃。因此,授予中央银行发行货币的权力,并使其受到严格的约束和明确的限制是完全合理而必要的,防范金融危机的最好办法就是加强财政纪律,管住干预市场的企图。②

任何公权力的运行都必须遵循谦抑原理,中央银行行使货币发行权也

---

① 参见中国人民银行《2019 年第三季度中国货币政策执行报告》。
② 周洛华:《货币起源》,上海财经大学出版社,2019,第 171-172 页。

必须考虑两个因素:其一,是否合法;其二,是否必要。前者是公共治理政策正当性和执行力的来源,关注的是货币发行是否具有法律依据和授权;后者是对公共治理政策不当侵犯私权的防备,即货币发行权的行使应具备正当性与合理性。① 宪法规制下的货币发行权是一种符合政治理性的制度化建构,体现着国家货币政策选择与货币制度安排中的宪法价值取向,凝聚着体系化的宪法性原则和规则,其实质是通过具有最高权威性的宪法规则将货币当局塑造成"守规的代理人",有效保障纳税人的基本权利和促进与改善公共服务②,其中,保持中央银行的独立性有利于保证其货币政策免受干扰,特别是基于实现某种政治目标所带来的破坏。

(三)国别经验:我国货币政策的运行机制、评价与完善

作为一种宏观经济调控手段,货币政策具有经济性、长期性、间接性以及复合性等特点,并至少包含最终目标、政策工具、传导机制、中间目标及有效性等五个方面的内容,在国民经济宏观调控体系处于十分重要的地位。货币政策运行的一般原理是在确定货币政策目标之后,中央银行根据该目标制定出一些能够在短期内进行观测、调整并可量化的金融指标——中间目标,通常包括操作目标和效果目标,再运用各种政策工具来实现这些指标,并通过不断地调整和实现这些指标来最终实现货币政策预期目标。③ 我国的货币政策操作起步于 20 世纪 80 年代,1995 年《中国人民银行法》实施后,中国人民银行开始执行货币政策,并逐步建立了货币政策操作框架和货币政策调控机制,进入 21 世纪,特别是 2008 年次贷危机以来,伴随着金融开放与经济改革的持续深入,中国的货币政策运行步入一个新的历史阶段。

---

① 叶姗:《中央银行何以理应谦抑行使货币发行权:由黄乃海诉人民银行增发奥运纪念钞一案引发的思考》,《学术论坛》2009 年第 2 期,第 159-164 页。

② 苗连营、吴乐乐:《为货币发行"立宪":探寻规制货币发行权的宪法路径》,《政法论坛》2014 年第 3 期,第 35-44 页。

③ 陈燕:《中央银行理论与实务》(第二版),北京大学出版社,2013,第 179 页。

身处无法知晓"明天和意外究竟谁先来"的风险社会,货币政策的选择面临更大的不确定性,也具有更为宽阔的发挥空间,健全现代货币政策框架是推动社会主义新时代高质量发展的内在需要。

1.我国货币政策的运行机制

新中国成立后,为适应和配合高度集中的计划经济体制,我国实行了"大一统"银行体系,与之相对应的是复合型中央银行制度,中国人民银行既承担发行货币、代理国库、管理金融等中央银行的职能,又从事信贷、储蓄、结算等一般商业银行业务,并在金融业中具有高度垄断性。① 中国人民银行的货币发行只能被动地适应产品生产和流通需要,货币政策的唯一使命就是如何配合完成计划,主要依靠行政手段实现货币政策目标。1979 年,中国人民银行结束了与财政部之间的行政隶属关系,正式履行中央银行职能,二元制银行体系逐步确立。根据国务院发布的《关于中国人民银行专门行使中央银行职能的决定》,中国人民银行自 1984 年 1 月 1 日起专门行使中央银行职能,不再兼办城市工商信贷和储蓄业务,专门负责领导和管理全国的金融事业,我国的中央银行体制由复合型开始转向单一型。1986 年 1 月,国务院颁布《中华人民共和国银行管理暂行条例》,首次明确了中国人民银行作为中央银行的法律地位,并规定了货币发行与流通,管理存贷款利率,管理外汇与黄金储备,监管金融机构等 12 项职责。

1995 年 3 月 18 日,第八届全国人民代表大会第三次会议审议通过的《中国人民银行法》重申了中国人民银行在国务院领导下,制定和执行货币政策,防范和化解金融风险,维护金融稳定的基本定位,并对其职责、业务、组织机构、金融监管、财务会计以及法律责任作出较为全面的规定。此后,随着中国证监会、保监会相继成立,中国人民银行不再承担对证券机构、保险机构的监管职责,更专注于货币政策与宏观金融领域,积极运用存款准备

---

① 张强:《中央银行学》,首都经济贸易大学出版社,2003,第 24 页。

金、公开市场操作等调控工具,逐步建立了包含货币政策最终目标、中间目标以及货币政策工具的货币政策框架体系,宏观调控方式也从直接控制转向间接控制,并更多地使用经济手段和法律手段,以更好地发挥市场机制的作用。

1967 年德国的《经济稳定与增长促进法》首次确立了包含币值稳定、充分就业、经济增长、国际收支平衡在内的宏观调控目标体系,我国依法确立了"保持币值稳定,并以此促进经济增长"的货币政策最终目标。整体而言,我国的选择仍属于单一目标的范畴,但具有更为丰富的内涵:首先,币值稳定不是唯一与全部,即币值稳定的意义与价值在于促进经济增长,是经济增长的前提与保障,而经济增长又是保持币值稳定的物质基础;其次,目标之间具有主次之分,即稳定货币是货币政策首要和直接的目标,而经济增长则是货币政策的出发点与归宿;再次,注重相互之间的冲突与协调,当两者产生矛盾时,应以币值稳定为本,不能以牺牲物价来保经济增长。基于货币政策传导在时间和空间上的复杂性,货币政策最终目标的非量化性、长期性,需要中间目标在货币政策工具与最终目标之间发挥桥梁作用,不断修正货币信用调控的方向与力度,进而实现最终目标,因此,我国根据可测性、可控性、相关性、抗干扰性等原则,选择年度货币供应量、利率、汇率等金融变量作为货币政策的中间目标。围绕货币政策的权力配置体现了一个国家货币政策运行的基本属性和主要特点。中国人民银行兼具金融机构与国家机关的双重属性,是调节宏观经济,监管金融业,维护金融稳定的特殊的国家机关,是国务院的组成部门,受国务院领导。中国人民银行就年度货币供应量、利率、汇率和国务院规定的其他重要事项作出的决定,需报经国务院批准后才能执行,由此可见,我国货币政策的决定权归属于国务院,而货币政策委员会是中国人民银行制定货币政策的咨询议事机构。①

进入 21 世纪之后,经济全球化与金融自由化对金融监管提出更高要求,促进了我国金融监管体制的改革。随着 2003 年 4 月中国银监会的成立,中国人民银行不再对银行、金融资产管理公司、信托投资公司以及其他存款类金融机构负有监管职责。为实现货币政策与金融监管职能的适当分离,全国人大常委会于 2003 年 12 月通过了《中国人民银行法》的修订决定,中国人民银行不仅是国家的中央银行,也是重要的金融调控部门,职责范围扩展到制定和执行货币政策、维护金融稳定和提供金融服务等三个方面,至此,我国形成了"一行三会"的金融监管框架。2008 年 7 月,国务院进一步明确了中国人民银行作为中央银行在我国金融领域的角色定位,强化了中国人民银行的宏观调控职能,以及中国人民银行维护金融稳定与国家金融安全的责任,并健全了中国人民银行与金融监管部门的协调机制。

2008 年次贷危机让我国充分意识到,中国人民银行仅专注于货币政策,发挥经济稳定职能,而忽视全局性的、宏观的金融稳定职能,难以保证长期性的经济安全。于是,在中国人民银行原有货币政策功能之上,赋予和强化其在宏观审慎监管方面的职责,对金融稳定进行宏观管控,基本形成了货币政策和宏观审慎政策的双支柱调控框架。为提高金融监管的统一性、协调性与权威性,我国于 2017 年 11 月成立了国务院金融稳定发展委员会,它主要承担着落实中央金融决策部署,审议金融业改革发展重大规划,统筹金融改革发展与监管,研究金融风险防范处置和维护金融稳定重大政策,以及指导地方金融改革发展与监管等五大职能,并将办公室设在中国人民银行,预示其在决定中国未来金融业发展前途的顶层设计方面将发挥更大作用。

---

① 货币政策委员会的主要职责是在综合分析宏观经济形势的基础上,依据国家宏观调控目标,讨论货币政策的制定和调整、一定时期内的货币政策控制目标、货币政策工具的运用、有关货币政策的重要措施、货币政策与其他宏观经济政策的协调等涉及货币政策等重大事项,并提出建议。参见 1997 年国务院颁布的《中国人民银行货币政策委员会条例》。

2.对我国货币政策运行机制的评价与完善

（1）货币政策运行具有相对的独立性,但仍需进一步加强。

目前,大多数国家都以立法形式明确了本国中央银行的法律地位,并集中体现为中央银行与政府、立法机关以及金融机构之间的关系,其核心问题是中央银行的独立性,进而直接决定了货币政策运行的独立性大小。根据抗干扰性、效力性以及自主性等方面的标准,整体而言,我国的中央银行及其货币政策的运行具有相对的独立性:首先,作为履行货币信用管理权力的行政机关,中国人民银行隶属于国务院,并在其领导下履行职能,后者在前者的人事任免、组织机构以及履行职能等方面处于主导地位。其次,中国人民银行应当向全国人民代表大会常务委员会提出有关货币政策情况和金融业运行情况的工作报告。这是我国首次以立法的形式明确了中国人民银行与全国人大之间的关系,为国家权力机构监督货币政策和金融运行情况提供了法律依据,并指明了健全我国中央银行监督机制的发展方向。再次,中国人民银行在货币政策、财务等方面享有一定的自主权。例如,中国人民银行就货币政策中的重要事项之外的其他事项作出决定后,即予执行,并报国务院备案;又如,中国人民银行的全部资本由国家出资,属于国家所有,并实行独立的财务预算管理制度,且不得对政府财政透支,不得直接认购、包销国债和其他政府债券,以切断财政通向中央银行的直接融资渠道,避免出现财政赤字货币化。最后,中国人民银行在行政、人事、业务等方面实行统一领导和垂直管理,可在一定程度上减少地方政府对中央银行事务的干预。1998年10月,中国人民银行撤销了31个省级分行,在全国设立了9个跨区的分行,在总行授权范围内依法独立开展业务,维护辖区的金融稳定,此外,中央银行依法不得向地方政府提供直接的信用支持,从不同的角度强化了实施货币政策的独立性。

独立与透明是现代中央银行法律制度发展的基本趋势,而中央银行独立性（Central Bank Independence,CBI）确立了中央银行的法律地位,这是中央银行法律制度的基础与核心。① 相对而言,我国的货币政策运行的独立性较弱,容易受到来自中央政府,甚至地方政府相关部门的干扰,也面临与其他宏观政策之间的利益博弈。例如,1998 年亚洲金融危机触发了货币竞争性贬值,人民币汇率承受巨大压力。因此,为避免出现政府短期行为对货币政策的影响,应结合我国的政治、经济与金融体制现状,在保障宏观调控的统一性、协调性、有效性的前提下,合理界定中央银行与政府之间的关系,依法赋予和保障中国人民银行制定和执行货币政策的独立性。当然,中央银行的独立性判断不能简单、机械地基于某些标准或指标,而是要立足于国情,并以是否充分发挥中央银行的积极功效为指征。尽管我国现行的中央银行管理体制在独立性方面有所不足,但国家层面的风险治理属于准公共服务的范畴,强有力的统一部署和组织,有利于协调发挥包括中央银行在内的多元化治理主体的作用,而不是相互之间的推诿甚至掣肘。

（2）货币政策工具日趋多元化,但其运用效果仍需提升。

货币政策工具是中央银行实现货币政策目标而使用的各种政策或措施。在中国人民银行货币政策"工具包"中,既有法定存款准备金、公开市场操作、再贴现等一般性货币政策工具,也有消费信用管理、证券交易保证金比例管理、道义劝告与窗口指导等选择性货币政策工具。为满足不同的流动性需求,中国人民银行还不断创设新的货币政策工具:例如,2013 年,中国人民银行创设了常备借贷便利②（Standing Lending Facility, SLF）,以满足政策性银行和全国性商业银行期限较长的大额流动性需求,属于正常的流动性供给渠道。作为中央银行管理流动性的重要货币政策工具,常备借贷便

---

① 杨松等:《银行法律制度改革与完善研究》,北京大学出版社,2011,第93-94 页。

② 全球大多数中央银行都拥有借贷便利类的货币政策工具,但名称有所不同,如美联储的贴现窗口（Discount Window）、欧洲中央银行的边际贷款便利（Marginal Lending Facility）、英格兰银行的操作性常备便利（Operational Standing Facility）、日本银行的补充贷款便利（Complementary Lending Facility）、加拿大央行的常备流动性便利（Standing Liquidity Facility）、新加坡金管局的常备贷款便利（Standing Loan Facility）等等。

利通常由金融机构根据自身流动性需求主动发起,并与中央银行开展"一对一"的交易,交易覆盖所有存款类金融机构。2014年9月,中国人民银行为保持银行体系流动性总体平稳适度,支持货币信贷合理增长,根据流动性需求的期限、主体和用途,不断丰富和完善工具组合,创设了中期借贷便利(Medium-term Lending Facility,MLF),作为中央银行提供中期基础货币的货币政策工具,服务于符合宏观审慎管理要求的商业银行、政策性银行。为支持国家开发银行加大对"棚户区改造"重点项目的信贷支持力度,2014年4月,中国人民银行创设抵押补充贷款(Pledged Supplemental Lending,PSL)为开发性金融提供长期稳定、成本适当的资金来源。

作为专门性货币管理机构,中央银行正承担更为复杂而艰巨的经济调控职责,然而,目前全球都不同程度地面临"流动性辅助增长"困境,这势必会对中央银行未来的信誉、影响力和声誉造成影响,货币政策的实施效果正变得越来越不确定。虽然新型货币政策工具的出现极大地丰富了中央银行的选择,为提高宏观调控的针对性、有效性提供了更大的操作空间,但相对于传统的货币政策工具,上述工具的适用条件、范围、模式等均有所不同,能否有效体现调控意图,实现调控目的还需要长时期的观察,并适时进行调整和修正。从货币政策的传导机制出发,工具的选择对于货币政策是否对经济活动产生影响至关重要,而我国尚未形成与之相匹配的规则体系与市场环境,因此,需要加强货币政策运行的顶层设计,优化货币政策工具的选择与组合,建立健全实施效果评价机制,发挥和提升每一个货币政策工具的积极效应。值得注意的是,中央银行在货币政策工具方面的创新必然会提升其对金融市场的介入广度和深度,进而影响经济金融化、金融虚拟化程度,还需要从是否有助于实现经济安全运行的角度予以评价和考量。

3.人民币发行保持适度弹性,但需加快推进发行机制改革

以信用为担保的货币契约关系具有天生的脆弱性,是导致金融危机频发的重要因素。信用货币具有内生性,通常一个国家实体经济的发展程度

或以 GDP 来代表的经济指标已经演化为信用货币的"锚定物",即信用货币的发行量必须与实体经济的需要相适应,否则,就可能出现"超经济发行",而这种担忧在我国拥有相当的实证依据。同时,货币的上述特性还会根据实体经济不合理的消费结构和分工结构而内生出不合理的货币供给,并将实体经济自身的不均衡放大。① 2008 年次贷危机之后,各国为刺激经济,尽快走出危机的"泥潭",纷纷采取激进的货币政策,但无论是中国式的"大水漫灌",还是美国版的量化宽松,传统货币工具都是"昙花一现",市场反映出了令人担忧的滞后性,甚至是迟钝。例如,美联储虽在 2020 年大幅"放水",但全年 GDP 仍萎缩 3.5%,是 2009 年以来首次录得负值,且创下了 1946 年以来新低。屡试不爽的"凯恩斯"式的宏观调控已经陷入困境,也引发了对世界主要货币贬值的恐慌,传统的货币发行体制受到了颇具戏剧性的挑战。目前,世界经济发展中的不稳定、不确定因素显著增多,我国经济显示出了强大韧性和旺盛活力,稳中向好、长期向好的趋势没有改变②,但所面临的挑战也是前所未有。虚拟经济的有限发展离不开稳定的市场价值体系,供给不足或流动性泛滥都会对货币价值,乃至整个实体经济带来难以估算的风险,因此,在稳定币值的前提下,保持必要的货币供给需要货币发行机制予以积极的回应。

我国人民币的发行制度采取的是汇兑本位币制度,即人民币参照一篮子货币保持汇率稳定,中国人民银行按照相对稳定的汇率发行人民币。选择这样的发行模式主要有以下两方面的原因:一是中央银行的储备资产主要是外汇资产。截至 2020 年末,我国外汇储备规模为 32165 亿美元,较

---

① 刘锡良、周轶海:《中央银行的金融危机管理:基于货币契约论的分析视角》,中国金融出版社,2011,第 84-87 页。

② 2020,我国 GDP 总量首次突破 100 万亿元人民币,达到 101.6 万亿人民币,同比实际增长了 2.3%,按照平均汇率折算为 14.73 万亿美元,是全球 GDP 唯一实现正增长的主要经济体;2021 年我国 GDP 实际增速预计将达到 8%左右,据国际货币基金组织(IMF)的预测,这将高于世界其他绝大部分主要经济体。

2019 年末上升 1086 亿美元,在中国人民银行总资产的占比超过 50%①;二是发行的国债数量较少,缺乏足够规模的国债市场。据统计,我国 2020 年末社会融资规模存量为 284.83 万亿元,其中,政府债券余额为 46.06 万亿元,占比仅为 16.17%,从而导致发行的基础货币之中外汇发行占比较高,而政府债券发行占比较低。在此发行模式之下,人民币的币值极易受到汇率波动的影响,并可能出现输入性通货膨胀。为此,我国财政部门已在考虑拓展政府债券功能,将国债与央行货币政策操作更好地衔接,也就是说,扩大国债在货币政策操作中的运用,主要以地方债和国债作为货币发行的储备资产,同时推动实施国债作为公开市场操作主要工具的货币政策机制,健全国债收益率曲线的利率传导机制,强化国债作为基准金融资产的作用,使国债达到准货币的效果,也体现了财政政策与货币政策之间的相互配合。在经济全球化的背景之下,稳定的货币对外价值是实体经济健康发展的基础性条件,同时,也是虚拟经济有限发展的必然要求。改革开放以来,我国不仅在积极探索人民币发行机制改革,也始终保持着稳健的外汇管制,这既满足了不断深化的对外开放需求,也有效地建立起阻挡风险的"防火墙",客观上减轻了每一次金融风暴或经济危机对国内经济所造成的冲击。

对基于信用货币而构建的现代中央银行货币政策体系的质疑从未停止,当历史的车轮进入数字经济时代,中央银行在货币数字化方面的极大热情似乎预示着找到一条"自我救赎"之路,借此进一步优化法定货币的支付功能,提高法定货币的市场地位以及货币政策有效性。首先,监管政策一方面以安全与稳定为名,打压私人数字货币的生存空间,另一方面则对法定数字货币的数字化给予厚望。其次,许多国家的中央银行都加入了发行研发或实践之列,并主要形成以下两种法定数字货币的发行机制:一是基于"中央银行—商业银行"的二元信用发行机制,即由中央银行根据货币体系运行

---

① 2021 年,我国外汇储备上升到 32501 亿美元,数据来源于国家外汇管理局《官方储备资产》。

情况确定最优发行量,并将法定数字货币由中央银行发行库转移到商业银行业务库,并通过后者的账户体系进入流通领域;二是中央银行直接面向公众发行数字货币的一元信用发行机制,即由中央银行直接面向公众发行数字货币,并提供法定数字货币的流通与维护服务。[①] 在中国,中国人民银行自2014年就开始了发行法定数字货币前期准备工作,研发的数字货币名为DC/EP(Digital Currency Electronic Payment),其发行模式与纸币发行模式一样,都是"中央银行—商业银行"二元模式,由中央银行通过商业银行向公众发行,商业银行将向公众提供存取等服务,并与中央银行一同维护数字货币发行、流通体系的正常运行。

由中央银行发行数字货币的优势是显而易见的,但也面临着极大的不确定性。例如,2018年1月,委内瑞拉发行了基于该国石油资源的加密数字货币"石油币",并强制将石油币楔入居民的日常生活中,但并未取得良好的市场反馈。因而,整体上各国中央银行仍处于探索、研究或试验阶段,并未真正付诸全面的发行实践。在现行的市场体系和制度框架之下,中央银行发行数字货币可能遭遇诸如法律支撑性不够、监管体系不健全、技术风险较大以及可能引发犯罪等问题。除此之外,法定数字货币推出之后,将引发对传统纸币的替代效应,从而改变货币供应量及其结构、流通速度、层级和数量以及货币乘数等。从货币政策角度来看,法定货币的数字化可提升货币政策调控的精度,但也会对传统的货币政策传导机制和货币政策工具形成极大挑战,需要更多理论模型构建和实证研究予以检测和评价[②],而这些不确定性都可能降低公众对法定数字货币的认可度。

正如虚拟经济离不开经济的货币化,虚拟经济有限发展也并不排斥货

---

① 乔海曙、王鹏、谢姗姗:《法定数字货币:发行逻辑与替代效应》,《南方金融》2018年第3期,第71-77页。

② 刘蔚:《基于国际经验的数字货币发行机制探索与风险防范》,《西南金融》2017年第11期,第51-58页。

币的数字化,但其蕴含的安全观需要不断完善相应的法律体系和发行机制,并处理好以下三方面的关系:货币属性与商品属性、中心主义与去中心主义、传统法币与新型数字货币之间的关系。[①]　虽然目前的数字货币种类繁多,技术路径多样,但结合货币的本质属性和发展规律,数字货币的"发行混战"必定只是一个阶段性的历史事件,最终会走向统一。因为私人发行的数字货币并未具备货币的所有职能,仅仅是在有限的时空范围内发挥"价值尺度""交易媒介"的作用,清醒地认识到这些基本情况,并采取有针对性的举措,才能以更加理性的方式促进数字货币的发行与流通,进而在新的货币历史时期更好地维护国家货币发行权。货币形态的演进本质上是货币属性强度的结构性更迭,国家每一次统一货币的行为实质上都是对货币形态与属性的双重强化,依据历史逻辑,国家掌控数字货币发行权的关键在于对"价值尺度"的把握[②],并在发行程序、监管理念和体制上充分体现数字货币与信用货币在发行基础、货币属性、流通使用等方面的差异,以回应虚拟经济有限发展的价值追求。

4.货币政策调控效果显著,但仍需进一步优化调控机制。

在世界性货币大放水的背景下,我国基于对过度宽松的货币政策所造成的资产价格大幅上涨、产能过剩"尾大不掉"等后遗症的清醒认识,金融货币政策回归稳健,并呈现出相对收敛的态势。尽管进入 21 世纪之后,广义货币供应量与同期 GDP 逐年递增,但同比增长率自 2009 年开始就逐年下降,近年来货币增发一直稳定维持在 10% 左右,并能够针对不同时期经济社会的变化,灵活适度地运用货币政策工具,采取一系列具有前瞻性的措施,准确把握政策的力度、重点和节奏,加强货币政策逆周期调节,实施差异性、定向性调控,政策指向明确,运用总量和结构性政策,保持流动性合理充裕,

① 　杨延超:《论数字货币的法律属性》,《中国社会科学》2020 年第 1 期,第 84-106 页。
② 　周陈曦、曹军新:《数字货币的历史逻辑与国家货币发行权的掌控:基于央行货币发行职能的视角》,《经济社会体制比较》2017 年第 1 期,第 104-110 页。

为支持实体经济特别是小微企业发展,以及三农、城镇化建设等特定领域提供了更加精准的金融服务。2020 年新冠肺炎疫情爆发以来,中国人民银行适时创新工具、出台措施,通过稳预期、扩总量、分类抓、重展期、创工具、抓落实,精准有效支持了疫情防控和企业复工复产,尽可能地降低了疫情对经济的冲击,为打赢疫情防控阻击战和做好"六稳"工作营造了适宜的货币金融环境。①

然而,在货币政策调控机制方面,我们应该摆脱既有路径依赖,充分认识到单一数量规则和利率规则虽然分别在稳定物价和实体经济波动方面具有相对优势,而混合型货币政策调控模式可实现二者优势互补强化,实现对宏观经济的最优调控。首先,在经济脱实向虚的背景下,单一数量规则有助于稳定物价,而单一利率规则在稳定实体经济波动方面具有相对优势,采取数量型和价格型货币工具的混合型货币政策规则,可以发挥稳定物价和实体经济的职能,进而保证了经济体的福利损失最小,实现对宏观经济的最优调控。其次,上述混合型货币政策规则能够降低政策工具在应对经济脱实向虚时的调整幅度,弱化抵押约束机制产生的金融加速器效应,进而控制房价涨幅,以及削弱由于房地产价格上浮所导致的信贷扩张,可以在缓解经济脱实向虚问题的同时,维护金融市场稳定。②

当然,中央银行能否担当起"改善国家的增长引擎"的历史使命,需要通过货币政策工具的组合来降低社会融资成本,以刺激消费与投资,但可持续的、高质量的经济增长,还是需要更深层次的供给侧改革,而并非只是简单的宽松货币政策刺激。特别是在我国正处于加快构建以国内大循环为主体、国内国际双循环相互促进的新发展格局,必须坚持以服务实体经济为方向,以现代货币政策框架作为战略支撑,将创新货币政策工具体系,不断疏

① 参见中国人民银行《2020 年第一季度中国人民银行货币政策执行报告》。
② 孟宪春、张屹山、李天宇:《中国经济"脱实向虚"背景下最优货币政策规则研究》,《世界经济》2019 年第 5 期,第 27-48 页。

通传导渠道,实现与货币政策目标之间的有机结合,货币政策要坚持稳健为原则,坚决不能"大水漫灌",以避免扭曲市场流动性的需求结构,防止严重的资产泡沫和货币贬值。当然,货币政策也应保持适当的灵活性,特别是在当前宏观经济面临诸多挑战的特殊时期,货币供应需总量适度,不能发生信用收缩引发市场风险,进而演化为危机金融和社会稳定的系统性风险。2021 年是我国"十四五"开局之年,经济发展和疫情防控都取得了全球领先性成效,国家战略科技力量加快壮大,产业链韧性得到提升,改革开放向纵深推进,民生保障有力有效,生态文明建设持续推进,但同时面临需求收缩、供给冲击、预期转弱三重压力,因此,货币政策不仅要坚持稳定的主基调,还要灵活适度,以保持流动性合理充裕,引导金融机构加大对实体经济特别是小微企业、科技创新、绿色发展的支持,并注重财政政策和货币政策的协调联动,跨周期和逆周期宏观调控政策的有机结合。① 上述政策定位前瞻性地考虑到今后一段时期我国经济发展过程中的现实困难,并予以主动调适,有助于提升实体经济应对风险的能力,也契合于虚拟经济有限发展所强调的可持续发展理念。

二、虚拟经济有限发展的安全保障机制：宏观审慎监管

20 世纪 70 年代,以德国赫斯塔特银行、美国富兰克林国民银行倒闭为标志,一些国际组织和相关国家开始研究银行业宏观审慎监管问题,但基本是聚焦于银行个体的风险防范,而银行业的系统风险未能得到足够重视。在监管实践方面,受金融自由思潮的影响,各国监管当局信奉"最少的监管就是最好的监管",宏观审慎监管只是作为银行监管的次要目标和手段发挥作用。1974 年,巴塞尔委员会成立后,加强了银行业监管的国际合作,确立了以资本约束为核心包容的监管标准,不过基本上还是属于微观审慎监管

---

① 参见《2021 年中央经济工作会议公报》。

的范畴。① 20 世纪末,基于有效市场假说的单一中央银行理论认为,中央银行同时负责货币政策与金融监管可能出现放松管制的道德风险,绝大多数国家都将币值稳定视为宏观调控的首要,甚至是唯一目标,因此,中央银行仅需承担货币政策职能,并锚定通胀目标,以至于金融监管曾一度被移出中央银行的功能清单。

2008 年金融危机所引发的系统性风险让各国金融监管当局和国际组织意识到过于依赖微观审慎监管,只关注单个金融机构的稳定,已不足以应对已经或未来可能出现的危机。"宏观审慎(Macro-Prudential)"不仅进入公众视野,也被更多地引入随即展开的金融监管体制改革,以应对系统性金融风险,解决系统性重要金融机构(Systemically Important Financial Institutions,SI-FIs)"大而不倒"的问题,并逐步确立了中央银行在宏观审慎管理和系统性风险防范中的核心作用,使之肩负货币稳定与金融稳定的双重职责。进言之,宏观审慎政策不再局限于金融监管领域,而是提升到整个宏观经济的高度,通过协调货币政策、财政政策等宏观经济政策,构建经济稳定运行调控机制,这对于已经高度虚拟化的现代经济而言是至关重要的,也是虚拟经济有限发展的内在要求。

(一)从微观审慎到宏观审慎:中央银行监管理念的重塑

金融监管通常会从金融体系与宏观经济之间的关联角度,关注金融体系的稳定问题,但与微观审慎监管相比,宏观审慎监管的主要目标在于控制金融体系系统性风险对整个经济所带来的巨大损失,并将金融机构、金融市场和实体经济视为一个整体,从金融系统的整体稳定性,以及对宏观经济的整体影响的角度来考虑监管的有效性问题。

---

① 乐玉贵:《中国银行业宏观审慎监管框架研究》,中国金融出版社,2014,第 28-29 页。

1.宏观审慎概念的提出及演化

1978 年,国际清算银行在提交给欧洲货币常务委员会(ECSC)的研究报告指出,应重点关注宏观经济与审慎监管的关系,体现了宏观审慎理念。1997 年,在库克委员会①(Cooke Committee)召开的一次国际会议上,时任英格兰银行主席的 W.P.Cooke 在会议记录中提出委员会应考虑宏观审慎问题,以应对微观经济问题变成宏观经济问题所带来的挑战。会后,"宏观审慎"概念首次出现在发布的最终报告之中。同年 10 月,时任国际清算银行经济顾问、欧洲货币常务委员会主席亚历山大·拉姆弗卢西在其组织撰写的文件中,对单家银行机构的微观审慎与宏观审慎进行了对比,认为审慎监管措施主要致力于银行稳健运营和保护存款人利益,但在此基础上还应该在更宽泛的层面上考虑,宏观审慎将市场作为整体考虑,与微观审慎只考虑单个银行有着本质的差别。此外,该文件还指出微观审慎在视野上相较于宏观审慎的缺陷,即个体银行对风险认知不准确,考虑个体贷款仅依照历史表现,倾向于考虑利率风险而低估流动性风险。随后,在其向 G10 提交的另一份报告中也多次出现"宏观审慎",分别从微观审慎和宏观审慎两个角度强调了有效监管对国际银行体系稳定的重要性。

1986 年,ESCS 发布的《近期国际银行业的创新》首次公开提出了"宏观审慎",并从政策的角度,将其定义为保证整个金融体系和支付体系健康安全的机制。该报告不仅对金融创新进行了界定和分类,还着重关注了衍生品市场和证券化市场等金融创新如何引发金融体系风险问题。1992 年,在由 G10 领导的工作小组撰写的报告中再次提及宏观审慎,认为在非传统市场中应重点关注银行之间的相互作用和联系,运用宏观审慎解决可能带来的问题。1995 年,ECSC 的工作小组将"宏观审慎"一词直接放在名为《市场规模度量以及金融衍生品市场宏观审慎风险的相关问题》报告的标题之中,

---

① 库克委员会是巴塞尔银行监督管理委员会(BCBS)的前身,下属国际清算银行(BIS)。

讨论了衍生品市场缺乏透明度、市场功能过于集中于少数机构等问题。这份报告后来作为国际清算银行第67次年报的单独一章,而这一期年报特别强调了各个金融机构和市场相互之间的关联,应从整体上保持金融系统的稳定。①

1997年爆发的亚洲金融危机引起了各国金融监管部门和国际监管组织对"宏观审慎"的高度重视,并积极探索实践路径。1998年,国际货币基金组织在其研究报告中指出,必须实施包含微观审慎和宏观审慎两个层面的银行监管,其中,后者主要是通过了解来自市场或更为广泛的宏观经济信息,并重点关注重要的资产市场、金融中介机构和宏观经济的发展及潜在失衡来实现。此后,"宏观审慎指标体系"(MPIs)②开始得到发展,并被整合到金融部门评估项目(FSAPs),在评估金融体系稳健性方面逐渐发挥重要作用。2000年,时任国际清算银行总经理的Andrew Crockett在银行监管国际会议第一次系统阐述了"宏观审慎"概念,并指出在维护金融稳定方面,监管目标和影响经济产出机制的理念是微观审慎监管和宏观审慎监管最大的不同,而加强宏观审慎方面的监管对于实现金融系统稳定至关重要,并指出了宏观审慎的两大显著特征:一是宏观审慎关注的是整个金融体系,而非单个金融机构所面临的风险,并强调可以降低风险可能给整个实体经济造成的损失,而微观审慎更关注个别金融机构的倒闭风险,重视对存款人的特别保护;二是宏观审慎关注金融机构行为的集体性,并强调金融风险的内生性,而微观审慎则将整体风险与个体金融机构隔离开来,将风险视为外生变量,结果导致出现外部性问题。③

---

① 关于宏观审慎概念提出与演变,主要参见刘志祥:《宏观审慎管理:框架、机制与政策选择》,中国金融出版社,2017,第8-11页。
② 后被命名为"金融稳健性指标"(FSIs)。
③ 李波:《构建货币政策和宏观审慎政策双支柱调控框架》,中国金融出版社,2018,第216-224页

2.宏观审慎监管理念的深化：以微观审慎监管为参照

（1）宏观审慎监管的界定：两者模式之间的比较

宏观审慎监管（macroprudential regulation）可以从不同角度加以认识和界定：首先，从金融模式的角度出发，宏观审慎监管其实就是宏观金融管理当局发展的一种金融监管模式①，是通过分析风险的相关性以及监管系统重要性机构来防范和化解系统性风险，以保障金融体系良好运作，避免宏观经济遭受重大损失的一种审慎监管模式②；其次，从目的入手，宏观审慎监管的核心概念是系统风险，即可能导致系统出现整体性失效的风险，因此，宏观审慎监管的根本目标就是预防和化解系统风险③；还有，建立更强的、体现逆周期性的政策体系有利于维护金融稳定、防范系统性金融风险，从这个角度出发，宏观审慎监管是管理和防范金融系统性风险的自上而下的金融监管政策框架。④ 对此，有学者认为，宏观审慎监管也可以理解为宏观审慎政策框架。⑤ 实际上，将宏观审慎监管称为宏观审慎政策（macroprudential policy）也并无不妥，宏观审慎管理与宏观审慎监管也被国内的学术界视为同义。

宏观审慎监管是相对于微观审慎监管的概念，但前者并非后者的简单加总，如表 2-1 所示，两者在直接目标、最终目标、风险类型、金融机构之间的相关性和共同风险暴露的关系，以及审慎控制的衡量标准等几个方面都存在明显差异。整体而言，微观审慎监管注重个别金融机构的合规性监管，缺少宏观上的风险把握；宏观审慎监管并不以单个金融机构为具体监管对象，

---

① 鲁篱、熊伟：《后危机时代下国际金融监管法律规制比较研究：兼及对我国之启示》，《现代法学》2010年第 4 期，第 148-158 页。

② 巴曙松等：《从微观审慎到宏观审慎：危机下的银行监管启示》，《国际金融研究》2010 年第 5 期，第 83-89 页。

③ 李拉亚：《宏观审慎管理的理论基础研究》，经济科学出版社，2016，第 9 页。

④ 廖岷：《中国宏观审慎监管工具和政策协调的有效性研究》，《金融监管研究》2014 年第 12 期，第 1-23 页。

⑤ 周小川：《金融政策对金融危机的响应：宏观审慎政策框架的形成背景、内在逻辑和主要内容》，《金融研究》2011 年第 1 期，第 1-14 页。

而是通过关注单个机构之间的相互作用,以及金融机构面临的共同风险,将金融体系视为一个整体纳入监管的范围,重点在于整个金融系统的风险,目的在于如何降低金融危机对宏观经济所造成的有形损失和无形损失。

表 2-1　宏观审慎监管与微观审慎监管的对比①

	宏观审慎监管	微观审慎监管
直接目标	限制系统性金融危机的发生	限制个别机构危机的发生
最终目标	保护实体经济产出不受影响	保护消费者/投资者/存款人
风险模型	风险内生	风险外生
金融机构之间的相关性和共同风险暴露的关系	重要	不重要
审慎控制的衡量标准	以整个系统范围的风险为单位,自上而下实行控制	以个别机构的风险为单位,自下而上实行控制

(2)宏观审慎监管理念的深化:基于不断发展的国际共识

在金融领域,个体理性并不能自然自发地产出集体理性。单个金融机构的行为可能是审慎而理性的,但金融机构的一致行动并非一定就是理性的,原因在于资本的逐利性会导致个体利益最大化,这种符合个体理性,却可能会导致集体的非理性,将无法实现整体的稳定和公平,最终使全体利益相关者受损。防范系统风险,维护金融业的整体稳健是宏观审慎监管的出发点和归宿,体现了系统、全面地构建涵盖宏观经济政策、金融机构和金融市场风险规制、监管体系的监管新思维。② 为此,应从不同的维度设计不同的监管政策:首先是时间维度,也称纵向维度,要考虑风险随时间的变化而变化的发展问题,特别是随着金融周期变化,针对不同时期的风险特点实施不同的监管,比如,在经济繁荣时期,要求银行增加资本缓冲,以便在经济萧

① Claudio Borio,*Towards a Macroprudential Framework for Financial Supervision and Regulation*.BIS Working Paper,No.128 ,February,2003.

② 包勇恩、韩龙:《论金融监管中的宏观审慎原则》,《安徽大学法律评论》2009 年第 1 期,第 13-23 页。

条时期应对损失；其次是空间维度，也称横向维度，主要就是要基于同一时间节点上，关注众多金融机构风险关联，降低单个金融机构对整体金融系统的不良影响。通常系统重要性金融机构的倒闭对金融系统的影响要比普通金融机构更大，因此，必须对其提出更为严格的监管要求。考虑到系统性风险的来源是金融体系内在的顺周期性，而金融机构的集体行动会加剧金融系统的风险集聚，因此，在时间维度上，宏观审慎管理应重点考虑如何消弭或缓解金融系统的"亲周期性"或"顺周期性"；在跨机构维度上，有效预防和处置金融系统跨机构的系统性风险则是宏观审慎监管的最为重要的功能。[①]

所谓的"顺周期性"是指金融部门与实体经济之间动态的相互作用正向反馈机制。在金融实践中，这种动态的相互依存关系会引发、放大经济的波动和振荡[②]，加剧金融体系的不稳定性，因而逆周期监管是宏观审慎监管的重要组成部分。《巴塞尔协议》是全球银行业最具有影响力的监管标准之一，其主要功能在于弥补和完善单个国家银行监管体制的弊端。《巴塞尔协议Ⅲ》产生于2008年金融危机之后，提出了一系列宏观审慎监管专项政策，将资本约束机制细分为五个层次，其中，就包含逆周期资本缓冲机制，以降低银行体系的顺周期性，避免超额信贷扩张和系统性风险带来巨大冲击，其基本原理就是在经济繁荣时期，增加超额资本充足要求，储备充足的资本；经济衰退期时，使用经济繁荣期积累的逆周期缓冲资本用以缓解资本不足，最终起到维持宏观经济稳定的作用。除此之外，《巴塞尔协议Ⅲ》还对系统重要性金融机构设置了额外资本要求，即在最低资本要求的基础上具备更强的吸收损失的能力，以确保系统重要性金融机构更多地积累资本，在增强应对系统性危机能力的同时，也利于防止道德风险。整体而言，《巴塞尔协

---

① Claudio Borio, *Towards a Macroprudential Framework for Financial Supervision and Regulation*.BIS Working Paper, No.128 ,February,2003.

② 陈放：《金融市场的顺周期性与逆周期监管》，《重庆社会科学》2018 年第 12 期，第 116-128 页。

议Ⅲ》分别从时间和行业维度提出了宏观审慎监管改革的基本方向：纵向上通过不同时期的不同资本存留来降低金融风险，而在同一时间点上，则控制金融风险的集聚，并尽量减少由此产生的损失。

反思 2008 年次贷危机，其爆发原因之一便是金融创新大大地加深了金融机构、金融业务、金融市场之间的融合度，金融体系内部存在高度的关联性，而微观审慎监管主要侧重于对单个金融机构的监管，忽视了金融系统整体的安全稳定，个别的、局部的风险在市场上的快递扩散，波及其他机构，乃至整个体系。例如，资产证券化交易会轻而易举地打破既有的金融业务、机构与市场界限，将商业银行的信用风险，在不同金融机构、金融市场转换、累积，并最终演化成为一场金融危机的导火索。现代金融市场不再是割裂的，而是一个整体，强化宏观审慎监管成为金融危机后国际金融监管改革的重要内容，对宏观审慎监管的研究逐渐从以时间维度为主，转为同时重视时间维度和空间维度，其中，系统性重要金融机构受到了特别的关注。在金融自由化、一体化的推动之下，大规模的国际资本流动必然产生强烈的风险外溢效应，因此，系统性风险的识别与评估便成为宏观审慎监管的关键内容之一，而雷曼兄弟公司等大型金融机构的倒闭也凸显了系统重要性金融机构对金融稳定的影响，如何应对其间的"羊群效应"导致恶性循环，加剧市场波动，引发了系统性风险成为国际金融监管领域亟待解决的问题。国际清算银行从 2009 年开始，利用宏观审慎概念来分析危机发生的顺周期性，金融机构"大而不倒"，以及金融监管供给不充分、金融监管标准不高等问题；2009 年的 G20 匹兹堡峰会之后，"宏观审慎管理"和"宏观审慎政策"正式被最终形成的会议文件及其附件中引用；次年，在韩国首都首尔召开的 G20 峰会则进一步形成了宏观审慎管理的基础性框架。

3.宏观审慎监管的基本框架：基于应然角度的发展方向

在 1998 年亚洲金融危机之后，关于宏观审慎管理的理论框架与分析手段逐步达成共识，并沿用至今，而 2008 年次贷危机让国际社会不得不重新研究和推出更为细致和有效的宏观审慎管理分析手段和监管工具,并从降低顺周期性、防范与化解跨机构系统性风险等方面确立了宏观审慎监管的基本框架。[①] 2009 年 G20 金融峰会确立了宏观审慎监管的改革方案,主要涉及弥补新资本协议和现有会计制度的缺陷,重点监管系统重要性金融机构,逐步建立利于银行长期发展的激励约束机制,建立信用违约掉期交易(CDS)的中央交易对手安排,建立监管联席会议制度,推进跨境监管信息共享合作,加强中介机构监管,提高金融机构风险管理标准以及统一监管标准等。结合当前国际实践,宏观审慎监管框架主要包括以下几方面的内容:

(1)构建稳健的金融机构。2017 年末,巴塞尔银行监管委员会(BCBS)发布《巴塞尔协议Ⅲ:危机后改革的最终方案》标志着全球银行体系的核心国际监管规则改革框架基本完成。2018 年,BCBS 对其进行了完善,修订了市场风险框架、应对可能存在的监管套利问题等,兼顾宏观审慎管理和微观审慎监管,从资本质量、流动性要求、风险加权资产计量、大额风险敞口上限、逆周期管理、信息披露等多方面入手,形成了一套全球银行业监管规则体系。

(2)强化对系统重要性金融机构的监管。2018 年 11 月,金融稳定理事会(FSB)公布了基于 2017 年末数据测算的 G-SIBs 名单,29 家银行入选,数量较 2017 年减少一家,并实施更高的资本要求。在现代金融体系中,系统重要性金融机构往往处于重要,甚至是主导地位,其经营管理状况和风险控制水平直接关系到整个金融体系的稳健性、可持续性,以及金融服务于实体经济的能力。建立包括系统重要性金融机构的识别、监管和危机处置机制在内的监管框架,遵循了金融风险的内在规律,通过合理配置监管资源,防范系统性风险,维护金融体系稳健运行。

---

① 王兆旭、王媛:《宏观审慎管理研究综述:基于中央银行宏观金融调控的视角》,《山东社会科学》2011 年第 2 期,第 105-109 页。

（3）推动有效处置机制建设。从世界范围来看,银行业在落实《金融机构有效处置机制核心要素》的情况较为理想,所有 G-SIBs 母国均已建立了处置策略和处置计划框架。2015 年 11 月,金融稳定理事会发布针对全球系统重要性银行的《总损失吸收能力条款》,提出了总损失吸收能力（TLAC）要求。

（4）持续监测影子银行体系。虽然不同国家和地区对于影子银行的认定有差异,但其风险都具有复杂性、隐蔽性、脆弱性、突发性和传染性等共性,容易诱发系统性风险。自 2012 年以来,金融稳定理事会每年都会编写和发布专门性的监测报告,在 2008 年金融危机后,全球影子银行的发展呈现出增速放缓、高风险业务比重下降、业务透明度增强等特点,但值得注意的是,危机后,新兴经济体影子银行增速开始高于发达经济体。2019 年底,新兴经济体①在全部影子银行规模中的占比已由危机前的 4% 上升至 15%。②

（5）推动场外衍生品市场改革。场外期权、互换、指数产品等衍生品是衍生品市场体系的重要组成部分,可以满足不同风险偏好的市场参与者。《多德-弗兰克法案》《欧盟金融市场工具法令》《金融市场基础设施原则》以及《巴塞尔协议 III》都针对场外衍生品市场制定了相关政策框架,明确了包括更高资本约束、交易信息报送、集中清算、保证金、平台交易等监管要求。

（6）防范不当行为风险。2018 年,FSB 继续致力于防范不当行为风险。在薪酬治理层面,FSB 于 2018 年 3 月发布了《稳健薪酬实践原则和标准补充指导文件》,将薪酬制度与减少不当行为联系起来,并于 11 月发布了《给各国监管部门的建议:使用薪酬工具防范潜在不当行为风险》,指导各国监管

---

① 2019 年 2 月,FSB 发布的《2018 年全球非银行金融中介监测报告》显示,2017 年,中国的狭义影子银行规模增长速度超过 10%。

② 参见中国银保监会政策研究局课题组、中国银保监会统计信息与风险监测部课题组:《中国影子银行报告》,《金融监管研究》2020 年第 11 期,第 1-23 页。

部门有效使用薪酬工具。在公司治理层面,FSB 于 2018 年 4 月发布了《强化公司治理以防范不当行为风险:针对公司和监管部门的工具箱》,提出从完善入职调查、强化高管层职责和营造良好企业文化等三个方面防范不当行为风险。

（二）安全与有限发展:货币政策与宏观审慎政策的"双支柱"

根据中央银行的定位与功能不同,宏观审慎政策框架的制度模式可分为以下三类:一是完全一体化下的"超级中央银行模式"模式,中央银行拥有全部金融监管职能;二是部分一体化下的"双峰"模式,中央银行保留审慎职责,但行为监管和证券监管相分离;三是非一体化下的"离体"模式,中央银行仅仅关注价格稳定,并与审慎监管、证券监管分离。[1] 上述三种模式各有优劣,并无绝对意义上的好坏之分,2008 年次贷危机之后的发展趋势表明大多数国家更倾向于通过建立货币政策与宏观审慎政策的双支柱调控框架,这既有金融体系自我调整的内在动力,也是避免经济过度虚拟化,实现有限发展的时代需求。

1.应然分析:中央银行职能扩张的必然性

实际上,很难用一句话来回答中央银行是什么? 作为一种处于政府和银行之间的特殊机构,中央银行既不是普通的银行,也不是单纯的政府机构,也许正是这种兼具市场属性与权力属性使之成为一个国家货币和金融体系的核心。以此为视角,世界范围的金融监管模式主要包括以下两类:一类是中央银行不仅负责制定和执行货币政策,还要承担审慎监管职责,并另外设立专门性的行为监管机构维护市场的有序竞争,保护投资者、消费者权益,此类型以美国、英国和澳大利亚等国为主要代表;另一类则是实行货币政策与金融监管相分离,中央银行专司货币政策,而另设统一的监管部门承

---

[1]　张朝洋:《货币政策与宏观审慎政策协调研究:理论分析与中国实践》,中国金融出版社,2019,第151-159 页。

担主要金融监管职责,例如,日本的金融厅、德国的联邦金融监管局等。相较于准确界定中央银行的困惑,描述其功能似乎要更容易些,当然,这是一个不断变化的清单,但现代中央银行的职能基本可以归结货币稳定与完整性、金融稳定方面的公共政策行为和决定。[1] 简而言之,中央银行具备经济稳定和经济金融稳定两项基本职能:前者要求中央银行应以经济稳定增长为目标,避免大幅波动,并维持稳定的低通胀;后者则意味着中央银行应尽可能保证金融系统的正常运作,特别是要尽量防止金融恐慌,避免发生金融危机。[2] 与履行上述职能相匹配的是中央银行所拥有的强大"工具箱",其中,货币政策是稳定经济的重要工具,而在金融稳定方面则主要是通过"最后贷款人"机制提供流动性供给,以及实施金融监管。当然,金融监管权并非中央银行所独有,而往往是与其他监管机构共同分享。

在20世纪90年代,由于受到中央银行单一目标、单一工具观念的影响,中央银行与金融监管一度出现分离趋势,主要理由在于从制度设计原理看,中央银行集货币政策(包含最后贷款人救助)与金融监管于一身,可能导致放松监管的道德风险;从政策实践来看,由于普遍实施通胀目标制,中央银行仅承担货币政策职能并锚定通胀目标。然而,2008年的金融危机让各国都认识到中央银行只把注意力集中于通胀,而忽视金融稳定是一种显而易见的体制性缺陷。于是,美国、英国、澳大利亚、日本以及诸多新兴市场国家纷纷进行了金融监管体系改革,将传统的多头监管逐步调整为双峰监管,甚至是一元的超级综合监管,进一步扩大和强化了中央银行职责,将宏观审慎管理理念引入金融监管,使得金融稳定成为中央银行的主要目标之一,并逐步确立了中央银行在宏观审慎管理和系统性风险防范中的核心地位。例如,英国非常重视政府与其货币管理当局——英格兰银行之间的合作,实施

---

[1] 约翰·辛格顿:《20世纪的中央银行》,张慧莲等译,中国金融出版社,2015,第5-10页。

[2] 本·伯南克:《金融的本质:伯南克四讲美联储》,巴曙松等译,中信出版集团,2017,第5-6页。

"集中化""一体化"监管模式,由后者全面负责审慎监管。

　　尽管市场中的各类主体比政府掌握更多与金融风险、波动乃至危机有关的信息,但却没有任何激励机制促使其系统地分析和使用这些信息,从而为可能到来的灾难担忧,这为金融领域的政府干预提供了必要性前提。此外,金融风险,特别是系统性的金融风险所蕴含的极大破坏力严重危及金融稳定、经济稳定和社会稳定,是中央银行享有并行使宏观审慎监管权的正当性所在,也是其作为现代金融体系核心地位的使命所在。当然,对于这种趋势也并不是没有质疑的声音,有学者指出,中央银行同时负责价格稳定和金融稳定时,就会产生一个新的时间不一致的问题:货币政策可以在信贷冲击实现之后再进行优化调整,但宏观审慎监管者却不能在信贷冲击实现之后马上进行调整。主要原因是货币政策工具可以在事先和事后使用,而宏观审慎监管是一个事先使用的工具,不能在事后调节,这就使得一个兼顾价格稳定与金融稳定的双重目标的中央银行不能达到社会福利的最佳水平,因此,建议由不同的机构负责货币政策和宏观审慎政策。[①]

　　2.实然选择:中央银行角色转换的域外经验

　　2008年次贷危机之后,主要经济体和国家都将宏观审慎作为重构金融监管体制的关键举措,围绕着如何重新界定中央银行在金融监管中的地位和功能,呈现出共同的特点和趋势:一方面,积极强化中央银行在宏观审慎政策框架下的核心地位,并基于对系统性风险和金融机构业务的顺周期性认识,强调中央银行应拥有对系统重要性金融机构和重要金融基础设施的监管权;另一方面,充分体现"双峰"监管理念,建立宏观审慎与微观审慎、金融稳定与消费者保护之间相对独立的目标体系,并强化中央银行的金融业综合统计以及全面信息收集能力。[②] 以下国家要么是现代金融的引领者,要

---

① 陈平:《宏观审慎视角下的中央银行独立性研究》,《宏观经济研究》2014年第1期,第16-24页。
② 李波:《构建货币政策和宏观审慎政策双支柱调控框架》,中国金融出版社,2018,第240-241页。

么是金融服务现代化浪潮中的先行者,在中央银行这一历史性转变过程中积极作为,其中,不乏值得借鉴的实践经验:

(1)美国。美联储缺乏足够的监管工具以应对金融自由化被认为是引发 2008 年金融危机的主要原因。因此,作为"大萧条"以来最为严苛的金融监管法案,《多德-弗兰克华尔街改革和消费者保护法案》以加强系统性风险防范、消费者保护为主线,并在此基础上重塑金融监管架构,特别突出了美联储在宏观审慎管理中的核心地位:①扩大监管范围。明确美联储拥有监管系统重要性金融机构的权力,负责对资产超过 500 亿美元的银行业金融机构,所有具有系统重要性的证券、保险等非银行金融机构,以及系统重要性支付、清算、结算活动和市场基础设施进行监管。① ②提高监管标准。例如,从资本充足、杠杆率、流动性、风险管理等方面对系统重要性机构提出了更高的监管标准。③建立系统性风险管理的分工协调机制。新成立的金融稳定监督委员会(FSOC)负责识别和防范系统性风险,消除"大而不倒"的预期,应对可能影响金融体系稳定的问题,而美联储则具体负责实施监管。④严格管控银行的高风险业务。例如,限制银行业实体开展证券、衍生品、商品期货等高风险自营业务,商业银行投资对冲基金和私募股权基金规模不得超过银行一级资本的 3% 等等。⑤加强对金融控股公司的有效监管。例如,美联储有权检查金融控股公司及其任何一个子公司(包含非存款类子公司),并有权获取金融控股公司及其交易对手的信息。对于在金融活动之外从事非金融活动的公司,美联储则可以要求其成立中间持股公司。

(2)英国。该国金融业在 2008 年次贷危机中遭受重创,先后推出《银行法案》《改革金融市场》《金融监管的新方法——判断、焦点及稳定性》《金融服务法》等一系列法律文件,积极推动宏观审慎监管改革。根据 2012 年的

---

① 实际上,美联储"抓大并未放小",同时保留了对小银行的监管权,以及对非银行金融机构的后备检查权,判断其对金融稳定的威胁程度,决定是否纳入监管范围。

《金融服务法案》,原由金融服务局(FSA)作为单一监管机构,会同英格兰银行、财政部三方构成的"统合监管"监管模式被废除,重新赋予英格兰银行履行全面监管职责,并建立了以其为主导的"双峰模式",下设三个专职机构——金融政策委员会(FPC)、由原来金融服务局(FSA)拆分而来的审慎监管局(PRA)和金融行为监管局(FCA)。其中,金融政策委员会隶属于英格兰银行理事会,负责制定实施金融系统稳定策略,辨识、监控并采取行动,以移除或降低整体系统风险,以达成金融稳定并支持政府促进经济成长及就业成长为目标;审慎监管局和金融行为监管局(FCA)则分别负责微观审慎监管和金融机构业务规范监管。

(3)澳大利亚。该国的金融监管架构是以金融监管委员会为基础平台,以金融体系稳定和消费者保护为目标,并采取央行+"双峰"的模式优化监管资源配置:金融监管委员会由中央银行——澳大利亚储备银行、审慎监管局、证券与投资委员会等金融监管机构,以及财政部组成,由央行行长担任主席,负责金融监管协调,该委员会虽没有独立的司法权力,但可以通过非法规性文件引导、促使监管机构之间的紧密合作;澳大利亚储备银行负责货币政策和金融稳定,不承担任何直接的银行监管职责,仅直接管理清算支付系统;审慎监管局(APRA),负责微观审慎监管,主要负责银行、保险和养老金行业的金融稳定;证券和投资委员会(ASIC),是一个独立的政府机构,负责对银行、证券和保险等金融业务行为的监管。

(4)日本。日本银行是该国的中央银行,负责履行货币政策职责,而金融厅是最高的金融监管行政机关,负责对银行、证券、保险等各金融市场的统一监管,在金融监管领域发挥主导地位。宏观审慎监管方面,金融厅的作用在于实施行政处罚等措施,而日本银行则侧重于系统性风险识别、监测和提出建议,两者的分工与协调是日本宏观审慎监管体系的重要特点,并在危机之后得到进一步加强,例如,法律明确规定了相互之间的协助义务,包括建立日常沟通机制、提供资料或信息等。此外,日本银行和金融厅还经常联合发布金融领域的指导性文件,当出现金融危机之后,两者需共同出席会议并参与应对决策。

(三)国别经验:我国宏观审慎监管的实践、挑战及应对

近年来,我国顺应国际潮流,充分借鉴成功经验,适时调整金融监管体系以强化宏观审慎,并已初步构建符合本国实际的宏观审慎监管体制,以促进金融稳定和经济增长。当然,没有"放之四海皆准"的完美制度,即便是在经济全球化、金融一体化程度不断提升的 21 世纪,不同国家的金融市场以及面临的问题均有所差异,例如,我国影子银行系统所面临的风险虽在外观上与国外相似,集中表现为期限错配,但与英美等发达国家相比,风险则主要存在于金融机构层面,而非金融市场层面。因此,宏观审慎的引入与发展必须立足国情,作为一个发展中国家,我国的金融市场化、国际化、法制化程度不高,金融监管体系也不健全,需要立足于全面开放的时代背景,以坚守不发生系统性风险的底线,进一步完善和推动宏观审慎监管。

1.宏观审慎监管在中国演进:以中央银行为视角

宏观审慎监管是一个庞大的金融管理系统,涉及纵横交错的金融市场、各种类型的金融机构,以及不同的监管部门,受本章研究范围及目的所限,以下仅从中央银行的视角梳理宏观审慎在中国的产生、发展情况。实际上,在宏观审慎监管的改革中,即使有其他新设机构出现,中央银行的核心地位依然不会动摇,相反,其重要性会越来越强。作为中央银行,中国人民银行在我国金融监管体制中一直处于核心地位。新中国成立后的相当长时期内,由于实行"大一统"的金融体制,中国人民银行既负责全国的所有银行业务,同时又承担了国家财政、金融行政以及发行货币等管理职责,具有高度垄断性。改革开放后,根据"二元结构"的银行体系发展战略,中国人民银行开始逐步剥离金融监管职责,向单一性、纯粹性中央银行转变,但在新中国第一部关于中央银行的专门性法律之中,审批、监督管理金融机构和监督管

理金融市场仍是中国人民银行重要的职责①,直到 2003 年成立的银监会承接了中央银行的大部分监管职能之后,中国人民银行才逐渐演变成为主要负责制定和执行货币政策的"单一制"中央银行。

我国金融体系在 2008 年的金融危机中受到的冲击相对较小,这也充分说明,中央银行不能只专注于货币政策,发挥经济稳定职能,而忽视全局性的、宏观的金融稳定职能,否则,难以保证长期的经济运行安全。② 于是,在中国人民银行原有的货币政策功能之上,被赋予和强化宏观审慎监管方面的职责,以便于对金融稳定进行宏观管控:2009 年,首次提出研究建立宏观审慎管理制度;2011 年,正式引入差别准备金动态调整机制,将金融机构信贷增长与银行抵御风险能力结合起来;2013 年,建立了以中国人民银行牵头,银监会、证监会、保监会、外汇局等机构参与的金融监管协调部际联席会议制度;2016 年,将差别准备金动态调整机制升级为宏观审慎评估体系,从七个方面约束金融机构的行为,实施逆周期调节,将更多的金融活动和金融行为纳入管理;同年,人民银行完善了跨境资本流动宏观审慎框架,构建了本外币一体化管理的全口径外债宏观审慎管理框架③,党的十九大报告提出的"健全货币政策和宏观审慎政策的双支柱调控框架"得以基本形成。

近年来,在深化改革、全面开放的推动之下,我国充分借鉴国际经验,并立足于金融体制改革的现实需要,不断丰富和完善具有中国特色的宏观审慎管理框架,进一步加强金融监管协调,强化系统性风险监测评估,丰富宏观审慎政策工具,牢牢守住了不发生系统性金融风险的底线,宏观审慎监管体系日趋完善。由于银行业和保险业的业务多有交叉,系统性重要金融机构多集中于银行保险领域,分业监管体制之下也存在一定的监管重合或不

① 参见 1995 年制定《中国人民银行法》第四条。

② 2003 年修订《中国人民银行法》时,就试图明确中央银行维护金融稳定的职能。

③ 范亚舟:《宏观审慎监管下我国金融监管机构改革及需进一步解决的问题》,《武汉金融》2018 年第 7 期,第 40-44 页。

足,因此,整合原银监会和保监会职责,组建中国银行保险监督管理委员会实施统一监管,以更好地应对混业经营趋势下的系统性风险。在此基础上,将原有监管机构拟定银行保险业重要法律法规草案和审慎监管制度的职责划入中国人民银行,承担起防范系统性风险的重任。上述改革还强调立法权和执行权的相互独立,这有利于在金融监管体系中形成内部制衡,以解决"身兼二职"可能导致的"部门利益法制化"问题。

为提高金融监管的统一性、协调性与权威性,我国成立了国务院金融稳定发展委员会,主要肩负着落实中央金融决策部署,审议金融业改革发展重大规划,统筹金融改革发展与监管,研究金融风险防范处置和维护金融稳定重大政策,以及指导地方金融改革发展与监管等五大职能,并将办公室设在中国人民银行,凸显了中央银行在我国宏观审慎监管体系中的重要性,也预示其在事关中国金融业发展与稳定的顶层设计方面将发挥更大作用。至此,中国版的"双峰"金融监管模式初见端倪,对此,也有学者认为,已经演化为"三层+双峰"模式:"三层"是指顶层为国务院金融稳定发展委员会,中间层为具体的金融监管机构,底层为相应的地方监管部门;"双峰"则是指在中间层内部,将具体的监管职能分为审慎监管机构和行为监管机构,并指明了中国金融监管框架的改革方向。①

综上可见,中国人民银行已在我国宏观审慎监管框架内发挥核心作用,不仅从系统性风险跨机构的维度,强调监管当局应注重金融机构之间相互作用而产生的系统性风险,同时从风险跨时间的角度,提出金融监管应关注金融系统顺周期效应产生的系统性风险,并将加强宏观审慎管理作为金融监管的核心内容。② 因此,我国宏观审慎监管的起步虽晚,但在机构设置、监管理念以及管理体制等方面都取得了长足进步,初步形成了具有中国特色

---

① 尹振涛:《"三层+双峰":未来中国金融监管框架方向》,财新网,2018 年 3 月 15 日。
② 参见中国人民银行《2009 年第三季度货币政策执行报告》。

的宏观审慎监管框架：

第一，加强风险导向下的金融机构稳健性监管。银行业监管部门在强调单个银行金融机构的资本充足率约束、提高拨备水平、控制风险集中度、加强不良贷款管理、完善公司治理的同时，也高度关注银行业的宏观审慎监管，并注重防范和有效隔离风险可能出现的跨境、跨市场传递，这对于构建中国银行业的宏观审慎监管体系，防范系统性风险具有重要意义。2020年9月11日，中国人民银行印发了《金融控股公司监督管理试行办法》，自2020年11月1日起施行，从金融控股公司的认定、准入、申请、管理和监管等方面作出了具体规定。2020年9月13日，国务院发布了《关于实施金融控股公司准入管理的决定》（国发〔2020〕12），授权中国人民银行对金融控股公司开展市场准入管理并组织实施监管。

第二，探索对系统重要性金融机构的监管机制。按照"统筹监管系统重要性金融机构"的战略部署，中国人民银行、银保监会、证监会于2018年联合印发了《关于完善系统重要性金融机构监管的指导意见》，明确了包括银行在内的系统重要性金融机构的定义、范围，规定了相应的评估流程和总体方法，并制定特别监管要求，以增强持续经营能力，降低发生重人风险的可能性，通过建立特别处置机制，确保系统重要性金融机构发生重大风险时，能够安全、快速、有效处置，保障其关键业务和服务不中断，防范"大而不能倒"风险。

第三，持续推动有效处置机制建设。我国争取到新兴市场经济体G-SIBs可延后6年执行TLAC要求，包括中国人民银行在内的相关部门正在研究制定TLAC监管规则，主要涉及TLAC监管指标和最低监管要求、TLAC的构成和合格TLAC工具标准、明确TLAC扣减规则以及监督检查要求，以逐步落实TLAC要求，重点落实内部TLAC要求以及确保TLAC工具在处置中能够用于机构自救。

第四，强化对影子银行体系的监测。2014年，我国出台《国务院办公厅关于加强影子银行监管有关问题的通知》,按照"谁批设机构,谁负责风险处置"的原则,落实各类影子银行主体的监督管理责任。2017年以来,各监管部门对正式金融机构从事的影子银行活动也采取了渐趋严厉的姿态,特别是2018年发布的《关于规范金融机构资产管理业务的指导意见》,根据资管产品类型制定了统一的监管标准,并对同类资管业务作出一致性规定,实行公平的市场准入和监管标准。经过三年专项治理,我国影子银行野蛮生长的态势得到有效遏制,不仅表现为规模大幅压缩,更重要的是经营开始变得规范,结构更加简化,系统性风险隐患大为减弱。①

第五,有序推进场外衍生品市场改革。随着我国多层次资本市场体系的逐步确立,现货市场规模不断扩大,客观上要求配置制度完善的风险管理体系和品种丰富的期货、期权市场。自2010年沪深300股指期货上市开创国内金融衍生品市场以来,已陆续上市中证500、5年期国债等融期货产品,为投资者提供了规范、透明、高效的风险对冲手段。近年来,中国衍生品市场朝着加快产品创新,扩大对基础资产的覆盖面,深化投资者参与的改革方向前进。2019年,股票股指期权交易的推出对于健全资本市场基础制度和产品布局具有深远意义,也标志着中国内地的金融衍生品市场步入"期权时代"。

第六,健全银行内部治理以预防不当行为风险。近几年,我国银行业市场所表现出来的经营管理乱象,造成了严重的资金脱实向虚问题,并引发了一连串金融风险事件的爆发,而银行机构公司治理不健全、风险管理薄弱便是重要原因所在,被《2018年整治银行业市场乱象工作要点》列为重点整治领域之一。为此,根据银行金融机构外部性强、杠杆率高、信息不对称突出

①　截至2019年末,广义影子银行规模降至84.80万亿元,较2017年初100.4万亿元的历史峰值缩减近16万亿元;风险较高的狭义影子银行规模降至39.14万亿元,较历史峰值缩减了12万亿元。其中,复杂结构的交叉金融业务大幅压缩,同业理财从6.8万亿元降至2019年末的0.84万亿元,同业特定目的载体投资从23.05万亿元降至15.98万亿元。参见中国银保监会(政策研究局、统计信息与风险监测部)课题组:《中国影子银行报告》,《金融监管研究》2020年第11期,第1-23页。

等特点,从做实董事会、监事会职能、规范高管履职行为、完善激励约束机制、强化外部监督和市场约束,以及健全风险控制体系等方面加强股份制银行、中小银行的内部治理。

2.我国宏观审慎监管机制存在的主要问题

首先,我国宏观审慎监管目标不明确。自 1995 年以来,我国中央银行的宏观调控最终目标就被定格为"保持货币币值的稳定,并以此促进经济增长"[①]。显然,这种表述并不是将币值稳定与经济增长并列,而是将前者作为后者的前提,也就是说,中国人民银行货币政策的首要目标是"保持货币稳定",而经济增长是稳定所追求的结果,反映了中央银行在经济稳定方面的目标,并未包含金融稳定方面的目标,这既与中国人民银行的审慎监管功能设置不相匹配,也不利于促进我国宏观审慎监管体系的完善。

其次,我国宏观审慎监管立法不健全。我国宏观审慎监管实践起步较晚,法制建设尚有诸多缺陷。整体而言,宏观审慎监管法律框架并没有成型,制度供给的有效性有所不足。例如,《中国人民银行法》第二条规定:"中国人民银行在国务院领导下,制定和执行货币政策,防范和化解金融风险,维护金融稳定。"其中,对于"金融稳定"的界定较为模糊,中央银行在宏观审慎监管中的地位和职责也缺乏具体法律依据。又如,金融控股公司是我国宏观审慎监管的重点和难点,中国人民银行早就对"个别金融控股集团、农村金融机构风险可能暴露"表示担忧,并建议"尽快出台金融控股公司监督管理试行办法"[②]。目前,我国已经建立了包括《金融控股公司监督管理试行办法》《关于加强非金融企业投资金融机构监管的指导意见》《商业银行股权管理暂行办法》《保险公司股权管理办法》等规范性文件在内的监管制度体系,但存在着效力层级较低,系统性、操作性较差等问题。在系统重要性

[①]　参见 2003 年修订后的《中国人民银行法》第 3 条。
[②]　参见中国人民银行《中国金融稳定报告(2019)》。

金融机构方面,2018 年,中国人民银行联合银保监会、证监会联合发布《关于完善系统重要性金融机构监管的指导意见》,对系统重要性金融机构的评估、监管和处置机制建设作出了原则性规定,虽具有一定的标志性作用,但目前仅仅还是一个宏观政策框架,缺乏更为具体的监管标准、程序等实施细则。

再次,我国宏观审慎监管体制不完善。"一委一行两会"的金融监管体制之下,国务院金融稳定发展委员会在监管协调、防范系统性风险以及维护金融稳定等方面都具有重要作用,甚至被视为事实上的"超级监管者"。在备受关注的"蚂蚁金服"事件中,正是该机构从宏观经济风险的政治高度和战略层面,协调"一行两会"、地方政府等相关主体对该公司实施了顶格监管。但是,目前并未依法明确其在宏观审慎监管体系的法律地位和职责,以及与中央银行、其他金融监管机构之间的法律关系。中国人民银行作为双支柱监管调控的主要决策和执行主体,也是国务院金融稳定发展委员会的主要对接机构,但仍难以判定其是否属于一个独立的宏观审慎监管部门,而且,其内部宏观审慎机构的设置也值得关注。2019 年,中国人民银行专门设立了宏观审慎管理局,牵头建立了宏观审慎政策框架和基本制度,以及系统重要性金融机构评估、识别和处置机制,并负责金融控股公司等金融集团和系统重要性金融机构基本规则拟订、监测分析、并表监管等工作。之前设立的金融稳定局是中国人民银行内部负责金融监管协调、维护金融稳定的核心部门,也是金融稳定发展政策的主要执行机构,并配合国务院金融稳定发展委员会促进监管机构之间的协调,以防范系统性风险产生。尽管两个机构的分工有所不同,但在宏观审慎监管职权方面边界不清,甚至存在重叠。此外,及时而充分的信息共享是监测和评估系统性风险,实施宏观审慎监管的必要条件,国务院办公厅虽在 2018 年发布《关于全面推进金融业综合统计工作的意见》,但混业经营与分业监管并存一方面会加剧信息的不对称,另一方面还将因信息的产生、传递、处理及运用分属不同主体,难以建立有效的信息共享机制,制约了宏观审慎监管的信息能力,并影响了宏观审慎监管的时效性、针对性。

最后,我国宏观审慎监管政策的有效性不充分。宏观审慎监管政策的有效性可以分为两个维度:应用宏观审慎监管工具降低金融系统性风险的有效性,以及宏观审慎监管政策与其他经济金融政策协调的有效性,而判断是否发挥作用和达到预期目标需要两个前提:一是政策工具本身,通过作用于金融机构或市场预期,对金融系统性风险发挥既定的作用;二是在政策协调方面,通过有效的沟通机制,避免宏观审慎监管政策与其他经济金融政策,发生政策抵消和政策超调。① 虽然中国人民银行在我国宏观审慎监管中的地位和职责得以强化,也设置了专门性的宏观审慎机构,但除了操作货币政策工具和充当最后贷款人之外,不拥有其他宏观审慎监管工具,主要是按照审慎监管和行为监管并重原则,与其他监管机构共同采取一系列宏观审慎政策来降低银行业的系统性风险,提高金融体系整体的稳健性,并建立了类似"联席会议"的协调机制,但并未取得实质成果与进展②,金融稳定政策受货币政策、财政政策等其他宏观经济政策的影响和掣肘,导致宏观审慎监管在逆周期调节、防范风险的积累等方面的效果不甚理想。

3.完善我国宏观审慎监管机制的应对之道

宏观审慎监管是国家在步入改革开放"大转型"期后,为积极应对系统性风险,保障市场经济健康发展而应有效提供的公共物品。基于深化改革、全面开放与法治之间的互动关系,并结合虚拟经济有限发展法学理论关于经济运行安全的目标追求,应从以下几个方面完善我国的宏观审慎监管机制:

---

① 廖岷等:《中国宏观审慎监管工具和政策协调的有效性研究》,《金融监管研究》2014 年第 12 期,第 1-23 页。
② 曹凤岐:《改革和完善中国金融监管体系》,《北京大学学报(哲学社会科学版)》2009 年第 4 期,第 57-66 页。

首先,明确我国宏观审慎监管目标。鉴于我国宏观审慎监管框架的现状和发展趋势,应结合中国人民银行的职能,设定其宏观审慎监管目标。"他山之石,可以攻玉",欧洲系统风险委员会(ESRB)高度重视成员国的宏观审慎政策框架设计及其有效性,曾指导成员国将保障整体金融稳定作为宏观审慎监管的最终目标,并细化为包括加强金融体系的弹性(第一中间目标)和降低系统性风险(第二中间目标),从而确保金融部门对经济增长的可持续贡献(最终目标)在内的目标体系。[①] 该建议之下的宏观审慎总体目标明确且呈体系化,目标与目标之间具有清晰的层次性和切实的可行性,值得借鉴。对此,根据我国"一委一行两会"的金融监管体制,以及中央银行货币政策与宏观审慎政策的双支柱调控框架,可以考虑以货币稳定为核心的金融稳定作为宏观审慎监管的战略性目标,将防范与降低系统性风险作为宏观审慎监管的战术性目标和中间目标,并确立促进经济可持续增长、包容性增长为宏观审慎的终极目标的目标体系。

其次,加强我国宏观审慎监管立法工作。虚拟经济是现代经济体制的重要组成部分,不能缺失法治的保障,因此,健全立法是建立宏观审慎政策框架的基本前提,其首要任务是立足国内现状,顺应国际潮流,制定宏观审慎立法规划,有序推进法律制度建设,并根据宏观审慎监管的要求,突出立法重点,补齐制度短板。例如,应尽快修订《中国人民银行法》,依法明确中央银行在宏观审慎框架中的法律地位、职责范围和审慎工具;正视混业经营可能带来的系统性风险,进一步完善金融控股公司监管立法,并遵循宏观审慎管理理念,以并表监管为基础,对金融控股公司的资本、行为及风险进行了全面、持续、穿透监管,规范金融控股公司有序发展,有效防控各类风险,提高服务实体经济水平;根据《关于完善系统重要性金融机构监管的指导意

---

① 许均平、李孟来:《欧盟中央银行参与宏观审慎监管及对我国的启示》,《金融与经济》2013 年第 4 期,第 42-46 页。

见》，完善相关配套政策，细化银行业、证券业、保险业的系统重要性金融机构的评估方法和附加监管要求等等。

再次，完善我国宏观审慎监管体制。虽然有学者提出，应依法明确国务院金融稳定发展委员会的地位、职责和职权，并在此基础上，赋予其信息收集权、监管指定权、规章制定权等法定职权，使其真正成为能够适应金融风险泛化现实的跨业风险监管机构。[①] 但根据我国金融监管体制改革的整体安排，将国务院金融稳定发展委员会定位为金融监管的协调者、组织者，使其具有更为超脱的地位，更符合设立之初衷，也更有利于发挥其在宏观审慎监管中的作用。实际上，在我国现行金融监管体制下，如果不增设新的机构，而由人民银行承担系统性风险的监管职能是最佳选择。[②] 具体而言，可以在明确中央银行与其他监管部门的宏观审慎监管分工基础之上，进一步优化其内部的机构设置与职责功能，并依法保障其独立性，成为真正意义上的宏观审慎管理机构。与之同时，强化不同监管机构之间的信息共享机制，有效地解决"信息孤岛"问题，准确识别与判断系统性风险，并提升宏观审慎政策的协调性。

最后，增强我国宏观审慎监管的有效性。准确把握宏观审慎监管在金融监管、金融稳定中的地位与作用，必须厘清宏观审慎监管与微观审慎监管、宏观审慎监管政策与货币政策、财政政策等其他宏观经济政策之间的关系。[③] 一方面，在重视宏观审慎监管的同时，仍旧不能忽视微观审慎。其实，相对于监管机构的目标，无论是微观或宏观目标，更有意义的是其有效职责，因为微观审慎监管和宏观审慎监管都被授权维护宏观金融稳定，只不过

---

① 廖凡：《论金融科技的包容审慎监管》，《中外法学》2019 年第 3 期，第 797-816 页。

② 刘迎霜：《论我国中央银行金融监管职能的法制化：以宏观审慎监管为视角》，《当代法学》2014 年第 3 期，第 120-128 页。

③ 中国金融监管制度优化设计研究课题组：《中国金融监管制度优化设计研究：基于金融宏观审慎框架的构建与完善》，中国金融出版社，2016，第 71 页。

发挥作用的领域与追求的效果有所不同①,所以,可以考虑将具有宏观审慎意义的监管指标引入微观审慎,并基于金融机构、金融市场之间的关联性,分析和评估某一地区或某一类型金融机构共同面临的系统性风险因素。另一方面,进一步加强宏观审慎监管工具与其他监管和政策工具,特别是宏观审慎政策工具与货币政策工具之间的协调性。从理论上分析,货币当局追求货币稳定的目标和金融稳定目标是一致的,成功而有效的货币政策和宏观审慎政策能够互相增强和促进:为增强金融体系的弹性而采取的宏观审慎政策,通过在急剧的金融动荡中保护经济,增强了货币政策的有效性;而宏观经济的稳定也降低了顺周期倾向引致的金融体系风险脆弱性。在理想状况下,宏观审慎政策能够针对危及金融稳定的源头进行管理,而货币政策则主要关注价格和产出稳定,两者均能有效地达到各自既定的政策目标。然而,实践中的政策可能面临诸如机制不完善、时间不一致以及政治经济方面等的限制,当宏观审慎政策不能完全消除金融冲击和扭曲,难以实现金融稳定目标时,就需要货币政策发挥必要的补充作用,并接受相关的权衡。当然,在金融稳定领域,应当以宏观审慎政策为主,货币政策有条件地对它进行补充;在宏观经济稳定领域,货币政策始终是实现宏观经济目标的最主要调控手段,宏观审慎政策有条件的补充。②

我国的宏观审慎监管实践既有内生动力,也是国际金融改革倒逼的结果。因此,我们不仅应根据国内的实际情况,正确处理好开放与法治、政府与市场、创新与风险之间的关系,从如何实现经济的有序发展、可持续发展角度出发,不断健全宏观审慎监管机制,还不能闭门造车,需建立常态化的交流机制,定期与国际金融监管机构、外国政府或国际组织进行信息共享与磋商,加强宏观审慎监管的国际协调与合作。具体而言,宏观审慎监管应把

① 马尔科姆·艾迪:《宏观审慎监管与中央银行的作用》,《中国金融》2013年第3期,第19-20页。
② 王爱俭、王璟怡:《宏观审慎政策效应及其与货币政策关系研究》,《经济研究》2014年第4期,第17-31页。

握好防风险的时机节奏,坚守风险底线,增强开放条件下的经济金融管理和防风险能力,与之同时,加强微观审慎监管与宏观审慎监管的协调性,因为二者不是对立的,而是有机统一的:前者为后者提供了必要的监管基础,后者则为前者提供系统性和前瞻性的监管视野。不断改进和创新宏观审慎监管方式,加强功能监管和行为监管,避免出现监管空白或交叉,提升宏观审慎政策与货币政策等其他宏观经济政策之间的协调性,实施以增加法定存款准备金率的流动性类宏观审慎政策为主、减少逆周期资本缓冲的资本类宏观审慎政策适中、减少贷款价值比的信贷类宏观审慎政策为辅的政策组合,能够有效维护金融稳定[1],提高宏观审慎监管有效性,促进金融稳定,并以此促进经济增长,提升社会公共福利水平。

三、虚拟经济有限发展的系统稳定机制:"最后贷款人"制度

从古典中央银行到近现代中央银行的一个重大变化是其为政府融资的功能逐步让位于管理商业银行储备、充当最后贷款人,以维护金融稳定,并成为中央银行的核心角色和基本特征之一。[2] 所谓的最后贷款人制度实质上是由包括中央银行在内的货币管理机构和监管部门为稳定金融市场提供了一种隐性担保,能够有效地弥补市场缺陷,是维系现代金融体系安全的重要支柱。2007—2009 年,由于不良投资和过度杠杆导致银行及其他金融机构的财务状况明显恶化,长期积累的风险最终爆发。为防止金融市场陷入瘫痪,并减少随之而来的经济衰退,各国中央银行纷纷扮演了"最后贷款人"的角色,通过采取更为激进的货币政策,以贷款、贷款担保、国有化以及其他财政援助等方式向市场注入大量的流动性。上述举措虽避免了更多的金融机构倒闭,在一定程度缓解了金融危机给金融市场带来的冲击,起到逆周期

---

[1] 金春雨、董雪:《金融稳定与三类宏观审慎政策的有效性》,《财经科学》2019 年第 4 期,第 1-12 页。

[2] 常健:《金融危机状态下中国人民银行的核心角色:以最后贷款人制度为中心的展开》,《华中科技大学学报(社会科学版)》2009 年第 3 期,第 8-10 页。

调控的目的,但由此引发的道德风险、市场公平等问题,再次加深了对"最后贷款人"制度的质疑和反思。虚拟经济有限发展需要稳健的金融体系,特别是在信用资源配置领域发挥基础性作用的银行体系,面对金融竞争日趋激烈,以及基于诸多因素共同造成金融市场的不确定性有所增大,如何评价、发挥中央银行最后贷款人的制度功能,以达成有效应对危机,维护市场稳定的目标就变得任重而道远。

(一)系统性风险:中央银行充当"最后贷款人"的正当性

回顾历史,私人银行摩根财团带领华尔街的主要银行家通过对银行系统进行强有力的"输血",最终成功地化解了1907年爆发在美国的银行危机。这是美国,乃至世界金融史上典型的由私人机构成功充当最后贷款人的案例,同时也让美国政府充分意识到建立中央银行的紧迫性。因此,1913年成立美联储的目的并不是满足传统的融通资金需求,更多的动机在于为应对今后可能出现的金融风险选择一个能够发挥最后贷款人作用的机构。然而,成立之初的美联储在第一次"大考"中的表现却让人失望。1929年全球性经济危机爆发之时,受保守的"清算学派"理论的影响,各国政府不愿为市场"输血"以拯救陷入困境的银行,进而施行"休克疗法",引发大量的银行倒闭。美联储并没有充分发挥最后贷款人的功能,采取了完全消极的行为,没有向银行业及时注入流动性,危机并未得到控制,甚至还出现继续恶化的趋势。直到此时,人们才对中央银行在金融危机中的作用有了新的认识。

尽管美联储的上述表现备受指责,但在应对金融危机时,救助者从私人机构转变为公共部门,是在自由市场与政府干预的博弈中逐步演变而来,这一方面说明,银行危机的可控性已超出了私人机构的救助能力范围,另一方面则告诫我们,政府主导会让最后贷款人制度发挥更大的优势。银行是最重要的信用中介,具有一定的公共性,所以,市场混乱不仅会降低银行提供金融服务的有效性,也会影响整个社会资源配置的安全与效率,因此,需要政府提供必要的激励和帮助,其中,政府救助是"雪中送炭",其背后的经济学原理就是银行性质与业务上的特殊性:①首先,银行,特别是商业银行特有的资产负债业务所带来的期限错配,容易出现流动性风险;其次,银行是社会信用的中枢,银行同业之间,银行与其他金融机构之间存在复杂的交易关系,而且,银行与实体经济高度关联,因此,单个银行的风险会波及其他银行,甚至是整个金融体系和社会。这种风险的溢出效应将不可避免地打击社会公众对银行业和金融体系的信心,削弱银行系统发挥信用功能,最终会对宏观经济造成沉重的打击。所以,为克服基于信息不对称的金融体系脆弱性,避免因单个银行的风险导致整个金融系统的瘫痪,必须有一个公共部门来承担最后贷款人职责。

在金融危机不可避免之时,谁最有资质成为救助者不光是一个先决性的问题,也事关救助行为的正当性和合法性。② 银行的部分准备金制度和中央银行对法定货币的垄断权是最后贷款人制度的基础③,也使得中央银行成为天然的最后贷款人。相比私人机构,中央银行具有以下明显优势:首先,中央银行发行的货币属于法定货币,是一国流动性的最终来源,当市场出现恐慌且不能满足流动性需求时,只有中央银行才能应对市场对高能货币的需求④;其次,作为货币政策的制定者、执行者,中央银行对金融市场的了解可以认清市场变化形势,有效辨认哪些金融机构存在救助的必要性且有清偿力的,并拥有再贴现、公开市场操作等能够调节货币供求的工具,在市场

---

① 阿蒂夫·米安、阿米尔.苏菲:《最后贷款人与市场救助》,王宇译,《金融发展研究》2015 年第 11 期,第 31-32 页。

② 黎四奇:《我国银行法律制度改革与完善研究》,武汉大学出版社,2013,第 380 页。

③ Thomas M.Humphrey,Robert E.Keleher,"The Lender of Last Resort:A Historical Perspective,"*Cato Journal*,1984,p.276.

④ Xavier Frexias,Curzio Giannini,Glenn Hoggarth,Farouk Soussa."Lender of Last Resort:A Review of the literature,"*Financial Stability Review*,1999,pp.151-167.

或金融机构流动性匮乏时可以提供流动性①；再次，中央银行是货币市场和支付体系的核心，可以在面临危机之时，利用法律和市场赋予的号召力和影响力，组织金融机构开展自救，帮助金融市场共渡难关；此外，尽管中央银行的独立性从其产生伊始就备受质疑，但相对而言，仍具有相当的中立性②，可在一定程度上保证其作为最后贷款人时减少、排除或避免来自外界的各种干扰，减少发生道德风险的概率，使之能够站在从社会福利最大化立场作出正确的决策。

自弗朗西斯·巴林于1797年提出"最后贷款人"概念至今，历经两百余年的发展与演进，当代的最后贷款人理论主要可分为自由市场学派和干预学派，但两者都具有一定的片面性和局限性：前者对于市场失灵的内生性缺陷，流动性风险的传染效应对金融体系稳定的影响，以及中央银行维护金融市场稳定的公共职责和动机等方面均有所忽视，而过于强调限制道德风险对市场核心规则的破坏和影响，认为必须对最后贷款人的行为进行严格限定；后者偏向于肯定最后贷款人行为的收益，强调中央银行应该承担公共职责，并通过最后贷款人制度对系统性危机进行管理，从而对金融市场进行直接干预，维护金融市场的稳定。③ 从世界范围来看，最后贷款人主要有三种形式：一是中央银行牵头，并由其他专门性机构或资金提供财政支持；二是中央银行组织大银行通过共同集资实施救助；三是以中央银行担保的方式，点对点地救助问题银行。④ 尽管"水无常形"，不同国家会根据各自的具体情况来决定由哪个机构来扮演"最后贷款人"的角色，但中央银行无疑是最好，甚至唯一的选择。目前，大多数国家的最后贷款人职责都由中央银行充当或是由其主导，并已成为中央银行履行金融稳定职责的主要形式。

①　Humphrey.T，R.Keleher．"The Lender of Last Resort：A Historical Perspective，" *Cato Journal*，1984，p.4.
②　这种中立地位主要来自中央银行的法律地位、职权配置、组织人事以及财务管理等诸多方面的保障。
③　周厉：《西方最后贷款人理论的发展与评价》，《经济评论》2006年第3期，第151-158页。
④　林平：《关于金融安全网的理论及政策思考》，《南方金融》1999年第11期，第23-25页。

（二）稳定与有限发展：中央银行践行"最后贷款人"职能的功过是非

20 世纪 90 年代以来，周期性发生的金融危机使各国政府高度重视金融安全网的政策框架和功能发挥。瑞典银行[①]率先提出了金融稳定概念，并设立了相应的专门性机构。1999 年 2 月，国际清算银行（Bank for International Settlements, BIS）发起成立了"金融稳定论坛"，以加强各国及国际组织间的信息共享与合作，不断提升国际金融体系的稳定性。2008 年次贷危机爆发之后，各国政府通过中央银行发挥"最后贷款人"职能，为市场提供了必要的流动性，避免了大量的银行机构倒闭，避免重蹈 20 世纪"大萧条"的覆辙。例如，欧洲央行（ECB）清醒地意识到履行中央银行的职责比维护价格稳定更为重要，并在被迫大规模增加流动性供给以拯救银行体系的时刻，及时行使了银行体系最后贷款人的职能。2011 年底，为了避免新一轮的银行业危机，ECB 再次向欧元区银行体系注入大量的流动性。[②] 经济全球化、金融自由化为银行或其他金融机构从事高杠杆交易提供了更大空间，也增加了受到系统性风险冲击的可能性，日常经营过程中的流动性短缺更易恶化为清偿力不足，加之汇率因政治、经济因素而产生波动，本币也承担着一定的贬值压力，甚至可能会引发货币危机。因此，相对于传统的、封闭的经济模式，开放经济下中央银行可能面临更大的最后贷款人需求。[③] 值得庆幸的是，中央银行履行"最后贷款人"职能与审慎的金融监管，以及存款保险及各类投资者保护制度共同组成了现代金融安全网，以有效应对可能发生的系统性风险。

与其他金融机构相比，现代银行体系实行部分储备原则，且存在负债与

---

① 瑞典银行成立于 1656 年，在 1668 年被收归国有，成为世界上最早的中央银行。参见查尔斯金德尔伯格：《西欧金融史》（第二版），徐子健等译，中国金融出版社，2010，第 58-59 页。

② 保罗·德·格罗韦：《欧洲央行的最后贷款人角色》，《国际经济评论》2012 年第 2 期，第 66-73 页。

③ 任康钰：《全球化背景下中央银行的最后贷款人角色探讨》，《国际金融研究》2010 年第 8 期，第 4-12 页。

资产之间的流动性错配,蕴含着极大的不稳定性,中央银行履行最后贷款人职责可以有效防止由于一家银行暂时缺乏流动性引起的连锁性市场反应,有利于恢复消费者信心,维护金融体系的稳定。因此,规模较大或在金融系统中具有显著地位的银行是否得到政府的救助就成为一个非常重要的公共政策问题,否则,不仅会造成其债权人损失惨重,也会带来金融市场,甚至是社会的混乱。当然,有研究者对于利用最后贷款人制度解决"大而不倒"问题的效果也表达出深深的忧虑,"所有用于紧急财政救助的钱都来自美联储,它起到了'最后贷款人'的作用,这是它被造出来的目的之一。我们不能忘记,'最后贷款人'这个说法意为凭空造钱,会导致美国国家财富通过一种叫通货膨胀的隐形税收被吞没。"①这种担忧的根源在于当中央银行面对市场流动性不足时,存在通过增加货币供应量,迅速扩张其资产负债表来应对危机的路径依赖。从解决问题的角度出发,政府希望通过加大货币发行释放更多流动性,以缓解资金供求矛盾,刺激经济复苏或提升,但从金融稳定以及经济的可持续发展来看,其后遗症是显而易见的。因为经济一旦开始复苏,流动性过剩以及长时期保持较低的市场利率水平将可能催生新一轮的通货膨胀。因此,在政府主导之下的金融救援行动中,中央银行履行最后贷款人职责往往是被动的,甚至不得不屈服于某种政治压力,暂时将道德风险和通货膨胀的顾虑以及对于财政影响的担忧都抛在了脑后,这不仅会减损中央银行制定和实施货币政策的独立性,还与中央银行保持物价稳定的货币政策目标相冲突。

尽管通过最后贷款人政策去拯救濒临破产的大型或其他具有系统重要性的金融机构有助于解决其负外部性的溢出威胁,但道德风险与逆向选择问题也随之而至。一方面,对"最终清偿力"的过度救助会加剧金融机构风险偏好,激励其从事高风险交易,贷款担保和资本注入计划的强制性也会破

---

① G.爱德华·格里芬:《美联储传:一部现代金融史》,罗伟等译,中信出版社,2017,第55-73页。

坏市场规律,不利于实现公平的市场竞争。因此,危机救援虽然可以控制单个金融机构风险的传染性,但同时也会弱化市场约束,降低甚至替代市场机制应发挥的功能,从而导致金融机构过度依赖政府提供的这种隐形担保,忽视对风险的自我约束。另一方面,宽松的货币政策中常见的降息会将金融机构引向高风险的抵押信贷业务,并激励大量持有次级按揭债券的投资者投入高风险领域,从而带来更为严重的道德风险。此外,中央银行所采取的诸多反危机干预政策带有某些缺乏原则基础的自由裁量性,并且对被救助机构的担保难以进行合理定价,以及没有与之相匹配的强制性监管,这大大降低了金融机构的风险评估意愿,具有显著的市场风险外部性特征,也容易引发道德风险和逆向选择。① 按照传统的理论假设,只有在银行或其他金融机构面临严重的流动性问题时才能履行最后贷款人职能,而如果仅仅只是无力偿付到期债务,救助机构必须保持必要的审慎,绝不能妄自行动。但问题在于如何识别流动性危机和资不抵债危机,进而作出是否救助,以及选择救助时机、方式、范围等重大决策,实际上,政府主导之下的金融救援成本与收益、个体利益与公共利益之间的衡量直接决定了对其正当性和有效性的评判。因为,最后贷款人操作必然会消耗大量的公共资源,最终将由纳税人为此买单,如何厘清货币和财政政策,并减少由此所产生的财政影响值得高度关注。此外,政府的救助可能会扭曲收益和风险之间的关系,在弱化其正面效应的同时,也不利于经济复苏。2008 年次贷危机以来,宽松的货币政策逐渐从临时性的救助措施演变成为常态化的经济调控手段,然而,并未出现与货币增速相当的经济增长,反而导致全球社会债务水平不断攀升便是很好的例证。②

---

① 杨明:《美国最后贷款人制度的演变及其评述》,《国际金融》2012 年第 4 期,第 27-31 页。

② 从 2020 年第一季度末到 2021 年第一季度末,全球债务规模从 259.7 万亿美元增加到 288.7 万亿美元,分别为同期全球 GDP 的 332.4%和 360.4%。2020 年发达国家政府赤字平均占 GDP 的比重达 11.7%,新兴市场经济体为 9.8%,低收入发展中国家为 5.5%。参见张宇燕:《2021—2022 年世界经济形势分析与展望》。

从政府公共政策的角度,一个国家金融稳定的政策措施分为危机的预防性政策、遏制性政策和纠正性政策,其中,预防性政策包括良好的法律基础设施、审慎的金融监管框架、支付清算系统的风险预防以及存款保险制度等;遏制性政策包括最后贷款人政策、及时处理脆弱的金融机构等;纠正性政策包括通过再注资、并购或管理层更新等措施重组陷于困境的金融机构等。[①] 因此,充当"最后贷款人"并非中央银行维护金融稳定的唯一渠道,金融稳定也并非中央银行能够独立完成。尤其是在信息不对称及监管分设的体制下,最后贷款人政策的有效性往往取决于监管信息的及时性和有效性,中央银行若不负责具体的监管工作,缺乏被救助对象的第一手信息,那么,最后贷款人操作不得不面临包括贷款标准难以统一、救助时机难以判断、责任难以分担以及监督难以落实等"外部角色冲突"难题。当然,如果中央银行从控制风险的角度出发,不得不对问题银行组织现场检查的话,将会导致重复监管,浪费宝贵的监管资源,弱化监管部门审慎监管职能。因此,为保证最后贷款人政策有效性,需要建立行之有效的监管合作模式。[②] 从各国的金融危机处置实践来看,救援主体具有多元化的特点,中央银行、财政部、存款保险公司,甚至是私人银行也扮演着最后贷款人角色。另外,面对日益开放的金融市场,任何一个国家或地区的银行都难以在危机中独善其身,最后贷款人的需求已经超越了主权国家的范围,无论是像欧洲中央银行这样的区域性货币管理当局,还是 IMF 这样的国际金融组织都在为遭受危机冲击的国家或金融机构提供流动性支持,以保障全球金融稳定,建立与此相关的信息共享、组织合作与行动协调等机制就显得尤为迫切与重要。

---

① 曹凤岐:《金融市场全球化下的中国金融监管体系改革》,经济科学出版社,2012,第 145 页。

② 周厉:《从最后贷款人角度再析央行与银监会的监管合作机制》,《金融理论与实践》2006 年第 11 期,第 19-22 页。

（三）国别经验：我国中央银行最后贷款人制度的检视与演进

1.最后贷款人制度在我国的实践

金融稳定职能已经成为中央银行的核心职能，这是其货币管理职能的必然结果。从货币契约的角度出发，金融稳定的本质是为维护货币的稳定，保障货币的可接受性。[①] 最后贷款人属于金融危机管理的范畴，而中央银行的金融危机管理职责源于金融稳定职能。当危机出现之时，中央银行通过及时扩张资产负债表，向金融机构、金融市场提供流动性，防范和化解系统性金融风险，提振市场信心，降低金融危机对实体经济的冲击，维护经济金融体系稳定。目前，我国经济进入由高速增长阶段转向高质量发展的转型期，面对国内外诸多不稳定因素，确保金融安全、经济安全已经上升为国家战略，构建包括最后贷款人在内的金融安全网，不仅是实现防范和处置金融风险，实现虚拟经济有限发展的"安全阀"，更是全面深化改革开放，不断推进国家治理体系和治理能力现代化的制度保障。

对于中国目前是否有最后贷款人制度，主要有两种不同的观点：肯定派的主要依据是 20 世纪 90 年代中期以来，中国人民银行在清理关闭问题金融机构、推进国有银行改革等方面的实践；而否定派则通过比较研究范式后认为，中国人民银行所开展的再贷款、再贴现、公开市场操作等业务均不符合西方最后贷款人的理论。实际上，尽管我国与国外的最后贷款人制度在形成原因、表现方式、行为特征、操作原则等方面均有所不同，但还是具有以下共同之处：银行业施行部分准备金制，有个别风险转化为系统性风险的可能；中央银行垄断货币发行，具备履行职责的充分资源；防范金融风险，特别是系统性金融风险是中央银行的基本职能；中央银行拥有再贷款、再贴现等

---

① 刘锡良、周轶海：《中央银行的金融危机管理：基于货币契约论的分析视角》，中国金融出版社，2011，第 34-35 页。

货币政策工具,因此,不能武断地否定中国存在最后贷款人制度①,至少不能忽视发挥最后贷款人功效的内在规律、现实需求和制度基础。

改革开放之前,基于特殊的政治经济环境和金融体制,真正意义上的最后贷款人制度缺乏必要的产生、发展的土壤。20 世纪 80 年代初,中国人民银行开始专门行使中央银行职能,为其充当最后贷款人创造了必要的条件和基础。随着我国中央银行制度改革的不断深入,立法日趋完备,相关法律法规在不同程度上涉及最后贷款人的法律规则。首先,明确了中央银行的职能与目标,并逐步从 1986 年的《中华人民共和国银行管理暂行条例》的"发展经济、稳定货币、提高社会经济效益",转变为 1995 年制定《中国人民银行法》的"制定和实施货币政策,对金融业实施监督管理",再到 2003 年修订该法时强调的"防范和化解金融风险,维护金融稳定"。2008 年次贷危机之后,国务院将"承担最后贷款人的责任,负责对因化解金融风险而使用中央银行资金的机构的行为进行检查监督"明确规定为中国人民银行的主要职能。其次,逐步健全了再贷款等救助形式的规范体系。例如,中国人民银行可根据执行货币政策的需要,向商业银行发放贷款,并在数额、利率、期限和方式等方面具有一定的自主权②;在金融机构出现支付风险时,必须通过中国人民银行以再贷款的方式给予流动性支持的,应由中国人民银行省级分行提出方案,报总行审批③;1999 年 12 月颁布的《中国人民银行紧急贷款办法》对紧急贷款的前提条件、贷款用途、期限和利率等主要内容作出了较为详细的规定。

在实际层面,中国人民银行发挥最后贷款人功能先后化解了农村合作基金会关闭、农村信用社风险处置与停业整顿、商业银行行政关闭、信托公司清理整顿和破产清算、证券公司经营黑洞等多次危机,并实施了各种救助

---

① 汤凌宵:《最后贷款人论》,中国社会科学出版社,2010,第 117-118 页。

② 例如,再贷款期限不得超过一年。参见《中国人民银行法》第二十八条。

③ 参见 1998 年颁布的《防范和处置金融机构支付风险暂行办法》第二十二条。

方式,包括向东方、长城、华融和信达等四家资产管理公司(AMC)累计提供了 5700 亿元的再贷款,用于处置国有商业银行的不良资产;通过汇金公司对国有商业银行和政策性银行注资,以优化银行资本结构,推进股份制改革;为深化农村信用社改革,使用中央银行票据和专项借款置换不良贷款和历年挂账亏损;发放紧急再贷款,以缓解地方金融机构的流动性压力;2008年次贷危机爆发后,中国人民银行推出创新性的短期招标工具(TAF)予以积极应对等等。[①] 近年来,在包商银行、恒丰银行等问题金融机构的风险处置过程中,包括中国人民银行、存款保险基金等机构都在各自职责范围内有所作为。相对于西方国家的救助方式,再贷款是发挥我国最后贷款人功能最主要的形式,以致有学者将中国的再贷款现象称为"泛最后贷款人"(Pan-LOLR),意指中央银行除了履行应对流动性风险的最后贷款人功能,还承担应对清偿力危机的存款保险制度功能、财政功能,其定义扩展为中央银行对陷入流动性危机或清偿力危机的金融机构提供流动性支持或资本注入。[②]最后贷款人制度在中国的运用一定程度上救助了问题金融机构,化解了改革过程中金融机构、金融市场长期积累的各种风险,防止了金融危机的持续蔓延,维护了金融体系的安全与稳定,促进了我国金融体制改革和发展。

2.我国最后贷款人制度存在的主要问题

自 18 世纪弗朗西斯·巴林提出最后贷款人概念以来,与之相关的争论从未间断,越来越多的中央银行虽已开始行使最后贷款人的职能,但对于该制度的一些基本问题至今仍未达成共识:介入的时机,即对可能引发系统性恐慌的银行危机是应该从一开始就介入,预防其倒闭,还是应将干预的关键节点放在防止银行倒闭风潮向其他机构蔓延;介入方式,即是由中央银行直接向问题银行提供紧急救助,还是通过公开市场操作等手段向整个市场提

---

① 张淑芳等:《完善最后贷款人制度》,金融界,2017 年 10 月 16 日。
② 汤凌霄:《最后贷款人论》,中国社会科学出版社,2010,第 119-120 页。

供流动性援助;介入的条件,即救助的标准是银行缺乏流动性,还是清偿能力,抑或是银行倒闭可能带来的系统性风险,此外,是否需要问题银行提供担保或承担惩罚性利息;介入的合法性,即中央银行的救助是否应该实现通过法律法规予以明文规定,还是作为其默示的职能等等。① 上述疑问或多或少地影响着我国的最后贷款人的制度设计与运行实践,并集中反映出以下亟待解决的问题:

(1)最后贷款人的功能定位不清晰

我国的中国人民银行制度在法律与形式上已经具备了现代中央银行制度的一切特性,但仍存在较大偏差,中国人民银行作为现代中央银行的内涵与核心角色定位被有意无意地忽视了,制度设计也没有真正摆脱"内生性"的宿命,难以在社会经济实践中发挥其应有的价值功效。② 具体而言,中国人民银行事实上承担着最后贷款人的责任,但独立性较弱,救助的风险权衡和实施决策缺乏足够的公允性,行政主导特征明显,客观上承担了大量的"准财政"职能和损失,救助行为往往偏离了最后贷款人制度的宗旨,主要表现在以下几个方面:首先,救助对象不清晰。按照最后贷款人制度的基本原则,救助对象应该是流动性出现问题,但还具备一定清偿能力的金融机构。但由于缺乏必要的甄选机制,加之中国人民银行更倾向于展现"政府的银行"作用,导致其在履行最后贷款人过程中出现救助行为异化,大包大揽,充当"万能的救世主",本应是雪中送炭的"最后贷款人",却成为事实上的"第一贷款人",产生了一定的道德风险,也扭曲了市场预期。其次,没有实施包含惩罚性利息在内的约束机制。通常情况下,为避免公共资源的浪费和道德风险,惩罚性利息等措施是问题银行获得救助的必要约束,但中国人民银行实际执行的利率不仅没有惩罚性,甚至远低于当时的市场水平。例如,剥

---

① 周仲飞:《银行法研究》,上海财政大学出版社,2010,第264页。
② 常健:《金融稳定视阈下中央银行法律制度研究》,法律出版社,2019,第34-225页。

离四大国有商业银行不良贷款时所执行的 2.25% 利率明显偏低,且没有对被救助银行设定必要的限制性条件,如实施特别监管、限制贷款发放资格等,结果是过度刺激了贷款需求,导致市场套利。还有,就是中央银行提供的不是救助性的临时贷款,而是长期性的资本金,背离了最后贷款人制度应遵循的基本原则。

(2)最后贷款人职责与其他监管政策之间存在冲突

在"一委一行二会"的金融监管格局中,中国人民银行负责制定和执行货币政策、宏观审慎监管和部分银行监管职责,并主要通过包括货币政策在内的宏观经济政策,熨平周期性的经济波动,稳定和促进经济增长,但问题在于两个方面:一是政府是否能准确预测,并在合适的时机采取合适的措施;二是政府干预经济的权限是否应受到必要的限制。"规则至上"还是"相机抉择"是政治经济学中最古老的争论之一,也是当今民主社会所面临的一大困境,并不存在"放之四海皆准"的最佳解决方案。贷款人职能并非严格意义上的货币政策,有可能会在干扰货币政策传导,加大实施成本,减低中央银行的独立性,以及需要通过其他货币政策工具冲抵最后贷款人投放的基础货币,压缩了货币政策空间等方面影响了货币政策。[①] 因此,需要加强中央银行在履行最后贷款人职能和制定执行货币政策之间的协调,以平衡货币稳定和金融稳定的调控目标。

中央银行"身兼二职"容易导致"监管捕获"或者"监管宽容"问题。因为如果中央银行具体负责银行的监管工作,会尽量少采取不利于银行体系利益的政策,这可能会给整个金融体系带来风险,也正是国际上监管分离趋势有所加强,以及我国于 2003 年单独设立银监会的原因之一。然而,基于双重职能所引发的最后贷款人"内部角色冲突"问题并未随着监管职能的

---

① 李世宏:《中央银行最后贷款人职能研究》,中国金融出版社,2008,第 151-152 页。

"物理隔离"而解决,相反则是"外部化"了。① 因为这种职责的分离产生了一种似是而非的现象,即在通过法律剥离了中央银行的金融监管权的同时,中央银行可以通过充当最后贷款人,间接地对金融体系进行监督与管理,并带来了制度设计与实践的"两难选择":如果这种干预的范围太窄,会影响最后贷款人功能的正常发挥,若过于宽泛则会导致央行与专门性的银行业监管者之间产生权力的直接碰撞。②

(3)最后贷款人管理机制不健全

首先,救助机制的透明度不高。例如,中国人民银行履行最后贷款人的授权不明,职责不清,规则不完善,缺乏清晰的救助标准与适用条件。其次,信息共享机制不健全。我国现行的金融管理体制实现了中央银行货币政策职能与金融监管权的相对分离,然而,不再直接监管银行的中央银行,在没有充分、有效、及时的信息保障之下,很难根据"建设性模棱两可标准"③来援用最后贷款人制度。再次,救助方式较为单一。与西方通常采取窗口贴现和公开市场操作的选择不同,由于银行在我国的金融体制居于主导地位,因此,再贷款几乎成为中央银行行使最后贷款人职责的不二选择,然而,这种直接向银行提供流动性的方式客观上限制了最后贷款人作用的有效发挥;还有,是没有形成系统的最后贷款人风险管理框架。救助决策更多考虑的

---

① 周厉:《从最后贷款人角度再析央行与银监会的监管合作机制》,《金融理论与实践》2006 年第 11 期,第 19-22 页。

② 黎四奇、宋孝悌:《中央银行最后贷款人法律制度的演变及对我国的借鉴》,《湖南大学学报(社会科学版)》2007 年第 3 期,第 138-144 期。

③ "建设性模棱两可"的目的是使市场无法洞悉央行救助的原则,从而防范道德风险,但是它并非意味着中央银行不制定任何救助规则。实际上,"建设性模棱两可"标准蕴藏着的是一种主客观相结合的标准,以使最后贷款人制度的援用处于一种相对不确定的模糊状态,从而迫使金融机构加强自律。实践证明"建设性模棱两可"比制定明确的援助规则更具有可行性,能在实质上消除道德风险,但实施的效果取决于中央银行在救助事前、事中和事后的态度。参见黎四奇、宋孝悌:《中央银行最后贷款人法律制度的演变及对我国的借鉴》,《湖南大学学报(社会科学版)》2007 年第 3 期,第 138-144 页。

是社会经济金融运行的需要,而对自身风险考虑不足,导致风险管理存在滞后性,可能让中央银行不得不承担更多的责任和风险。① 最后,救助成本过高。在中央银行的救助行动中,参与博弈主体众多,关系错综复杂,相较于对救助效果的关注,往往忽视对危机救助的成本控制,使得最后贷款人制度的成本与收益严重不经济。以"大而不倒"政策为例,包括中央银行在内的监管机构之所以难以容忍系统性重要金融机构的突然性、未受控制的倒闭,进而采取必要的紧急救助措施,主要基于"系统风险"以及个别清算的困难和成本。② 但实际上,该政策会导致社会肆无忌惮地使用资源,援助的过量供给在很多方面就变得显而易见。③

3.我国中央银行"最后贷款人"制度的完善

目前,最后贷款人正逐步从单纯的危机救助者演变成为危机管理者,并主要承担两个角色:一是危机中的贷款人,主要职责是在危机中提供资金;二是危机管理者,有责任和能力处理潜在或已经发生的危机。最后贷款人理论也已从为了避免货币存量的大幅缩减而对经济造成损害,逐步演化到维护金融稳定,避免系统性风险的救助理念。④ 构建一个良好的中央银行最后贷款人政策框架,应在救助的适度性方面找到平衡点:为避免救助不充分,中央银行必须被赋予明确的职责、工具和权力,甚至包括在必要时可以秘密贷款给金融机构,以维护金融稳定;为避免救助过度而给市场带来不必要的流动性和道德风险,必须强化中央银行的风险管理能力,明确工作范围

---

① 中国人民银行长沙中心支行课题组:《中央银行最后贷款人职责的风险与防范》,《金融会计》2018 年第 1 期,第 27-37 页。

② 美国存款保险公司(FDIC):《美国 20 世纪 80 年代至 90 年代初银行危机研究:历史与教训》,朱崇实等译,厦门大学出版社,2010,第 259 页。

③ 加里·斯特恩,罗恩·费尔德曼:《大而不倒:如何让大银行建立有效的风险防范机制》,钱睿等译,中国人民大学出版社,2014 年,第 39 页、第 113 页。

④ 刘锡良、周轶海:《中央银行的金融危机管理:基于货币契约论的分析视角》,中国金融出版社,2011,第 58 页。

并遵循严格的透明度和问责制要求,以防止从公共或私营部门谋取特殊利益。[①] 尽管我国的最后贷款人制度客观上发挥了一定的积极作用,但在全面深化改革,加大金融开放的新形势下,既有制度自我完善的内在动力,又有来自国内外复杂环境的外在压力,需要在理念和规则层面有所创新与发展。

(1)依法明确最后贷款人的功能定位

首先,重构最后贷款人的立法理念,完善最后贷款人法律制度。通过修订《中国人民银行法》或制定专门性的规范性文件,明确中央银行充当最后贷款人的法律地位、价值目标及职责手段,并赋予中央银行适当的相机抉择权,以提高中央银行决策的独立性,建立以中国人民银行为主导,银保监会、证监会等监管机构协调配合的风险监管体系,完善宏观审慎监管制度,提高最后贷款人救助机制的权威性和透明度,并设定中央银行履行最后贷款人职责的权力边界。在重视制度对于发挥最后贷款人功能的重要作用同时,也要避免"过度立法",即根据"建设性模棱两可"原则,法律法规只规定援助的对象、方式、期限以及特别监管要求等内容,而对何时援助、援助的程度及可能援助的条件等并不作具体的规定,使最后贷款人制度处于一种似乎确定,而又不完全确定的状态,避免让银行机构产生蕴含道德风险的确定性预期。

其次,明确规定最后贷款人的实施标准是坚持以"系统性危机"为主,"流动性危机"为辅,以防范系统性风险和维护金融稳定,并根据金融机构的具体情况进行差异化调整。对于一些具有"大而不倒"特征的金融机构,即使短期内没有偿债能力,仍应积极实施救助,防止因其倒闭所引发的风险扩散和社会恐慌。当前,最后贷款人在救助主体、救助对象、救助方式、救助原则等方面都呈现出一定的扩展趋势,因此,为充分发挥最后贷款人制度的价

---

① 安德鲁·豪瑟:《在盛宴和饥馑之间:中央银行透明度、问责制与最后贷款人职能》,《国际金融》2016年第10期,第56-60页。

值,客观上也需要扩大救助对象与范围。例如,在混业经营的背景下,若金融控股公司内部的非银行金融机构,甚至是非金融机构出现流动性问题影响集团流动性时,如果不及时启动救助机制就有可能产生连锁性反应。强化最后贷款人的"审慎性",只有当金融企业在陷入困境时,通过自我救助、同业救助和股东救助等措施均难以奏效时才进行救助,真正体现最后贷款人的"穷尽其他"原则。

最后,提供最后贷款援助时,应适当提高救助贷款的利率,合理确定贷款的偿还期限,敦促被救助机构及时归还贷款。毕竟来自中央银行的资金并非经营性、日常性资金,而是应急性、临时性资金,须强化被救助金融机构合理利用、努力经营的意识,并逐步增强来自市场的约束力。当然,还可以考虑在收取较高利率的同时,辅助采取其他手段,例如,附加更具针对性、更为严厉的特别监管要求,这既有助于加强对救助资金的监督,提高救助效率,也可避免要求被救助对象承担过高资金成本所产生的负面效应。

(2)加强最后贷款人职责与其他监管政策之间的协调性

最后贷款人制度虽以宏观层面的金融市场稳定为目标,但也要加强与微观审慎监管之间的协调,因为缺乏一个综合性的微观审慎流动性监管框架,中央银行就难以掌握银行机构流动性和资本状况,无法决定是否介入,以及选择介入的时机。为此,如何平衡中央银行履行金融稳定权责与银行监管权责是关乎能否发挥最后贷款人制度优势的关键环节:一方面,要明确中央银行承担最后贷款人职责,合理划分权力边界,防止侵蚀和架空银行监管者的权力;另一方面,要充分利用中央银行在金融体系中的特殊地位和功能,从手段和措施方面加强中央银行充当最后贷款人的能力,从而提高救助行为的及时性和有效性。需要注意的是,最后贷款人职能与监管职能相分离将导致中央银行的早期预警与干预能力不足,事后介入将使其不得不成为最终风险和损失的承担者。基于对历次金融危机的反思,国际上普遍认为必须统一金融监管职能与最后贷款人职能,即"买单人"必须负责监管,监管者同时要有能力"买单",否则必然造成巨大的道德风险、自身风险和监管的空白和冲突。2017 年的第五次全国金融工作会议就提出"强化人民银行宏观审慎管理和系统性风险防范职责"的要求,中国人民银行应有效发挥好宏观审慎管理和系统性风险防范职责,运用宏观审慎评估体系(MPA)提高风险监测预警和早期干预能力。通过 MPA 的实施,动态掌握金融机构经营和风险状况,为最后贷款人科学履职提供决策信息支撑。同时,通过评估结果的运用,在金融机构发生风险"苗头"时进行风险预警,一旦风险超过警戒线,中国人民银行应强化审慎监管力度,必要时对金融机构进行早期干预,加大对其经营行为的检查监督力度,以及对问题金融机构管理层的责任追究力度,督促限期采取有效措施缓释风险,预防风险进一步恶化和传染,有效防范系统性金融风险。

(3)完善最后贷款人管理体制

首先,增强最后贷款人制度的透明度。建立健全信息披露机制,在遵循"建设性模糊"原则的前提下,不断提升最后贷款人规则体系的透明度,明确对金融机构的救助程序,适度披露有关救助的信息,将操作过程公开化、透明化,切实保护金融机构、金融消费者或投资者以及地方政府的知情权,并监督中央银行执行最后贷款人职能,防止滥用最后贷款人职责,这对保证救助资金的安全与效率,降低道德风险,防范金融风险都具有积极的现实意义。当然,强化中央银行治理和问责机制也是提高透明度,增强公信力的重要途径。

其次,完善最后贷款人的信息共享机制。无论是对问题金融机构的救助决策,还是最后贷款人履职过程的风险防范都依赖于全面、准确的内外部信息。最后贷款人的救助会引发道德风险和逆向选择问题,因此,中央银行必须在道德风险和危机发生的可能性之间作出权衡,而对相关金融机构信息的掌握是关键,以便准确判断其流动性、偿付能力是否出现问题,以及是否需要提供流动性支持。结合我国的实际情况,应从内外两个层面搭建中国人民银行与其他金融监管机构之间,以及中国人民银行各部门之间的信息共享机制,为最后贷款人风险防范提供有效信息支撑:一是要推进金融业综合统计和监管信息共享。在国务院金融稳定发展委员会的统一协调下,强化中国人民银行在宏观审慎监管方面的主导作用,推进金融业综合统计,建立健全人民银行与监管部门的信息共享机制,全面掌握金融体系、金融市场的风险态势,采用合理方法评估系统性风险及其影响,预测极端情形下金融体系的流动性需求和承压水平,为救助资源储备提供决策参考。二是要加快内部综合业务系统、数据共享平台和机制建设,提升会计综合业务系统与其他业务系统的兼容性,实现金融业会计信息和业务信息的深度融合,充分利用会计专业优势,深入开展资产负债表管理和分析研究,为最后贷款人履职决策和风险管理提供全面、及时的多维信息支撑。[1]

再次,进一步优化和完善救助方式。中央银行实施救助有以公开市场操作为主的信贷市场注资、直接干预受危机影响的资产市场、目标流动性救助等三类方式,不同的救助方式各有利弊。因此,救助方案的设计和决策必须在科学评估救助对象的风险状况以及不同方案优劣的前提下,权衡风险和效应之后选择最优方案:在同等有效性情况下,选择风险最小的方案即为最优救助方案;如在公开市场操作和再贷款方式能够同样有效应对当前流动性危机的前提下,选择道德风险相对较小的公开市场操作方式则为最优方案。另外,随着我国市场融资比例的不断提高,中央银行应该寻求更为多元化、市场化的救助途径,充分发挥窗口贴现和公开市场操作的作用,并针对金融风险程度、金融企业经营状况等予以搭配使用。[2]

---

[1]　中国人民银行长沙中心支行课题组:《中央银行最后贷款人职责的风险与防范》,《金融会计》2018 年第 1 期,第 27-37 页。

[2]　何德旭、吴伯磊:《最后贷款人制度:设计原则与改进措施》,《金融评论》2011 年第 2 期,第 54-63 页

还有,设立最后贷款人风险防范治理框架,理顺中国人民银行风控部门、业务部门以及决策管理部门的权责关系。首先,从健全金融机构治理结构的角度出发,可以通过强化市场准入、内部约束以及资本管理等方面监管,减少发生风险的概率,减少对救助资源的滥用。其次,可探索建立覆盖范围更加广泛、救助形式更加多样性的紧急援救机制,包括实施金融同业之间的紧急援救、建立由中央银行牵头的紧急援助基金、探索社会性的银行危机救援制度等,以减轻中央银行作为最后贷款人的资产风险,并不断优化其资产质量,提高其风险管理能力。① 实际上,中央银行不是也不应该是唯一的最后贷款人,例如,存款保险公司等公共部门也可以发挥最后贷款人功能,这为救助决策与实施提供了更大、更灵活的选择空间:面对较小的流动性冲击,应由中央银行来担任最后贷款人;当面对较大的流动性冲击时,可由存款保险公司来担任最后贷款人。当然,与中央银行相比,存款保险公司作为最后贷款人存在一定的缺陷,主要是没有掌握足够的流动性资源,也不具有相应的独立性,可能会带来较为严重的道德风险问题。

最后,合理平衡实施救助的成本与收益。在金融危机救助过程中,中央银行并非万能,其救助能力也不是无限的,往往会受到诸多因素的限制,与此同时,还需要权衡其救助成本及其收益。无论是中央银行,还是其他的救助机构充当最后贷款人,救助资金都具有公共属性,因此,不计成本的投入不仅会直接恶化救助机构的资产负债表,增加其财务负担,而且将间接转嫁给纳税人,进而引发对金融危机救助的质疑和反对。实际上,对问题金融机构实施救助的主要目的是防止个别风险扩散所带来的系统性风险,稳定社会秩序,促进经济增长,而这些救助效果往往是不可量化的。除此之外,还应关注中央银行的救助行为所产生的直接收益,即中央银行从被救助对象可能获得的资产收益或其他回报。中央银行既是一个国家或地区的货币管

---

① 张淑芳等:《完善最后贷款人制度》,《金融时报》2017 年 10 月 16 日。

理当局,也是具有特殊地位、开展特殊业务的金融机构,通过实施"有偿型救助",并加强对救助资金的监督管理,将有助于控制危机处置成本,优化中央银行的资产负债表管理。与此同时,还应明确中央银行、金融监管部门、财政部门和各级政府之间的权责关系,并探索建立因中央银行实施危机救助,行使"准财政"职能所造成损失的分担机制。

第三章 虚拟经济有限发展法学理论视角下的商业银行法律制度

　　虚拟经济产生于实体经济,并逐步演变为一种具有相对独立性的重要经济形态,在其发展历程中,无论是早期的货币信用化、资本化,还是晚近的资产证券化,都离不开银行体系,特别是商业银行所提供的各种金融交易服务。虚拟经济的有限发展并非要否定银行业在金融体系的基础性存在,而是面对虚拟经济日益超越并控制实体经济的现实,立足于金融安全,经济发展和社会稳定,正视银行业所蕴含的巨大风险,以避免放任或放大虚拟经济的内在缺陷。经过多次金融体制改革,我国目前已经形成以中央银行——中国人民银行为核心,商业银行为主体,其他银行业金融机构为补充的现代银行体系,并伴随着金融全球化、一体化浪潮而不断演化。在此过程中,建立一个"宽严相济"的市场准入制度,有效平衡全面开放与风险防范之间的矛盾,以强化消费者保护为监管目标,夯实商业银行的信用基石,并以混业经营趋势下的风险管理为导向,进一步推进监管体制改革,不仅有利于提升我国商业银行竞争力,维护市场秩序,促进银行业健康发展,也是实现虚拟经济有限发展的前提和保障。

一、虚拟经济有限发展需要宽严相济的商业银行市场准入制度

　　市场准入(Market Access)是一种或一系列由相关部门制定的对市场主体进入某一领域市场的基本要求,通常是由相应的管理部门经由特定的法

律程序,制定法律法规或制度予以具体规定,属于政府管制的范畴,其实质是一种特殊的公共产品。与其他行业相比,商业银行业的风险性、高杠杆性等特性使其必然处于政府的严格监管之下,从监管实践来看,监管机构的规制是多方面的,而准入规制则是最为重要的规制方式之一,以此来减少和预防商业银行给金融市场带来的震荡和不利影响。改革开放以来,我国商业银行在数量和规模上有了长足发展,甚至取得一定的市场优势,但仍存在诸多结构性、系统性缺陷,例如,内部治理水平不高、风险管理能力不足、市场退出机制不畅等等,在此背景之下,虽然通过设置准入门槛以限制竞争并非绝对公平,却又是必不可少的[①],特别是身处国家与国家之间的金融依赖度提高、市场关联性增强的开放时代。

（一）虚拟经济有限发展与商业银行市场准入

市场准入是国家规制经济的一种形式,完善的市场准入制度有助于规范市场竞争秩序和提高市场竞争效率,对一国的经济安全和经济效率具有重要作用。满足市场准入条件是市场主体取得参与竞争资格的重要前提,体现了国家对经济的初始干预,也是一种预防性的规制措施。在银行业发展的初期,经营资格并未受到严格限制,因此,市场准入并不是与银行业相伴相生的监管工具。现代意义上的准入监管始于19世纪中后期的西方发达国家,其监管政策在不同历史时期游离于放松与收紧之间。以美国为例,在自由银行时期,市场准入的管制较为松弛,依据当时的法律,任何拥有足够充足资本的个人、组织都能开办商业银行。1900年,美国甚至将银行的注册成本降至2.5万美元,直接导致银行数量剧增,到第一次世界大战之前,已拥有30000多家银行。[②] 自经历20世纪初"大萧条"所带来的银行破产浪潮之后,美国开始严格控制进入银行的主体资格,直至20世纪80年代金融自

① 黎四奇:《我国银行法律制度改革与完善研究》,武汉大学出版社,2013,第84页。
② 白钦先:《比较银行学》,河南人民出版社,1989,第13页。

由化的兴起,促使银行业的管制力度降低,在 1970—1994 年,大约有 38 个州相继在不同程度上放松了银行分支机构准入规制。① 此后,美国先后通过《金融服务现代化法案》《多德-弗兰克华尔街改革与消费者保护法案》等多项法案,进一步完善了银行市场准入制度。

时至今日,几乎所有市场经济的国家都对商业银行业设置了以特许经营为核心的准入管制,并作为实施有效监管的第一道"门槛",但对于是否必要和有效的争议从未停息。支持者认为,市场准入监管是保障银行业稳健运行和金融安全的基础,是净化竞争环境,维护市场安全的预防性措施,也便于监管部门对整个银行体系实施有效的调控,保证银行的数量、结构、规模和分布符合国家金融发展规划和市场需要。商业银行在某种程度上属于监管性产业的范畴,既有的经营者实际上是在寻求监管,因为借此可以阻止其他主体进入市场,从而给自身带来"垄断租"②,所以,会在意识和行为层面更倾向于监管者。反对者则提出,在经济与金融全球化的时代背景之下,严苛的市场准入会增加进入市场的成本与风险,阻碍资本要素的自由流动。来自世界银行的研究报告指出,东道国对外资银行的准入监管或限制越少,就越能促进该国银行业的稳定和发展。同时,过高的准入门槛是银行业垄断产生的直接原因,银行集中度过高不仅有可能降低银行的风险意识,而且高度垄断的银行市场也不利于激发竞争活力,影响银行业的创新和长远发展。另外,银行准入限制促使一种特许价值的产生,但过于严苛的准入标准,实际上赋予监管部门更大的权力,往往容易滋生或诱发权力寻租,从而不利于保持银行体系的稳定。③ 尽管存在上述认识上的分歧,但基于银行机构与业务的独特性及其在经济社会生活中的重要地位,从虚拟经济有限发

---

① 廖娇华:《金融业全方位开放后民营银行市场准入问题研究》,江西财经大学硕士论文,2016,第 21 页。

② Stigler,George J,"*The Theory of Economic Rugulation*,"The Bell Journal of Economics and Management Science Ⅱ,1971,pp.3-21.

③ M.C.Keeley,"*Deposit Insurance,Risk,and Market Power in Banking*",American Economic Review,Vol.80, No.5,Dec.,1990,pp.1183-1200.

展与商业银行间的关系出发,市场准入属于预防性监管的范畴,是确保银行业安全与秩序的第一道防线,具有以下几方面的制度价值:

首先,有利于纠正商业银行发展中的"市场失灵"。虚拟经济有限发展的前提是"有序发展",强调经营者的资质、能力与经营行为之间的匹配性,并在此前提下实现市场的有序进入。让市场在资源配置中发挥基础性、决定性作用就必须积极应对难以避免的"市场失灵",需要政府凭借国家力量进行适度干预,予以纠正和弥补,而市场准入就是政府进行微观管制最重要,也最有效的方式之一,可以避免过度竞争,维护银行特许权价值。目前,我国正处于从传统的"经济管理体制"转变为现代的"经济调制体制"的关键时期,这种干预必须用法律的形式固定下来,并以完善法制基础上的法治来推进和保障。[①]就银行监管而言,如何确保银行安全稳定地运营,以强化公众信心,以及如何避免挤兑及其后银行资产的大幅度贬值是两个需要重点解决的问题,通过商业银行特许经营的准入管制,要求银行证明其自身以及高管人员具备适合从事这项高风险业务的能力和品格,可以帮助银行在设立之初就得到公众的信任。

其次,有利于银行审慎经营,防止过度冒险。虚拟经济有限发展需要商业银行所提供的基础性、综合性金融服务,但商业银行业务经营的高负债、高杠杆、高风险决定了内生脆弱性特征,基于同业信用及支付清算而形成的复杂的债权债务关系,还可能导致风险的进一步集聚与扩散,而短存长贷等"先天性"缺陷让其并非像表面一样强大而光鲜,加之商业银行的服务对象具有广泛性、分散性,以及金融市场的高度关联性,一旦出现难以控制的风险,必将快速在同业之间、银行市场与金融市场之间传递,造成金融体系的混乱,并最终波及其他行业,乃至整个社会。因此,相对于事后的危机处置,事前的准入监管有助于筛选合格的银行经营者,更符合以预防为主的金融

---

① 参见张守文:《发展法学:经济法维度的解析》,中国人民出版社,2021,第233页。

安全观。另外,商业银行领域具有很强的竞争性,而准入标准的高低对于市场竞争秩序,以及风险管理也会产生一定的影响,通常情况下,如果降低准入壁垒或者成立新的银行,必然加剧银行业的竞争,随之也增加了风险发生的概率。[①]

最后,有助于健全覆盖商业银行全流程的监管体制。从虚拟经济有限发展观出发,商业银行不仅是融通社会资金的媒介,更是提供"准公共物品"的特殊金融机构,与公共利益息息相关。一个完整的商业银行监管体系应该涉及事前、事中与事后三个层面,而市场准入监管属于事前监管的范畴,保证各银行从进入市场到参与市场竞争,再到退出市场,都处于法律的有效监管之下。相比而言,事中监管与事后监管分别属于"边做边说""做了再说"的范畴,而基于信息不对称、监管资源有限等客观因素,往往都具有一定的滞后性,即便让违法违规的商业银行承担相应的法律责任,也无法消弭其应归责性行为所造成的有形或无形损失。对此,通过包括市场准入监管在内的事前性监管政策,抑制逆向选择,确保银行业的经营水平与秩序,即在维护竞争秩序的同时,有助于提高市场参与主体的合规性水平、金融服务水平,还可以充分发挥制度的引导功能,帮助商业银行形成合法、合理的行为预期,并内化为公司治理与业务经营的行为准则。

（二）我国商业银行市场准入制度的变迁及其存在的主要问题

随着银行业改革开放的不断深入,我国已经确立了以《商业银行法》《银行业监督管理法》以及《公司法》等法律为基础,《中华人民共和国外资银行管理条例》(简称《外资银行管理条例》)及其实施细则等法规为补充,《金融机构管理规定》《金融机构高级管理人员任职资格管理办法》《中国人民银行关于中资商业银行市场准入管理有关问题的通知》《境外金融机构投资入

---

① 埃斯里·德米尔古克·肯特、罗斯·莱文:《金融结构与经济增长:银行、市场和发展的跨国比较》(第一版),黄纯纯译,中国人民大学出版社,2006,第128-132页。

股中资金融机构管理办法》《关于调整银行市场准入监管方式和程度的公告》等部门规章为主体,涵盖机构准入、人员准入、业务准入等三个方面的商业银行市场准入法律制度体系。中国的商业银行开放属于渐进型,包括对外开放与对内改革两个维度,并逐步形成了与之相适应的"宽严相济"的市场准入制度。对外开放维度主要涉及外资银行及其相关法律问题,将在本书第四章予以专门论述,在此不予赘述,以下仅从对内改革的视野予以展开。

1.对内改革视野下的商业银行市场准入及其制度演变

改革开放初期,我国确立了引进市场经济金融体系基础结构,厘清政府金融职能边界,实施政企分开,并构建以中央银行专注于宏观调控、金融监管以及为银行等金融机构提供支付清算服务,专业性银行向企事业单位和居民提供专业金融服务的"双层银行体系"发展战略。按照循序渐进、有序推进的改革部署,中国人民银行率先从财政部独立出来,并同时承担中央银行以及部分商业银行职能;自 1979 年 3 月以来,中国农业银行、中国银行、中国建设银行、中国工商银行相继建立或恢复,并分担了中央银行在相应领域的经营性金融业务,至此,中国人民银行与四大国有专业银行严格划分业务,各担其责;1987 年设立的招商银行是我国第一家由企业法人持股的全国性股份制商业银行,此后,交通银行等一大批股份制商业银行也应运而生;1994 年,根据政策性金融与商业性金融相分离的改革要求,先后成立了国家开发银行、中国进出口银行、中国农业发展银行等政策性银行,剥离了上述国有专业银行所负责的政策性金融业务;进入 21 世纪后,我国逐步完成国有独资商业银行的股份制改革,并不断推进农村金融机构、城市商业银行以及其他银行业金融机构的改革,并初步建立了多层次、多元化的现代化银行体系。[①]

---

① 廖娇华:《金融业全方位开放后民营银行市场准入问题研究》,江西财经大学硕士论文,2016,第 21 页。

　　在此过程中,伴随着我国金融体制改革的深入和银行体系日趋完善,商业银行市场准入的制度建设也取得长足进步。1995 年颁布施行的《中国人民银行法》结束了我国银行立法领域只有行政法规、规章,没有法律的局面;同年 10 月颁布的《商业银行法》从机构、人员到业务等三个方面系统地构建了我国商业银行市场准入制度,初步做到了有法可依[①]。2002 年 4 月,为适应入世后商业银行市场准入监管需要,中国人民银行出台了《关于中资商业银行市场准入管理有关问题的通知》。2003 年 5 月 29 日,银监会颁布了《关于调整银行市场准入管理方式和程序的决定》,简化了市场准入的审批程序,并采取属地化管理制度,由各地银监局负责办理中资银行新设分行、分支机构等筹建申请及审核等事务,同时,还取消了部分新业务的审批或备案制,进一步强调了中资银行的一级法人审批原则,此外,放宽了对银行机构内部平行调动的高级管理人员任职资格的审查限制[②],反映出了适度放松的发展趋势;同年 12 月,新修正的《商业银行法》不仅扩大了商业银行经营范围的规定,还细化了中资银行市场准入制度,为商业银行的市场创新、产品创新、管理创新和组织创新提供法律依据。2009 年 4 月,银监会印发了《关于中小商业银行分支机构市场准入政策的调整意见(试行)》,放松了对股份制和城市商业银行在运营资金、分支行数目、审批权限等方面的限制。

　　民营经济是我国社会主义市场经济的重要组成部分,推动民间资本进入银行业是深化金融业全面开放的题中之义。实际上,早在 20 世纪 70 年代末就允许民营资本进入银行业,并鼓励居民集资设立城市信用社,为中小企业和居民提供储蓄和借贷服务,服务于地方经济。我国的第一家城市信用社成立于 1979 年,然而,由于当时的准入机制不健全,准入壁垒较低,城市信用社大量涌现,机构膨胀,甚至出现"银行过度"现象,到 1995 年底,全国

---

① 曾薇:《金融监管对商业银行产品创新绩效的影响研究》,湖南大学博士论文,2013,第 56 页。
② 黎四奇:《金融监管法律问题研究:以银行法为中心的分析》,法律出版社,2007,第 54-61 页。

已拥有 5279 家城市信用社,其中相当比例的资本来自民营企业①,这在一定程度上引发了监管部门对于民营资本涉足银行业的担忧。1996 年成立的民生银行是中国第一家主要由非公有制企业投资兴办的全国性股份制商业银行,成为改革开放以来民营银行的先行者,是中国银行业开放的一个标志性事件。然而,包括民生银行以及之后建立的其他股份制商业银行都未按照市场机制建立现代银行治理架构,不符合政企分开的要求,因此,并不是真正意义上的民营银行。2001 年,原国家计委和国务院办公厅相继发布《关于促进和引导民间投资的若干意见》和《"十五"期间加快发展服务业若干政策措施的意见》,提出对金融保险等行业要逐步放宽对非国有经济的准入限制,除国家有特殊规定之外,凡鼓励和允许外资进入的领域,都鼓励和允许民间资本进入。2005 年,国务院发布的《国务院关于鼓励支持和引导个体私营等非公有制经济发展的若干意见》是第一个正式提出促进非公经济发展的中央文件。2008 年次贷危机之后,国家发改委起草的《关于进一步鼓励和促进民间投资的若干意见》指出,应降低对民资进入金融业等垄断领域的准入壁垒,简化审批流程。2010 年,国务院发布的《国务院关于鼓励和引导民间投资健康发展的若干意见》进一步放开了村镇银行、贷款公司、农村资金互助社等金融机构的市场准入。

十八大以来,确立了以金融支持经济结构调整和转型升级的国家战略。中共十八届三中全会发布了《中共中央关于全面深化改革若干重大问题的决定》,明确提出要完善金融市场体系,"在加强监管的前提下,允许具备条件的民间资本依法发起设立中小型银行等金融机构"。2014 年上半年,监管部门便先后批准了深圳前海微众银行、温州民商银行、天津金城银行、上海华瑞银行、浙江网商银行的筹建申请。2015 年 1 月 4 日,微众银行成为我国第一个试点开业的民营银行,目前首批试点的五家民营银行已全部获准开

---

① 减洪喜:《对城市信用社归并商业银行后凸现问题的思考》,《银行家》2009 年第 8 期,第 52-54 页。

业,并按照"一行一店"原则进行区域化、差异化经营。目前,民营银行的申办热潮仍在持续,2015 年共有 146 家民营银行核名,而 2016 年初仅两个月就有 33 家民营银行提出类似申请。截至 2019 年底,已有 18 家民营银行获批成立,另有 1 家获批筹建。

2.我国商业银行市场准入制度存在的主要问题

合理的市场准入监管属于"事前监管"的范畴,可以预防性地阻止潜在的不稳定因素或可能导致银行发生重大问题的隐患进入银行系统。民营资本、外国资本的涌入给我国银行业的发展带来机遇,也带来了挑战,例如,外资银行在内部控制、信息系统、管理水平以及市场经营等方面的优势必将加剧市场竞争。大型国有商业银行利用垄断地位,享受超额利润的同时,其服务意识及创新能力亟待提升,加之"嫌贫爱富""抓大放小"的风险偏好,极易导致资源配置不合理、资金使用效率不高等问题,因此,开放民营银行的市场准入对于打破垄断、倒逼国有商业银行改革,提升我国银行业整体竞争力具有积极的推动作用。目前,我国已经初步建立包括法律、法规以及部门规章等三个主要层级在内的市场准入规范体系,并在对外开放、对内改革两个维度,广泛涉及商业银行的机构准入、人员准入和业务准入等三个方面,但对标高水平的全面开放新格局,仍存在以下几个方面不足:

(1)机构准入方面。首先,机构准入规则过于原则。我国商业银行的准入要求强调符合国民经济发展的需要,金融业发展的政策和方向,以及合理布局、公平竞争基本原则,表明了立法者对银行设立所追求的价值或目标,但太过笼统且难以量化测试。此外,原则化的规定也间接导致监管部门的自由裁量权过大。监管部门是否批准设立新的银行不仅要考虑是否达到法定的基本条件,更重要的是兼顾是否有利于我国的经济发展,是否有利于我国的金融稳定,这虽在一定程度上保障了银行业的特许经营价值,有利于防范道德风险,但客观上促成了高度垄断的市场结构。[①]其次,准入标准宽严失度。整体而言,我国商业银行机构进入的门槛偏高,虽有利于提升"牌照价值",但过于严格的准入要求既对银行业的效率具有负面影响,也会导致较高的利率和管理费用,增加社会融资成本。[②]最后,机构设立审查与批准程序上缺乏必要的监督和救济机制。一家新银行的设立关键在于监管部门的审查批准,在"对监管者的监管"缺位的情况下,既难以保障申请人的合法权益,也不利于监管当局依法履行职责。

(2)业务准入方面。由于施行分业经营、分业监管模式,我国对中资商业银行的业务范围准入监管要求包括一般性规定和具体规则。诚然,分业经营、分业监管在我国银行业发展中的特定历史时期发挥了巨大功效,但也存在明显的局限性。当前,混业经营已经成为不可阻挡的金融浪潮,而严格的分业经营会极大压缩商业银行的利润空间,而为了应对市场的激烈竞争,商业银行纷纷"跨界"从事证券、保险、信托、基金等经营活动,业务之间的交叉融合度逐渐加大,这给商业银行自身以及金融市场都带来了更大的不确定性,而我国在混业经营监管制度建设方面则有所脱节:一方面,监管机构及其监管职责的合法性基础不允分,以至于监管空白和监管叠加并存;另一方面,专门性的银行监管部门对混业经营所带来的创新型业务缺乏及时的跟踪和识别,导致难以准确认定新业务的性质,也无法及时表明监管态度,增加了监管的滞后性和不确定性,客观上抑制了商业银行的自主创新能力。近年来,商业银行为应对非银行金融机构的竞争压力,适应互联网金融的发展趋势,陆续通过互联网销售个人存款产品,不断暴露出诸如产品管理不规范、消费者保护不到位等风险隐患,特别是通过非自营平台开展存款业务,

---

① 邓启峰、陈太玉:《我国商业银行法人机构准入管理问题分析》,《学理论》2009 年第 29 期,第 232-233 页。

② James.R.Barth,Gerard Caprio.Jr,Ross Levine,*The Regulation and Supervision of Banks Around the World:A New Database*(Vo1.1),Cambridge University Press,2005,p.256.

违反了地方法人银行经营区域限制等相关监管规定,以及市场利率定价自律机制相关要求,再加之此类业务的稳定性较差,不利于对商业银行的流动性管理。因此,监管部门为防范金融风险,要求商业银行不得通过非自营网络平台开展定期存款和定活两便存款业务。[1]

(3)人员准入方面。道德风险是银行业面临的风险之一,因此,银行从业人员,特别是高管人员的准入管理也是商业银行市场准入管理的重要内容。我国商业银行人员准入的主要问题是高管任命的行政化。宏观层面,商业银行股份制改革以来,政府已经不再直接干预银行的具体经营,却仍普遍存在"组织管干部""干部管银行"的现象,而政府为了降低委托代理的风险,更加重视将人事任免作为施加影响的重要途径。微观层面,银行高管的业绩直接与自身的待遇及仕途升迁挂钩,在决策时往往将行政考量放在首位,严重影响决策的客观性和科学性。此外,对商业银行高级管理人员任职资格的审核也不够有效,偏重对资历、学历等硬性条件的审查,难以合理有效地评价拟任人员的道德品行、专业能力等。银行业是资本要素和人力要素高度结合的行业,任何风险的产生表面是"资本的原罪",但即便是作为资本最高形态的金融资本,也不过是这些资本的拥有者或操控者手里的工具,究其根本,人的因素才是风险的真正源头,因此,需要透过资本与金融、资本与风险之间的"面纱",重视制度对人性的引导和约束。

(三)全面开放语境下我国商业银行市场准入制度的调适

当前,国际金融市场紧密相连,金融交易正不断地突破时空的限制,开放成为金融全球化和自由化的必然要求和时代特征,也是许多国家促进经济发展的政策取向。[2] 就中国而言,银行业全面开放所带来的多元化资源配

---

[1] 参见《中国银保监会办公厅中国人民银行办公厅关于规范商业银行通过互联网开展个人存款业务有关事项的通知》(2021年1月13日)。

[2] 张荔:《金融自由化效应分析》,中国金融出版社,2003,第95页。

置方式、高效的资本流动对于推动银行业创新,提升国际竞争力,促进银行业的整体发展和深化金融改革都具有积极意义,但我国正处于经济和社会的重要转型期,金融法律体系与市场建设尚不完善,全面开放会给我国银行业带来怎样的冲击? 我国银行业的金融安全将会受到怎样的威胁? 银行业又将如何防范因此而来的风险? 都是值得深思并需逐步解决的问题。全面开放就意味着降低准入门槛,但应以银行业的安全为前提,循序渐进。不论发达国家还是发展中国家,都需要建立适合本国经济发展水平、对外开放程度、国内的市场承受力的市场准入制度,并深入研究、测量和调整市场开放程度。① 过严的准入壁垒会影响新主体的进入,降低银行业的有效竞争,导致银行业过度集中,而过于宽松的市场准入则会加重监管部门的负担,增加监管成本和降低监管效率,加剧银行业运行的安全性。因此,为维护我国商业银行体系的稳定、发展与秩序,并立足于虚拟经济的有限发展和金融安全的国家战略,坚持良法善治,建立内外有别、宽严相济的市场准入制度。

1.维护国家安全是完善商业银行市场准入制度的逻辑前提

虽然法律文明是没有疆域的,但法律价值的适用对象与范围却有着严格的边界。在主权国家林立的当下,法律价值的泛化不适用于价值意识形态多元化的独立民族国家,理性的选择应是首先要实现自我生存、民族利益安全与社会民众福利等基本前提。当前经济全球化进程加速了金融的自由化,但在市场开放问题上不应忽视法律价值在不同国家之间的差异,也不能仅重视平等、秩序、自由与效益等传统的法律价值,面对国内外不确定性激增,更应将维护和保障国家金融安全、经济安全视为法律的使命之一。② 当然,促进和保障发展也是法律现代性及其功能之所在。在金融全球化浪潮的推动下,我国商业银行面临着更具开放广度和深度的外部环境,将会与其

① 成先平:《国际经济法》,郑州大学出版社,2002,第203页。
② 黎四奇:《我国银行法律制度改革与完善研究》,武汉大学出版社,2013,第136-137页。

他国家或地区的银行在更加统一的金融市场和监管规则下共同竞争,涉及的业务范围更广,潜在风险更大,深层次的矛盾更加突出。银行是我国金融体系的主体和基础,不但在充当信用中介、提供支付服务以及配置社会资源等方面起着关键作用,而且也是经济改革和社会进步的重要支点,因此,银行体系是否安全事关我国金融是否稳定的核心问题。金融安全是一国经济安全的重要组成部分,全面开放条件下银行的安全与稳定关系着整个经济社会的健康发展。因此,我国应该总结国内外银行开放的经验和教训,循序渐进地对外开放,充分利用"两种资源、两个市场",发展国内市场,壮大国内银行机构,从根本上确保我国金融安全、国民经济持续发展和国家利益的实现。

2.坚持良法善治是完善商业银行市场准入制度的目标所在

全面推进依法治国是实现国家治理现代化的必由之路,法治体系是现代国家治理体系不可或缺的重要组成部分,国家治理现代化不能脱离法治轨道,要通过树立良法善治的现代法治观推进国家治理体系和治理能力现代化。金融治理是国家治理的重要组成部分和推动力,健全的法律体系与现代的法治理念应是完善商业银行市场准入制度的出发点和归宿。

首先,要始终坚持"市场经济就是法治经济"的逻辑和理念,在商业银行准入规制过程中,正确处理好政府与市场、政府与社会的关系,在解决商业银行开放中出现的深层次矛盾和突出问题过程中,应着力克服权力本位,尽量避免过度的行政干预,自觉地运用法治思维和法律手段。金融是市场经济的"润滑剂"和"发动机",而商业银行在社会信用配置中可以发挥基础性作用,因此,市场准入监管权必须在法律和制度的框架内运行,还要顺应简政放权的改革,以"宽严相济"的标准及制度设计激发市场主体的能动性和创造力,结合宏观经济转型,增强经济发展的内生动力,并把监管工作的重点调整到改善营商环境,提升公共服务水平,维护市场竞争秩序和公平正义。

其次,健全立法,建立统一规范与差异化相结合的商业银行市场准入标准,并提高制度的透明度和公平性。开放程度不断扩大背景下的国际竞争本质上就是制度的竞争,一个体制、机制更完善的国家能更好地吸引资本和人才,实现生产要素的积聚,把握竞争优势。[1] 一方面,"良法"是实现法治的基本条件,也是维护社会正义的第一道防线,要在不断提高商业银行准入立法质量的同时,增强立法过程的民主性、科学性和透明度,防止出现部门利益法制化;另一方面,"善治"是实现法治的路径和目标,要以保护银行消费者权益和维护商业银行运行安全为中心,并在市场准入法律法规的实施中统筹考量经营者、消费者的正当利益诉求,以及我国商业银行业可持续发展的需要。以民营银行为例,其市场准入立法还处于相对空白阶段,只能参考适用《商业银行法》《公司法》等法律法规,更多依靠政策性文件以及"一行一策"的筛选模式,缺乏统一而规范的准入规则。此前,虽有地方版的《试点民营银行监督管理办法(讨论稿)》报送至银保监会,但具体内容未向外界公布。[2] 相对于立法的滞后性,民营银行的开放进程的加快已经产生了"倒逼效应"。鉴于其特殊的资本结构和风险要素,或通过修订《商业银行法》制定专章调整,或另行制定专门的《民营银行监督管理办法》不失为解决之道,否则,"无法可依"的局面将无助于形成公平竞争的市场环境,也不利于民营银行的有序发展和金融体系的稳定。

3.体现内外有别是完善商业银行市场准入制度的时代需求

对外开放是一把"双刃剑",如果控制得当,能够为中国银行业的发展引进竞争机制,提升银行体系效率,优化银行产权结构,完善商业银行体系,推动我国的金融运行和金融监管向国际标准靠拢,加快我国融入国际一体化的进程。可是,我国宏观层面的金融市场建设尚不完善,金融监管体系也存

---

[1]　徐忠:《新时代背景下现代金融体系与国家治理体系现代化》,《经济研究》2018 年第 7 期,第 4-20 页。

[2]　金彭年:《法与经济交融视域下民营银行准入之检视与完善》,《上海对外经贸大学学报》2016 年第 4 期,第 45-52 页。

在诸多问题亟待解决,金融生态系统还比较脆弱,在微观层面,商业银行的国际化、市场化程度不高,整体竞争力偏弱,管理体系、风控能力、创新能力等方面都有待提升。如果开放的脚步过快,竞争来得过猛,带来的负面影响也不可小视。以银行业对外开放为例,外国金融资本进入国内金融市场固然有我国开放政策的原因,但主要动因还是服务母国企业的海外经营和利用东道国的发展机遇获取利润①,而跨国银行资本流动不仅增加了金融波动的不确定性,还将凭借其完善的公司治理结构和高效的经营管理技术威胁到国内银行的生存和发展。② 所以,我们在银行业市场准入方面要保持清醒的头脑,坚持和发挥自身的比较优势,施行逐步而适度的对外开放,并以开放促发展,将财务基础稳健、治理结构完善、发展战略清晰、决策机制健全、具有核心竞争力作为我国商业银行现代化的目标。③ 在此基础之上,理性看待开放中的形式公平与实质公平,既要逐步消弭中资银行和外资银行在市场准入领域的"裂隙",保证各种类型商业待遇上的同等性④,促进公平而透明的市场竞争,又要从推动行业发展和维护金融稳定的高度,建立施行内外有别的差异化市场准入监管,为银行业的开放与安全设立一道事前性防线。

4.实现有进有退是完善商业银行市场准入制度的内在要求

银行的市场准入与市场退出之间有着密切的关系,从国际经验来看,两者表现出高度的一致性。⑤ 银行市场准入放松,一般会加剧银行业市场的竞

① Claessens,S., Demirguc   Kunt. A., Huizinga, H, "*How Does Foreign Entry Affect Domestic Banking Markets?*" Journal of Banking and Finance,2001,pp.891-911.

② Moguillansky,G.,Stuart,R., Vergara, S. "*Foreign Banks in Latin America: a Paradoxical Result*". CEPAL Review 82,2004,pp.9-28.

③ 陈雄兵、陈子珊:《外资银行进入是否提升了银行系统的竞争:来自中国的实证研究》,《经济问题探索》2012 年第 5 期,第 72-78 页。

④ 曹平、李伟舜:《我国外资银行市场准入法律规制中存在的问题及其对策》,《广西社会科学》2008 年第 12 期,第 78-83 页。

⑤ 陈颖:《银行业市场进入与退出分析:统一的市场角度》,《中央财经大学学报》2007 年第 5 期,第 38-44 页。

争。这种放松对于经营状况不佳、经营管理不善的民营银行来说,增加了经营的不确定性,可能会导致银行市场退出数量的增多。鉴于银行在我国金融体系中的重要地位和作用,任何一个银行,尤其是大型银行的市场退出,都会对整个金融体系乃至国民经济产生影响。目前,我国尚未建立市场化、法制化的银行机构退出机制①,《商业银行法》《银行业监督管理法》《公司法》《企业破产法》等相关法律法规的规定过于原则,缺乏可操作性,且多适用普通的公司企业。另外,在银行乃至整个金融领域的行政干预过多,基于有序竞争的市场理念与规则体系尚不成熟、健全,出现了银行"进亦难,退更难"的治理困局,没有形成"优胜劣汰"的金融生态,既不利于银行金融机构完善公司治理,也大大降低了金融体系的运行效率。在包括存款保险等金融安全网体系初步建立的基础之上,我国应尽快探索建立健全金融机构市场退出机制,强化外部约束,实现审慎稳健经营,净化市场环境,维护市场竞争秩序与活力,并最大限度地减少银行市场退出对金融安全、经济发展和社会稳定所带来的负面影响。

二、虚拟经济有限发展需要健全可行的商业银行消费者保护制度

传统的金融监管更多的是关注技术细节,而往往忽视了公众利益保护,这是当前银行监管体系存在的系统性缺陷。金融是各种信用关系的集合,而消费者的信任则是这座"摩天大厦"得以屹立而不倒的根基所在。随着混业经营和金融创新的不断深入,不同性质、不同类型的金融机构之间的业务相互渗透,市场边界日益模糊,金融消费者的内涵与外延在不同的运用场景变得复杂多变,这表明其并非一个法律理论内生式的自洽性概念,而是现实冲击之下的应激式概念,应回归到金融服务法律关系本身来加以理解,并在此基础上,以主动性的制度变迁来夯实金融的信用基石。

---

① 1998 年就已经倒闭的海南发展银行,至今仍未完成破产清算。

2008 年金融危机之后,金融稳定与金融消费者保护成为金融监管的两大主要目标,如何建立健全公众利益的保护,也逐渐成为金融业及监管体制改革的重要内容之一,许多国家开始进行以金融消费者保护为核心的金融法变革。相较于实体经济而言,虚拟经济具有投资回报率相对较高、制度性交易成本偏低等特征,进入 21 世纪以来,受诸多因素的影响,大量资本涌入收益率更具吸引力的虚拟经济领域[①],但这都离不开银行体系,特别是商业银行所提供的金融资本和多元化的金融服务。因此,保护银行业消费者权益,夯实商业银行信用基石,也是实现虚拟经济有限发展的题中之义。无论是实体经济,还是虚拟经济,都必须以满足人的需求为宗旨,而虚拟经济有限发展理论是以人为本的发展观,具有浓厚的人本主义情怀,而这正是中国传统法文化的哲学基础,也是中华法系的特点之一。[②] 当下中国的人本主义——以人为本发展理念的生成与弱势群体问题有着内在而深刻的关联,人本主义是弱势群体保护的根本性哲学基础与现实出路[③],在此指引下的商业银行消费者保护是完善我国银行法律制度的必由之路。

(一) 虚拟经济有限发展与商业银行消费者保护

1.商业银行消费者概念的厘清

在金融市场化、法制化程度较高的国家,银行、保险、投资、第三方支付等金融领域的经营行为必须面对系统监管,并对参与金融交易的消费者采取统一保护模式,不再按照行业予以区分,因此,并无专门的"银行消费者"概念。在美国,19 世纪 60 年代通过的《国民银行法》将金融消费者局限于在银行办理存款业务的人,而针对金融消费者的专门性立法是 1999 年的《金

① 庞凤喜、刘畅:《企业税负、虚拟经济发展与工业企业金融化:来自 A 股上市的证据》,《经济理论与经济管理》2019 年第 3 期,第 84-94 页。
② 张晋藩:《人本主义:中华法系特点之一》,《河北法学》2005 年第 9 期,第 84-86 页。
③ 赵迅、刘焕桂:《弱势群体保护的人本主义诠释》,《湖南大学学报(社会科学版)》2009 年第 1 期,第 115-120 页。

融服务现代法》,但最具有影响力的保护态度则体现于2008年次贷危机后的《多德-弗兰克华尔街改革与消费者保护法》。该法案将金融消费者界定为为个人、家人、家庭目的而使用金融产品或服务的自然人及代表该自然人的经纪人、受托人和代理人。日本2006年的《金融商品交易法》将"证券"纳入"金融商品"的范畴,同时扩大了银行业和保险业的金融商品范围,进一步扩大了金融消费者概念的外延,体现了统一保护的价值追求。① 英国在2012年修订的《金融服务与市场法》中将金融消费者界定为:第一,"使用、曾经使用或可能使用受监管金融服务的人",范围包括金融服务提供者的现有、过去或未来可能的客户,如一些金融产品或服务宣传的潜在客户也包括在内,而提供的服务除了直接提供,还包括被授权人或者其委任代表所从事的受监管的金融活动;第二,"对受监管的金融服务拥有相关权利或利益的人";第三,"已经或可能投资于金融工具的人";第四,"对金融工具拥有相关权利或利益的人"。上述三国均为金融业高度发达的国家,其对金融消费者保护范围的演变充分体现了混业经营之下的统一保护趋势。

在我国,2013年新修订的《中华人民共和国消费者权益保护法》(简称《消费者权益保护法》)首次将金融消费纳入保护范围,但并未准确界定"金融消费者"的概念。传统金融业通常被划分为银行业、保险业和证券业等不同行业,对应不同的经营主体和消费主体,形成以特定金融商品、金融服务为交易对象的金融服务法律关系。在消费者保护方面,往往是通过设立专门性的机构实施特别保护。② 然而,随着金融创新的不断深入,金融机构及其业务相互渗透、融合,彼此之间的组织、业务边界日趋模糊,金融的混业经营渐成潮流。金融服务提供者对金融商品进行多样化的设计组合,传统的金融商品也衍生出多种形式,交叉业务范围中的多重身份混同,使得区分消

---

① 于春敏:《金融消费者的法律界定》,《上海财经大学学报》2010年第4期,第35-42页。
② 例如,中国人民银行的金融消费权益保护局、中国证券监督管理委员会的投资者保护局、中国银行保险监督管理委员会的消费者保护局等。

费者失去了原本的商业规则意义甚至法律意义,统一称谓的金融服务者和金融消费者得以提出。通过扩张解释的方法,将消费者的概念延伸至金融消费者,从形式理性上保证了两者内在的一致性,也从实质正义的角度体现了对金融领域"消费者"弱势地位的重视,是施行倾斜性保护的正当性所在。与传统意义上的消费者概念相比,金融消费者概念的提炼呈现出相对的独立性,以契合金融交易的特殊性,并摆脱了消费者界定的窠臼,为实施统一保护提供了不可或缺的理论支撑。

在我国既有的法律框架内,"商业银行消费者"并不是一个严格意义上的法律概念,享受商业银行服务的消费者通常被称为"客户""存款人""持卡人"或是"借款人",并在相关立法中予以特殊保护,例如,《商业银行法》就有专章规定"对存款人的保护"。近年来,受上述金融领域消费者保护趋势的影响,我国的监管部门也逐渐将购买银行产品、接受银行服务的顾客统一称为"金融消费者",并在不同的规范性文件中多次提及:2006 年,银监会发布的《商业银行金融创新指引》中首次提出了"金融消费者"的概念,但只是宣示性地提出对金融消费者权益保护,并未对金融消费者作出界定①;2016 年,中国人民银行为贯彻落实《国务院办公厅关于加强金融消费者权益保护工作的指导意见》,进一步规范金融机构行为,切实保障金融消费者合法权益,制定了《中国人民银行金融消费者权益保护实施办法》,明确将金融消费者界定为"购买、使用金融机构提供的金融产品和服务的自然人"。

关于银行消费者是否应限定为自然人这一问题始终存在着争议。在理论界,大多数学者主张金融消费者应限定为自然人,其根源来自初期"金融+消费者"的研究范式,即通过对消费者概念中的"为生活消费需要"进行扩张解释,将为满足生活需要而接受金融服务的社会成员认定为金融消费者,其

---

① 参见中国银行业监督管理委员会发布的《商业银行金融创新指引》第四条:"金融创新是商业银行以客户为中心,以市场为导向,不断提高自主创新能力和风险管理能力,有效提升核心竞争力,更好地满足金融消费者和投资者日益增长的需求,实现可持续发展战略的重要组成部分。"

可取之处在于既保障了消费者和金融消费者在概念形式上的一致性,也体现了金融消费者认定中"消费者"的属性,从而凸显了对其客观性、先天性弱势地位的重视,证成了给予特别保护的正当性,并与"自然人"的主体特性有机结合。例如,欧盟2002年出台的《消费者金融服务远程营销指令》和《金融服务和市场法》所授权制定的监管手册就把金融消费者明确限定为"非基于交易、营业或职业目的的自然人"。当然,对此问题也不乏质疑或反对之声,有学者认为,为了满足支付结算需求、信用需求和金融资产运用需求,企业和其他社会组织也是金融产品和服务的最终使用人,且金融消费者处于弱势地位的原因是其专业程度不够以及信息不对称,企业规模的大小、财产的多寡等外在因素不能成为影响其处于弱势地位的现实情况。因此,应将金融市场中的所有主体,即自然人和法人都纳入金融消费者的范畴。① 实际上,"专业劣势"和信息不对称才是回答这一问题的关键因素,因为无论是自然人还是企业,面对强大的金融机构和复杂的金融产品都必然处于弱势地位,也许企业在抗风险方面强于自然人,但这是企业自身所具有的相对优势,而不是金融机构或金融市场赋予企业的优势,并不能成为否认特殊保护必要性的理由,或许如此才能契合金融交易的实质,回归金融服务者与金融消费者法律关系的本源。

　　"消费目的"是否会影响对金融消费者的判定是另一个争议焦点。受《消费者权益保护法》立法文义的影响,将"生活消费为目的"视为认定消费者的一种限定性条件,并延伸适用于金融消费者,即金融消费行为也应当以满足生活消费需要为限,并也得到监管机构和司法部门的认可、支持。上述观点暗含着金融消费者是消费者下位概念的大前提,然而,《消费者权益保护法》相关条款的表述并非严格意义上的法律定义,而仅仅划定了法律保护的范围与边界。此外,消费者概念和金融消费者概念的历史渊源也有所不

---

① 刘媛:《金融消费者法律保护机制的比较研究》,法律出版社,2012,第10页。

同:消费者制度起源于 20 世纪 30 年代对于市场失灵的国家干预,金融消费者制度起源于 20 世纪 60、70 年代对监管失灵的社会矫治。① 这既说明金融消费者并非消费者在金融领域的"特殊化",两个概念之间没有逻辑上的种属关系,同时表明"消费者"概念本身也在不断演化。进言之,金融消费者概念若强调以"生活消费"为目的,极易导致适用上的混乱,除去"生活消费"含义本就模糊不清之外,现代金融的功能更在于财产的保值增值,已经大大超越了生活消费的范畴,对此,我国 2013 年修订的《消费者权益保护法》及时予以回应。② 当然,完全摒弃主观目的因素也有矫枉过正之嫌,毕竟金融服务关系是平等的民事法律关系,法律保护应考虑交易双方的利益权衡,金融消费者保护过度可能造成对金融服务者的不公平,这无益于维护金融市场自由、平等的交易秩序。从这个角度出发,专业投资者不应在特殊保护之列,而应仅限于"个人投资者",即利用自己或者家庭盈余,通过商业银行进行小额投资的自然人投资者,且不再考虑其是否具有"生活消费目的"。③

2.加强商业银行消费者保护的必要性

从社会治理的角度出发,国家保障弱势群体基本权利是从底线意义上体现出对个人缔结社会的基本贡献和人的种属尊严的肯定,并从最实效的意义上为社会正常运转确立起必要的条件。④ 就银行业的特殊性而言,信息不对称、外部性以及垄断等市场失灵,以及有效监管不足与监管过度的政府失灵并存,加之消费者在金融知识水平与维权意识方面的欠缺可能加剧认知偏差、道德风险与逆向选择倾向,因此,在银行业发展所追求的秩序与效率两大目标此消彼长的博弈过程中,消费者保护是最佳的"平衡器"。反思

---

① 林越坚:《金融消费者:制度本源与法律取向》,《政法论坛》2015 年第 1 期,第 143-153 页。
② 特别规定"提供证券、保险、银行等金融服务的经营者,应当向消费者提供经营地址、联系方式、商品或者服务的数量和质量、价款或者费用、履行期限和方式、安全注意事项和风险警示、售后服务、民事责任等信息",参见《消费者权益保护法》第二十八条。
③ 张斌:《金融消费者保护研究:理论与判解研究》,法律出版社,2015,第 9-11 页。
④ 吴忠民:《公正新论》,《中国社会科学》2000 年第 4 期,第 50-58 页。

2008 年金融危机,其根源之一就是金融监管在消费者保护方面的着力不够,因此,各国的金融改革中均强调在鼓励金融创新,放松金融监管的同时,不能忽视对消费者的保护,并通过立法使之内化为金融监管的主要目标和价值所在。我国银行市场发展迅速,金融产品和服务日趋丰富,消费者的参与程度逐步提升,在此过程中,加强商业银行消费者权益保护,不仅是贯彻落实以人民为中心的发展理念的必然要求,也是防范化解系统性金融风险的重要手段。

(1)有利于促进银行业的健康发展

声誉是商业银行得以生存与发展的基础,来源于消费者对其评判口碑的长期积累。目前,银行业提供的产品和服务具有多样化、个性化等特点,消费纠纷也随之不断增多。若商业银行图一时的利益而牺牲消费者利益,那么后者在自身权益屡次受到侵害过程中,参与银行金融交易的积极性也会相应降低[1],银行也终将失去消费者的信任和支持。商业银行大多属于特许吸收社会公众存款的特殊金融机构,若因与消费者权益纠纷而引发声誉危机,不仅会导致商业银行的经营难以维系,也必将给金融秩序和社会公正性造成负面影响。加强对银行消费者的权益保护,会对银行机构,乃至银行业产生以下积极意义:首先是定分止争,有效解决银行与消费者之间的纠纷,以避免银行声誉受损;其次是互动互信,建立稳固而和谐的金融服务关系,并获得消费者的长期认可;还有,促进银行提高服务质量和市场竞争力,提升消费者对银行的忠诚度,以保持和增加市场份额。[2] 党的十九大报告明确指出"我国社会主要矛盾已经转化为人民日益增长的美好生活需要和不平衡不充分的发展之间的矛盾"。无论是传统的存贷款业务,还是新型的投资理财业务,都代表着消费者在衣食住行等基本需求得到满足之后,对个人

---

[1]　张琦:《我国银行消费者权益保护法律问题研究》,长春理工大学硕士论文,2018,第8-9页。

[2]　罗传钰:《金融消费者保护:监管优化与国际合作》,法律出版社,2014,第 231 页。

或家庭的财富管理、生活质量提出更高要求,有助于提高消费者追求美好生活的获得感和社会整体福利,银行业需要予以积极回应,并加强不同业务领域的消费者保护,进而推动银行业的良性发展。

(2)有利于实现商业银行消费者的特别保护

商业银行借短贷长,以及部分准备金制度导致其资产负债结构极为脆弱,一旦出现流动性风险,极易引发挤兑,危及银行储户的资金安全,因此,类似接管、存款保险制度在可能或已经出现上述危机之时,可以积极处置风险,最大限度地保护存款人的合法权益,并避免了风险扩散,例如包商银行事件。① 传统意义上的消费者参与市场交易时,市场自律起主导作用,政府仅仅是充当"守夜人"的角色,大多数国家均实行宽松的市场监管政策。然而,商业银行消费者在交易中的弱势地位更为明显,一些银行为了自身利益最大化,罔顾消费者利益的现象也是层出不穷。虚拟经济有限发展理论体现了安全目标指引下的整体利益观,"千里之堤,毁于蚁穴",如果忽视对消费者的保护,不仅将动摇银行体系的信任基础,也危及金融市场稳定和减损社会公共利益。"徒善不足以为政,徒法不足以自行",对商业银行消费者给予适当的倾斜性保护,既体现了国家干预市场,谋求实质公平的治理意图,更需要充分发挥法律促进发展的时代功能,通过依法赋予消费者法定之利,并为银行设定法定之责,以弥补合同权利义务失衡的缺陷,强化日常监管,以调和形式公平与实质不公平之间的矛盾。

(3)有利于维护银行交易安全与市场稳定

消费者是商业银行金融服务的对象,来自消费者的信心和信任是维系银行正常运转的内在动力,同时也是虚拟经济产生、存在和发展的基础所在,加强对消费者的保护是虚拟经济安全运行和有限发展的基本保障,而如

---

① 2019年5月24日,人民银行、银保监会依法对包商银行实施接管,由存款保险基金出资、人民银行提供资金支持,以收购大额债权方式处置风险,发挥了及时"止血"作用,未出现客户挤兑等群体性事件,避免了包商银行风险进一步恶化。

何提高消费者权益救济的便利性、可得性是关键。就商业银行消费争议而言,碎片化、小额化是其显著特征,投诉者多为个人客户,投诉对象多针对零售业务中的产品或服务,主要涉及银行的专业精神、服务质量、态度和礼仪、收取费用、交易安全等领域,问题集中表现为:业务办理拖沓、误导客户、未对客户隐私尽到保密义务;服务收费过高,基础金融服务权益无法得到保障;信息泄露、数据篡改、"中间人"的攻击、远程控制、系统故障导致的交易风险;等等。这些看似小的纠纷实则反映了商业银行乃至整个金融系统存在的诸多制度性缺陷,如果不予以高度重视,最终小问题将积少成多、积沙成塔,演变成危机,集中爆发之时就可能会动摇整个金融市场的交易安全和稳定。

（二）我国商业银行消费者保护制度的实证分析

1.我国商业银行消费者保护的制度环境

在改革开放之前,由于我国实行"大一统"的金融管理体制,并无现代意义上的商业银行,消费者保护缺乏必要的现实需求和制度土壤。伴随着银行市场及其监管体制改革的逐步深入,我国已经初步形成多层级的商业银行消费者保护的制度体系,其中,《中国人民银行法》《商业银行法》《银行业监督管理法》《中华人民共和国合同法》《消费者权益保护法》等法律属于第一层级;《储蓄管理条例》《金融违法行为处理办法》《金融机构撤销条例》等法规属于第二层级;中国人民银行以及相关监管机构颁布的规章,如《中国人民银行金融消费者权益保护实施办法》《商业银行信息披露暂行办法》《中国人民银行信用评级管理指导意见》则属于第三层级。除此之外,来自政府及其监管部门的众多规范性文件成为保护商业银行消费者最直接的制度渊源。例如,银监会 2012 年 4 月出台的《关于完善银行业金融机构客户投诉处理机制　切实做好金融消费者保护工作的通知》,对银行业金融机构在服务过程中的义务与责任作出了较为全面的规定。2015 年,国务院颁布

《国务院办公厅关于加强金融消费者权益保护工作的指导意见》在高度概括了金融消费者的主体地位,强调了金融消费者权益保护工作积极意义的基础上,首次从国家层面对金融消费者权益保护进行部署,并明确了金融消费者的各项重要权利①,有效地弥补了现有法律法规的不足。由上可见,金融领域的消费者保护问题备受关注,制度日趋完备,"权利—义务""义务—责任""权利—救济"等基本的法律范畴被逐渐导入消费者保护的法律规则体系之中,并在维护消费者权益,规范商业银行经营行为,促进银行业健康发展等方面发挥了积极的作用。

2.我国商业银行消费者保护制度存在的主要问题

(1)商业银行消费者保护的立法不完备

金融消费者保护不仅要保护其合法权益不受侵害,提升消费者对金融的满足感、获得感,更要优化制度设计,减少有损消费者长远利益的监管规定,这给相关立法提出了新要求、新挑战。目前,我国通过《商业银行法》《中华人民共和国保险法》《中华人民共和国证券法》等金融基本立法,按照分业经营原则,对存款人、投保人(包括被保险人和受益人)、投资人等特定主体的权益保护做了原则性规定,但尚未明确金融消费者权利的内涵与外延。中国人民银行 2016 年制定的《中国人民银行金融消费者权益保护实施办法》虽在"金融机构行为规范""个人金融信息保护""投诉受理与处理"和"监督与管理机制"这四方面都做了相对详细的规定,但由于其法律位阶较低,所以缺乏应有的权威性,可见,我国金融消费者保护没有真正进入法制轨道。另外,既有的规范性具有较为明显的行业管理特征,主要内容是金融机构应如何加强自身约束,从而保护消费者,其中,倡导性、自律性要求多于法律意义上"义务",更缺少"义务—责任"的核心内容,属于"软约束"的范

---

① 主要包括保障金融消费者财产安全、保障金融消费者知情权、保障金融消费者自主选择权、保障金融消费者公平交易权、保障金融消费者依法求偿权、保障金融消费者受教育权、保障金融消费者受尊重权和保障金融消费者信息安全等方面。

畴。包括商业银行消费者在内的金融消费者保护的专门性立法缺位,体现了当前监管立法与监管目标之间的脱节,消费者保护没有被纳入审慎性监管的"有效射程",而仅仅作为其附属产品。消费者在金融消费中的地位与权利应得到更高位阶的立法确认,否则,银行业经营者与消费者之间"力量失衡"难以得到限制和调适,无形之中减轻了金融机构的法律责任,降低了其实施侵害消费者行为的违法成本,也在客观上弱化了外部监管的效果,进而强化了金融机构的垄断优势。

(2)商业银行消费者保护的机制不健全

目前,我国已形成中央统一保护与地方分散保护相结合的金融消费者保护体系:中央层面主要是由中国人民银行在宏观层面协调、统筹,银保监会、证监会等专业性机构分别设立相应的保护机构,负责各自监管领域内消费者保护工作,共同构成了"分业监管模式"下的金融消费权益保护框架,而地方层面则根据属地原则,承担相应的职责。在此背景下,我国的商业银行消费者保护也呈现出纵向与横向相互分割、交织的结构性特征。然而,纵横交集的监管机构与各级政府之间的协调性有所不足,保护模式、保护标准等方面存在一定差异,当消费者权益受到侵害时,投诉流程、投诉标准和投诉时限等缺乏统一的启动标准和程序规则。很显然,这种基于"分业监管"模式下的消费者保护体制已经无法满足现实的需要。另外,作为一种有效的事前预防性手段,消费者教育不仅没有战略层面的顶层设计,相应的实施和保障机制也不健全。在消费者保护领域,无论如何强调立法以及监管执法的重要性,也不能否认商业银行第一责任人的基本定位。然而,在既有的监管体制以及经营指标压力之下,银行机构并没有真正认识加强消费者保护的重要性,而是将其理解为来自监管部门的"额外要求",既缺乏制定和实施长远规划和具体方案的内在动力,也在设计格式合同设计、制定服务价格、保护敏感信息以及解决争议过程中重视消费者权益实现上的可得性、获得感,甚至异化为在现有监管框架内"不求有功,但求无过"的应付或敷衍,抑或是在个案风险、社会舆情等外部压力下"头痛医头、脚痛医脚"。

（3）商业银行消费者保护的救济不充分

受金融体制和银行垄断政策的影响,银行与消费者之间处于实质上的不平等地位,前者的缔约优势不仅让消费者难以对交易的内容、流程和风险作出专业判断,进而损害了银行消费者的公平交易权和选择权,也让希望通过磋商方式解决争议的消费者面临巨大的心理障碍和专业壁垒,而试图走进司法的消费者,不得不止步于高昂的维权成本,即便胜诉,金融机构也仅需对个案"买单"。如此低廉的成本无法弥补其侵权行为给消费者已经或可能造成的损失,因此,金融机构在经济上并没有主动保护消费者权益的压力。如果在商业银行消费者保护领域引入公益诉讼,金融机构一旦败诉,其赔偿对象可能扩大至受损的全部消费者,再加之此类诉讼所带来的商誉减损效应,金融机构将出现有形和无形"收不抵支"[1],但是,我国虽已确立了消费民事公益诉讼制度,不过在金融消费领域的运用乏善可陈。[2] 因此,投诉成为最主要、最常用的救济方式,也是我国现行的争端解决机制的特点所在。令人遗憾的是,无论是向商业银行,还是向监管部门进行投诉,都不同程度地存在透明度不高、效率低下等弊端。为打破商业银行领域基于天然的垄断性和高度的行业利益认同感所形成的体制性障碍,就必须探索一条能够取信于消费者的纠纷解决道路。作为一种非诉纠纷解决机制——ADR（Alternative Dispute Resolution）[3]能够快速、公开、有效地解决各类金融消费者纠纷,减少法院诉累,节约司法资源,及时、高效地维护消费者的合法利

---

[1] 刘杰、黄艳秋、周学贞:《我国金融消费者权益保护工作现状及对策建议》,《西南金融》2018年第3期,第71-76页。

[2] 国务院《推进普惠金融发展规划（2016—2020年）》明确了"完善普惠金融消费者权益保护监管工作体系""修订完善现有法律法规和部门规章制度,建立健全普惠金融消费者权益保护制度体系"等普惠金融的建设方向,为今后将金融消费者权益保护纳入公益诉讼范围提供了必要的政策支持。

[3] ADR机制可解释为替代性、多元化、选择性纠纷解决机制。参见范愉、李浩:《纠纷解决:理论、制度与技能》,清华大学出版社,2010,第22-28页。

益,但该机制在我国仍处于于法无据的尴尬境地,专业的金融 ADR 机构培育和设立并不成功,而且,关于金融 ADR 机构的法律性质、内部运行、外部监管以及裁决效力等问题的探讨和实践仍不清晰。①

（三）人本主义指引下我国商业银行消费者保护制度的变革

党的十七大提出了"坚持以人为本,树立全面、协调、可持续的发展观,促进经济社会和人的全面发展"的科学发展观,不仅主张人是发展的根本目的,回答了"为什么发展"、发展"为了谁"等问题,而且主张人是发展的根本动力,回答了"怎样发展"、发展"依靠谁"等问题。在马克思主义与中国国情历史性融合的语境中,重提"以人为本",不是单纯对西方人本主义②的回复,而是以对马克思的人本主义思想的现代阐释为基础③,强调以人为本是马克思主义价值观的根本原理与原则。和谐社会与法治国家相互依存、相互促进,是人类理想社会的两个基本特征。人类社会的一切主义、政策、法律、制度等是以"人"为出发点和归宿,因此,和谐社会和法治社会要体现为人服务的终极目标,确立"以人为本"的核心价值观。作为现代人权保障和法律制度的根基,始终坚持与实现"以人为本"是实现社会公平正义、建设社会主义法治国家最根本的保证。依据"以人为本"的科学内涵指导社会主义法治建设,可以将其概括为"法的人本主义"或"人本法律观"。④

接受商业银行所提供的金融服务已经成为某种"必需品",也是人民群

---

① 刘辉:《论我国金融 ADR 机制的完善:金融消费权益保护视阈下的考察》,《海峡法学》2017 年第 3 期。
② "人本主义"(Humanism)一词来自拉丁文的 humanitas,最早出现在古罗马作家西塞罗和格利乌斯的著作中,意指"人性""人情"和"万物之灵""人本主义"一词虽未在古希腊、罗马文献中出现,但古希腊、罗马哲学初步奠定了人本主义的传统;欧洲文艺复兴时期才出现的"人本主义"一词,并通过人文主义运动推动了近代人本主义思想的形成。参见胡敏中:《论人本主义》,《北京师范大学学报(社会科学版)》,1995 年第 4 期,第 62-67 页。
③ 关于西方人本主义传统与马克思"以人为本"思想之间的关系,参见赵敦华:《西方人本主义的传统与马克思的"以人为本"思想》,《北京大学学报(哲学社会科学版)》2004 年第 11 期,第 28-32 页。
④ 李步云:《法的人本主义》,《法学家》2010 年第 1 期,第 1-5 页。

众追求美好生活的方式之一。然而,银行经营者以效益最大化的市场原则
为指导,将消费者及其消费行为作为实现盈利的手段,无法真正满足消费者
对金融服务的幸福感期待。应与满足人民日益增长的美好生活需要这一社
会主义价值观相适应,由消费主义转向人本主义,从立法上重视消费者的主
体性,将其接受商业银行的金融服务视为满足其个体需求、实现其主体价值
的过程,并以此为基础构建保护模式,立法者、管理者、经营者要将消费者视
为主体,而非客体,其核心在于充分尊重消费者的主体性以及法律所赋予的
各种权益。当然,这并不意味着消费者就是"绝对上帝",从平衡经营者与消
费者利益冲突,促进商业银行可持续发展的角度出发,应在保护宗旨中体现
对消费者行为的引导、约束。

1.完善立法,强化商业银行的主体责任

"他山之石,可以攻玉",欧美发达国家或地区的金融消费者保护立法兴
起于20世纪末的金融服务现代化浪潮,并在2008年次贷危机之后进入一个
新的历史时期,在金融消费者保护机构、范围、标准、措施、责任等诸多领域
取得长足进步,这对于完善我国的商业银行消费者保护制度具有重要的借
鉴意义。以英国为例,自2000年以来,先后颁布了《金融服务与市场法》《银
行法》《改革金融市场白皮书》《消费者投诉处理办法》《〈金融服务法〉修订
法案》《金融监管的新方案:建立更坚固的体系》《2012年金融服务法》等法
律文件。欧盟根据2009年的《拉罗西埃尔报告》,建立了完整的金融消费者
保护机制,并制定了一系列法规:机构设置方面有《欧洲银行管理局法规》
《欧洲保险业管理局法规》和《欧洲证券业管理局法规》;金融消费者纠纷处
理机制方面主要是《消费者替代性纠纷解决机制》和《消费者在线纠纷解决
机制》;在市场透明度方面则出台新的《欧盟金融工具市场法规》。美国对于
金融消费者保护的开端源于1970年的《公平信贷报告法》,该法案特别强调
要保护消费者免受信贷报告机构错误或具有误导性的信用资料的误导,之
后通过一系列金融法案不断完善其金融消费者保护的法律框架,例如,1988

年的《房屋净值贷款消费者权益保护法》、1999 年的《金融服务现代法》、2000 年的《消费者金融信息隐私权》等等。作为 2008 年次贷危机的爆发地，美国于 2010 年出台了史上最严格的金融监管法案——《多德-弗兰克华尔街改革和消费者保护法》，并成为其金融消费者保护转型的标志性立法，而2018 年 5 月的《经济增长、放松监管及消费者保护法案》则进一步强化了对金融消费者权益的保护。①

　　首先，在统一保护的基本前提之下，借鉴域外相关国家或地区的立法经验，在更高层级的法律、法规中明确界定金融消费者，为加强消费者保护提供必要的法律依据。结合当前的立法基础，更具操作性和可行性的路径是通过修订《金融消费者权益保护实施办法》，细化金融消费者权利、金融机构在消费者保护方面的法定义务、金融消费者救济与教育等方面内容，并针对银行业、证券业、保险业和信托投资业等不同金融行业的特点，予以区别保护，但应坚持统一保护的基本原则。同时，还应吸收和兼顾《消费者权益保护法》所取得的立法成果，这不仅可以在较短时间内完善金融消费者保护的法律框架，还有助于提升保护立法和法律适用的协调性。当然，可以将制定一部专门性的《金融消费者权益保护法》或是《金融消费权益保护条例》，作为更为长期而谨慎的立法规划，进一步明确金融消费权益保护的基本原则、主要目标、保护措施、保护机构以及纠纷解决途径，细化和规范金融机构在合同主要条款上的告知与说明义务，加强对消费者敏感信息的特别保护，完善交易信息披露制度等内容。当然，健全立法并不意味着单纯增加一方的权利或义务，而是要合理平衡商业银行经营者与消费者之间的权利义务关

---

① 例如，为加强消费者信息保护，要求银行将欺诈预警时间从 90 天延长至 365 天，并建立消费者信用紧急冻结机制；优化拥军服务，规定军人在一年内偿还医疗债务，银行必须把债务违约从信用报告中剔除，此外，还要求银行为军人以较低的利率提供贷款；完善助学服务，强调如果在校生因为监护人发生变故而无法偿还助学贷款，银行应当免除债务，不能宣告学生违约，满足一定条件的在校生贷款违约记录可从信用报告中移除。参见马建威：《金融消费者法律保护：以金融监管体制改革为背景》，《政法论坛》2013 年第 6 期，第 178-182 页。

系,不能"矫枉过正",避免消费者滥用权利。

在我国,对消费者的保护已经历史性地形成对公权力管制的路径依赖①,然而,商业银行在与消费者之间的金融服务关系中,事实上处于决定性的主导地位,因此,消费者保护不能单纯依赖于公权力,既要通过立法明确商业银行涵盖业务经营、售后服务以及纠纷解决全流程的主体责任,这不仅是外部监管的主要考核内容,还要内化为银行的日常工作和核心任务,并纳入银行治理结构之中。也可以通过行业自律和企业自觉的方式,树立高于法定最低标准的消费者保护行业标准、企业标准。此外,金融消费者保护不能单纯依赖事后监管,加强金融知识教育是有效预防和避免合法权益被侵害的重要途径。普惠金融的目标是为弱势群体提供平等享受金融服务的机会和权利,而加强金融消费者教育、保护消费者权益是发展普惠金融的必备要件,发展普惠金融则是加强金融消费者教育、保护消费者权益的内在动力。充分的宣传与教育有助于帮助消费者深入了解并选择合适的银行产品和服务,进而切实保护消费者的知情权和公平交易权,而商业银行正是实现这一目标的重要载体。因此,除了政府应设立专门性的金融消费教育机构,改善金融教育基础设施,建立金融消费者教育体系,负责向大众提供金融监管、金融运作等公众信息,并且有义务随时针对金融消费者所提出的疑问进行解答之外,还应明确和强化商业银行通过灵活多样的形式向消费者普及金融知识、宣传金融立法、介绍金融业务等消费教育方面的主体责任。

2.优化机制,建立统一保护与行为监管相结合的保护模式

现有的金融消费者机构设置主要有两种模式,一种是不设专门的金融消费者保护机构,而是由审慎性监管机构同时负责金融消费者保护工作。

---

① 姚佳:《"金融消费者"概念检讨:基于理论与实践的双重坐标》,《法学》2017年第10期,第170-192页。

另一种模式是专门设置负责金融消费者保护与救济机构①，对金融消费者进行针对性保护。2008 年次贷危机之后，金融消费者保护成为国际金融改革的三大主线之一，但无论是奉行"双峰监管"，还是实施"统一监管"的国家或地区，并未严格区分银行消费者与其他金融消费者，而是通过健全的法律制度，将其纳入金融消费者的范畴予以统一保护。

首先，顺应国际潮流，建立统一保护模式。一方面，可以整合现行分散的金融消费者保护机构体系，设立类似"金融消费者保护局"等专门性机构，将包括商业银行消费者在内的金融消费者纳入统一保护的范围。有学者指出，银行等金融机构拥有更多的资源，足以有效影响金融政策、监管制度的设计，因此，监管机构可能更倾向于支持金融行业，而非广大社会公众，提议设立一个代表公共利益的机构，独立于现行政治、金融体系之外，拥有全面评估金融监管问题的信息和专业技能，以及法律赋予的权力以实现对金融政策的论证②，但这种方案难以适应中国国情。因此，为保证消费者保护工作的相对超脱性和权威性，并结合我国已有的实践经验，建议上述专业化的保护机构隶属于中央银行——中国人民银行，并由其集中负责全国金融消费者保护工作，进而统一制定金融消费者权益保护标准；制定国家层面的消费者教育规划，并授权专门机构采取诸如开通专门网站、纳入国民教育体系等形式组织实施，以提高消费者教育的有效性和可得性③；健全富有效率的纠纷解决机制，并明确适用条件、收费标准、主要程序；等等。除此之外，应

① 该模式还细分为单一型与分权型：前者是指由拥有排他性规则制定权的单一机构全面负责消费者保护工作，受理并处理投诉，以及开展必要的金融消费教育；后者则是指分权型是由几个机构在各自权限范围内，各司其职，共同承担金融消费者保护的职能，其中，由某一个机构负责制定与金融消费者保护相关的法律法规，而其他机构则负责受理消费者投诉，依法对纠纷进行判定并作出处罚。

② 詹姆斯·R.巴斯、小杰勒德·卡普里奥、罗斯·列文：《金融守护人：监管机构如何捍卫公众利益》，杨农等译，生活·读书·新知三联书店，2014，第247页。

③ 消费者教育计划应富有针对性、差异性，特别是在农村、少数民族地区，受知识文化水平等制约因素的影响，消费者缺乏特定领域的知识或能力的时候，要及时更新教育内容与方法，以便提出替代性的政策补救措施。见 Jana Valant："*Consumer protection in the EU*"，Policy overview，2015，p6.

持续优化存款保险制度,使之逐渐从权责不匹配的"付款箱"模式向权责对称的"风险最小化"模式转变,并实行差异化、市场化的定价原则①,在此基础之上,强化存款保险的早期纠正职能,赋予存款保险机构适时介入的权力,及时干预问题银行并采取措施,以提高存款保险在危机处置中的有效性,降低处置成本,防范风险的升级与扩散,健全多层次的金融安全网,夯实商业银行消费者保护机制。

其次,借鉴国际经验,实施有效的行为监管。随着我国"一委一行两会"金融监管框架的初步形成,中央银行主要负责审慎监管,银行保险监督管理委员会侧重于具体的行为监管,承担微观审慎监管、市场监督和消费者保护等职责,初步形成中国版的"双峰监管"模式。从理论层面来看,行为监管是指监管部门对金融机构经营行为提出的规范性要求和实施的监督管理,重点是关注金融消费者的权益是否得到保护、利益是否得到尊重。因此,行为监管与金融消费者权益保护密切相关,且后者是前者的主要目的,甚至在某些场合,二者的概念等价或替换使用。相对于功能监管和审慎监管,行为监管更加符合金融消费者权益保护的要求,已成为当前金融消费者权益保护的重要手段,对此,我国也应积极借鉴国际经验,探索具有中国特色的行为监管框架,提升金融消费者权益保护的成效。结合前述统一保护模式,可从以下两个方面着手:

第一,重视行为监管在消费者保护方面的作用。统筹考虑审慎监管、功能监管与行为监管,将行为监管提升到同等重要的高度,提升其权威性,并通过修订《中国人民银行法》《银行业监督管理法》等法律法规,增加行为监管的专门性条款,明确金融消费者权益保护的依据和标准,在机构设置、监

① 不同资本结构、不同规模的商业银行所面临的风险是不同的,相较于大型银行、国有或国有控股银行,存款保险制度对于中小银行、民营银行的意义更大。因此,需要基于对风险的科学评估,制定实施差别费率,对风险较低的投保机构适用较低的费率,反之适用较高的费率,增强金融机构的纪律约束,促进行业公平竞争,防止逆向激励和监管套利,防范道德风险,构建正向激励。

管标准、监管措施等方面,健全行为监管框架,从扩展消费者权益内容,增强消费者保护的获得感,以及提升消费者信任度,促进银行业持续发展等长远利益等多个维度强化监管,切实保护金融消费者的合法权益。

第二,强化行为监管过程中的统一协调。国务院金融稳定发展委员会不仅是我国最高金融监管部门,也是金融监管的协调者,其办公室设在中国人民银行有利于加强不同监管部门之间的协调与配合,强化中央银行在金融消费者权益保护中的组织作用,并在此基础上,进一步优化横向与纵向的责权利关系,健全监管信息的共享机制,形成高效统一的监管合力,积极推进金融消费者权益保护工作。

3.创新制度,构建多元化的纠纷解决机制

相对于其他领域,金融消费纠纷具有显著的特点,特别是在现代信息技术与金融高度融合之后,如何建立高效而便利的救济机制往往是评价一个国家或地区金融消费者保护水平的重要标准。在继续发挥协商、投诉以及诉讼等传统形式的作用基础上,可以探索积极构建公平高效的替代性纠纷解决机制(ADR),以平衡和协调银行与消费者之间的利益冲突,避免对消费者进行过度保护而损害银行机构的合法利益,圆满解决大多数金融纠纷[1],这是实现金融消费者统一保护的重要途径。首先,有法可依是构建我国金融 ADR 制度的前提。可结合前述思路,通过完善《金融消费者权益保护实施办法》或制定《金融消费者权益保护法》明确我国金融 ADR 机制的认定标准、类型模式与法律地位,并按照统一保护的内在要求,授予其对包含银行、保险、证券和期货等各金融领域以及跨市场交易行为的统合管辖权。为激励金融消费者主张权利,积极维护合法权益,可以在费用上予以减免,同时,为防止滥用权利所造成的公共资源浪费,对恶意消费者应补齐收费并承担一定的法律责任,例如,对相关银行等金融机构的声誉造成恶劣影响的,消费者应公开赔礼道歉或进行经

---

[1]　罗传钰:《金融消费者保护:监管优化与国际合作》,法律出版社,2014,第 253 页。

济补偿等。其次,ADR 机制的核心在于独立而专业的纠纷解决机构,并以协商为基础,通过调解、仲裁等方式解决金融机构和消费者之间的纠纷。在总结中国人民银行业已开展的金融消费纠纷第三方评议试点工作的基础上,可考虑成立自律性、非营利性的消费争议评议协会,并保持与金融机构和监管部门之间的相对独立性。再次,裁决效力是 ADR 机制有效运行的重要保障,应合理赋予与切实保障 ADR 机构的裁决效力,并基于金融机构、消费者的地位和能力不同,建立体现差异与柔性相结合的评议决定书效力体系,建立起司法机构和金融 ADR 机构之间的合作机制。[①]

在金融市场化程度较高的国家,行业组织及行业规则在银行消费者保护领域具有越来越重要的作用。在英国,银行业的行业自律拥有悠久的历史,银行业协会在金融体系中扮演着十分重要的角色,历经数百年不断发展、完善的《银行营运守则》虽非严格意义上的法律,但对于大多数的银行金融机构都具有约束力,也在消费者保护方面发挥着积极作用。澳大利亚银行家协会于 2013 年 6 月发布了《澳大利亚银行业行为准则》,就如何保护银行金融消费者提供了具体的行动指南,包括"银行的重要承诺和一般性义务""银行向消费者提供的服务信息""银行服务行为"以及"纠纷解决、监督和制裁"等四方面的内容细化了银行业对银行金融消费者的保护要求和行为准则。对此,我国应结合国情,重视行业自治在纠纷解决方面的重要性,并建立健全以下几个方面的运行机制:首先是充分发挥商业银行在消费者保护方面的主观能动性,督促其履行法定义务,并在此基础上,强化机构与行业有机结合的内部自律机制,其次是针对商业银行业务的专业性、复杂性,建立并实施由行业协会为载体,同时接受监管部门、司法机构指导的行业调解机制。

[①] 刘辉:《论我国金融 ADR 机制的完善:金融消费权益保护视阈下的考察》,《海峡法学》2017 年第 3 期,第 93-101 页。

三、虚拟经济有限发展需要完善有效的商业银行功能监管制度

在金融全球化、经济一体化的过程中,金融广泛地参与到社会经济的各个方面,从而打开了金融风险向整个经济体系扩散的大门,来自金融体系的风险通过不断地集聚与传播,将对实体经济乃至整个国民经济安全构成巨大威胁。虚拟经济日渐超过并开始控制实体经济已经成为当今世界经济的时代特征之一,对此,在实体经济条件下形成的市场约束法律机制,面对经济的过度虚拟化已经显得无能为力,难以有效地控制金融风险,发生金融危机也在所难免。[①]金融监管作为稳定金融秩序,促进金融市场高效运转,保障虚拟经济有限发展的调控手段,在现代金融体系中发挥着越来越重要的作用,如何优化金融监管模式,改革金融监管体制成为新的挑战。

(一)虚拟经济有限发展与商业银行功能监管

自 20 世纪 70 年代起,要求放松监管、鼓吹金融自由化逐渐盛行于欧美国家,传统金融机构间的界限被打破,金融混业成为主流,传统监管模式呈现出严重的滞后性,功能性金融监管理念应运而生,并在 2008 年的全球金融危机后获得了世界许多国家监管机构的广泛认同,成为解决金融发展瓶颈、深化金融监管体制改革最重要的理论指导。功能监管关注于金融机构所提供产品或服务的基本功能,进而根据金融业务而非金融机构的名称或性质来确定相应的监管机构和监管规则,倡导由专业分工的监管机构施行相应的监管程序对金融机构的不同业务进行监管,其内容涵盖分工重构、政策协同、监管协调、金融消保、立法支持、架构调整、信息共享、业界共治等八个探索方向,已经成为判断一个国家或地区金融监管体系是否现代化的重要指标。[②]

---

① 于永宁:《后危机时代的金融监管变革之道》,吉林大学博士论文,2010,第 165 页。
② 郑杨:《全球功能监管实践与中国金融综合监管探索》,上海人民出版社,2016,第 5-7 页。

1.混业经营:功能监管的历史背景与理论价值

在近现代金融业发展初期,金融机构规模偏小、业务品种单一,金融业务分工处于一种"自然的综合状态",自由经济主义所推崇的"管得最少的政府就是最好的政府"在金融领域得到很好的诠释,市场基本处于"原生态"的混业状态。20 世纪 30 年代的经济大危机让监管者开始反省这种自发性的市场结构给宏观经济所带来的巨大风险,而来自市场不完全性和信息不充分方面的研究成果也为实施严格的分业经营、分业监管提供了必要的理论支撑,于是,各国纷纷出台金融法律法规以回应金融结构的时代变迁。基于商业银行与投资银行之间存在利益冲突,混业经营可能带来潜在风险的监管理念,美国 1933 年的《格拉斯-斯蒂格尔法案》(*Glass-Steagall Act*)规定商业银行和投资银行不能受控于同一实际控制人,并建立一个新的监管机构——证券交易委员会(Securities and Exchange Commission,SEC),负责监管投资银行,自此,该国开始了长达 66 年的金融分业经营、分业监管,并被同时期的许多国家所效仿。20 世纪 80 年代以后,金融业务的融合模式显示出强劲活力,以放松管制为主要呼声的自由主义重新抬头,实行分业主义的几个主要发达国家纷纷从分业再次转向混业经营,并深深地影响了全球金融业发展趋势。1986 年 10 月 27 日,英国颁布的《金融服务法》有效地改变了国内金融市场的体制结构,商业银行与投资银行之间的融合逐渐加深,证券一体化进程加快。此后,日本也于 1997 年发布了《金融体制改革规划方案》,放松金融监管促进金融市场的自由化。美国是金融分业经营与分业监管的先行者,直到 1999 年的《金融服务现代化法案》废除了要求商业银行与投资银行分业经营的《格拉斯-斯蒂格尔法案》,才彻底结束了银行、证券、保险分业经营与分业监管历史,这不仅标志着美国金融分业经营模式的终结,还代表着金融混业经营模式在世界主要国家的最终确立。①

　　在金融业务泾渭分明,且实行严格的分业监管时期,与之相适应的机构监管发挥了很好的监管作用。然而,随着混业经营的逐步深化,金融创新层出不穷,不同金融机构之间的业务界限变得越来越模糊,不同金融机构功能的一体化和业务交叉使得传统的监管模式面临巨大的挑战②,于是各国纷纷尝试改革本国的金融监管体制。在此过程中,利用金融功能观来指导监管实践的理论——功能性金融监管理论应运而生,并迅速引领世界主要发达国家的改革方向。该理论最早由美国学者默顿和博迪提出,其核心内容是与受市场影响而变化的金融机构相比,金融机构及其所共同形成的金融体系所具有的金融功能相对稳定得多,针对这些功能设置相应的金融监管既能适应金融业混业经营的特殊性,也便于政府积极应对其带来的监管挑战。

　　在功能性金融监管理念下,金融机构名称中的"银行""保险""证券"等关键词不再是监管部门关注的重点,监管主要聚焦于金融机构的业务活动及其发挥的功能,寻找能够实现既定功能最有效的制度结构,具有以下显著的优势:首先,能够有效避免金融监管"真空"和监管重复。与传统监管不同,功能监管关注的是金融产品所要实现的基本功能,而非该产品被如何命名,并以此确定由谁来监管以及如何监管,这有助于解决金融创新中的监管归属问题,避免出现监管缺位和错位等"监管失灵"。③ 在监管模式方面,对金融业务采用功能性定义,通过对该业务的核心内容进行描述,只要其符合某类金融交易的功能性定义,就要"应管尽管",即便是不同的金融机构经营同一业务的,最终都接受同一监管机构适用统一的监管规则,这样既能够有

---

①　丁俊:《功能性金融监管:我国金融监管体制发展的新方向》,《国际金融研究》2001年第3期,第7-10页。

②　倪旸、杨朝军、吕新一:《功能监管:我国金融监管的必由之路》,《未来与发展》2002年第5期,第42-44页。

③　李雅潇、赵若瑜:《从机构监管到功能监管的中国金融法制发展路径》,《经济研究导刊》2013年第20期,第265-266页。

效避免监管真空和重叠的现象,又减少了"监管套利"的可能性。其次,有利于促进金融创新。功能监管是基于金融体系基本功能而设计的,更具连续性和一致性,并能实施跨产品、跨机构、跨市场协调的监管[1],具备更强的适应性,便于应对金融业发展中可能出现的各种新情况,较好地解决金融创新与金融监管之间的矛盾,减少因监管不力、脱节以及滞后所造成的金融风险。最后,能够有效防范金融风险的积聚。功能监管具有前瞻性,针对混业经营下金融业务的交叉现象,实施跨机构、跨产品、跨市场监管,对金融业的风险问题给予整体上的把握。这样可以使监管机构不只局限于各自监管行业的内部风险,更着眼于对整体风险的监控,关注到同一金融机构或金融集团从事不同业务的整体风险,有利于维护金融业的整体性安全。随着金融全球化和金融混业经营趋势的不断发展,金融监管的难度逐渐加大。在更多的国家政府、实务界和理论界研究机构开始对机构监管模式质疑之时[2],集多种优点于一身的功能性金融监管理论便成为正当而迫切的诉求,强化功能监管亦成为保障虚拟经济有限发展,维护市场秩序和保护消费者权益的自然选择。

2.域外经验:功能监管的国别经验与国际认同

功能监管理论提出之后,得到了国际社会的广泛认同,并在许多国家的金融体制改革与国际监管合作中付诸实践。20 世纪末,美、英、日等国的金融体制和监管体制改革就充分体现和运用了功能监管理念[3],特别是在采取行为监管的国家。英国于 1997 年将若干金融监管部门合并成立了金融服务局,并在 2000 年通过《金融服务和市场法》确立了统一监管模式及其规则体系。此后,在功能监管理念下不断深化金融监管体制改革,调整金融监管架构,形成了以英国为代表的统一监管模式。美国 1999 年通过《金融服务

---

① 吴素萍、徐卫宇:《功能性金融监管的理论与框架》,《经济导刊》1999 年第 6 期,第 13 页。
② 于永宁:《后危机时代的金融监管变革之道》,吉林大学博士论文,2010,第 56 页。
③ 邓伟、邓勇:《金融监管体系:国际的变革与我国的调整》,《金融理论与实践》2003 年第 1 期,第 4-6 页。

现代化法案》承认了金融机构混业经营模式,并专章规定功能监管;2010 年
的《多德-弗兰克法案》则是美国直接利用功能监管理念重构其金融监管框
架①,进而形成了以美国为代表的伞形监管模式。澳大利亚从 1996 年开始
整合监管资源,按照监管对象的不同,实施分类监管,并分别设立监管机构,
形成和发展了"双峰"监管模式。德国于 2002 年成立了金融监管局
(BaFin),以取代原有的联邦银行监管局(FBSO)、联邦保险监管局(FISO)和
联邦证券交易监管局(FSSO)等监管机构,统一监管银行、证券、保险业金融
机构,并与德意志银行一起协作负责国内"全能银行"的监管。2001 年,日
本完成了从机构监管向功能监管模式的转变,日本金融厅按照监管业务性
质对内部监管机构进行重组,并成立了承担不同监管职能的专业监管部门。
另外,还在专业监管部门之下按行业细分设置科室,以发挥原有专业监管人
员的技术优势,达到机构监管与功能监管的统一。法国于 2008 年和 2010 年
分别颁布《经济现代化法》《银行金融监管法》,改革国内监管机构,形成由
中央银行牵头,审慎监管局(ACP)和金融市场监管局并行的监管模式。

　　在国际层面,金融混业发展的趋势使得通过限制竞争和资本流动来维
护金融稳定的理念,开始逐渐转向金融发展与金融稳定、市场效率及监管成
本收益之间的动态平衡,并积极检讨既有的金融监管实践,提倡在功能监管
理念指导下开展深入的国际合作。为此,英国、丹麦、瑞典等西方国家还共
同组建了非正式的"统一金融监管论坛",并召开多次会议,就金融监管机构
所面临的问题和金融监管体制的深入改革开展广泛深入的讨论。国际金融
监管组织也开始从审慎层面出发设计防范和化解系统性金融风险的国际方
案,试图重塑国际金融监管框架。在此背景下,为协同开展金融监管,践行
国际统一金融监管标准提供机制保障的 FSB(Financial Stability Board,金融
稳定理事会)应运而生,成为危机后承担国际宏观审慎监管、防控系统性风

---

① 　郑杨:《全球功能监管实践与中国金融综合监管探索》,上海人民出版社,2016,第 23 页。

险的主要机构。① 巴塞尔委员会早在 1995 年为银行设置全球性的证券资产组合的资本标准时,就采纳了功能监管的观点。

（二）商业银行功能监管的中国背景及其运行实践

1.商业银行功能监管的中国背景:从分业到混业

金融服务业是国际服务贸易最重要的组成部分,也是各国国民经济的命脉,商业银行作为现代金融业出现的标志,尽管证券等资本市场得到了长足发展,但银行部门及其所提供业务仍为储蓄与投资之间的转化提供了最主要的渠道②,在各国金融体系结构中都处于基础性地位。相比资本市场的直接融资,银行间接融资仍是我国金融市场最主要的融资方式,但历史经验显示,在金融混业的市场环境中,投资银行、对冲基金、商业银行以及没有任何监管的金融中介机构,通过结构性投资工具和衍生产品,逃避监管,最终造成了系统性危害。

改革开放后,中国银行业发展迅速,非银行金融机构不断涌现,四大国有专业银行不仅突破了专业分工的界限,而且开始突破行业分工的界限③,银行、信托和证券经营机构之间的业务开始相互渗透,形成了事实上的综合经营模式。④ 但是,综合经营蕴含着巨大风险,加之金融机构内部风险控制机制不完善和监管法制不健全,使得综合经营的弊端日益显现。为了规范市场经济的发展,减少银行业的金融风险,我国政府于 1993 年 7 月开始整顿金融秩序,明令禁止银行等金融机构继续混业经营,我国金融业在政府的主导下进入分业经营、分业监管的历史阶段。1992 年之前,我国金融行业由中国人民银行统一监管;1992 年,国务院证券委和证监会成立,承担从中国人

① 李瑶函:《后危机时代国际金融监管改革及其对我国的启示》,《经营与管理》2018 年第 9 期,第 7-9 页。
② 武传德、刘鸽:《金融结构优化与金融监管完善》,《理论学刊》2007 年第 3 期,第 29-32 页。
③ 崔鸿雁:《建国以来我国金融监管制度思想演进研究》,复旦大学博士论文,2012,第 104 页。
④ 谢平、许国平:《路径选择:金融监管体制改革与央行职能》,中国金融出版社,2004,第 14 页。

民银行分离出来的部分证券期货市场监管职责;1998年,按照第一次全国金融工作会议部署,撤销了国务院证券委,由证监会统一负责监督管理证券、基金和期货机构以及全国证券期货市场;同年,保监会成立,统一负责监督管理保险机构和全国保险市场;2003年,按照第二次全国金融工作会议的部署,银监会成立,行使原由中国人民银行履行的对银行机构、金融资产管理公司、信托公司和其他存款类金融机构的监督管理职责。至此,我国金融分业监管体制形成。

为提高金融业的竞争力,我国也一直在进行混业经营的探索。从机构组织形式来看,我国早已经存在事实上的金融控股公司。① 2002年12月5日,中信控股有限公司挂牌营业,此后,光大集团、以中国平安保险为首的多家保险集团公司也陆续组建了各自的金融控股公司。2004年,包括中国银行、中国建设银行等多家国有商业银行开始组建大型金融控股公司,标志着我国金融混业经营进入一个新的历史阶段。《证券公司融资融券业务试点管理办法》《关于保险机构投资商业银行股权的通知》等多项法律文件的相继发布更是从立法角度突破了原有的限制。与此同时,QFII 与 QDII 业务相继在证券、银行、基金与保险领域推出,这一态势使我国三类金融市场进一步走向融合,混业经营的创新手段进一步深化。② 随着银行业全面开放的深入,加之金融创新的驱动,我国金融混业的广度和深度都发生了巨大变化,银行、证券、保险等金融机构之间的横向业务合作、股权交叉投资和业务交叉经营也越来越普遍,而互联网的兴起更加速了不同金融机构业务的融合,使其进入了以前不能进入的业务领域,金融混业经营成为不可逆转的趋势。

---

① 谢平、蔡浩仪:《金融经营模式及监管体制研究》,中国金融出版社,2003,第78页。

② 赵渤:《中国金融监管:风险、挑战、行动纲领》,社会科学文献出版社,2008,第327页。

2.商业银行功能监管的制度设计：内外力量共同作用

功能监管根据各金融业务监管机构最熟知的经济功能来分配法律权限，而以功能为导向的金融监管体系权责明确，大大减少了监管职能的冲突和监管盲区。因此，无论是监管体系较为完善的发达国家，还是新兴国家，都把实施完善的功能监管作为金融改革的重要任务。[1] 我国引入功能监管既有金融市场内在发展的动力，也离不开来自国际金融竞争的外部推动。2008 年的次贷危机是近百年来影响最广、损失最大、波及国家最多的全球金融危机[2]，显示了系统性风险对经济体系的巨大破坏作用，同时也暴露出建立在实体经济基础上的金融监管制度的内在缺陷。整体而言，我国金融监管经历了从分业监管到混业监管、从微观审慎监管到宏观审慎监管与微观审慎监管并重、从机构监管到功能监管的不同历史阶段[3]，相应的金融监管机构体系也从"一行"发展到"一行一会"，再到"一行三会"，以及进入"一委一行两会"新时期。在以金融分业为主导，机构监管为重点的分业监管格局之下，各行业金融监管部门不断创新监管手段和工具，全面落实相关国际标准与准则要求。以银行业为例，全面实施巴塞尔资本协议框架，明确了资本、流动性、资产质量、大额风险暴露、关联交易等方面的审慎性监管标准，完善了公司治理、风险管理和内部控制等方面的监管制度，有力地保证了改革开放以来经济体制转型中的金融系统稳定，为金融业的稳健发展和金融风险的有效防范起到了积极作用。[4]

选择什么样的金融监管模式并无统一的标准和路径，主要是基于不同国家的政治经济"大环境"，以及金融业的"小环境"。机构监管还是功能监

---

[1] 倪旸、杨朝军、吕新一：《功能监管：我国金融监管的必由之路》，《未来与发展》2002 年第 5 期，第 42-44 页。

[2] 杨松：《后金融危机时代银行法面临的问题及其完善》，《法学杂志》2010 年第 11 期，第 33-36 页。

[3] 郝静明、张莹：《经济学视角下的金融监管改革》，《经济师》2018 年第 11 期，第 41-42 页。

[4] 陆磊：《信息结构、利益集团与公共政策：前金融监管选择中的理论问题》，《经济研究》2000 年第 12 期，第 3-10 页。

管,本质上都是一种金融监管模式,并无绝对的优劣之分。机构监管固然在混业经营趋势下逐渐暴露监管不足,但其专业性强,可以发挥专业分工的优势,功能监管虽具有诸多优点,但并非全无不足。一个好的金融监管模式应该符合本国经济、金融的发展,分工明确且具有良好的协调机制,能够有效减少监管真空和重复,防止金融风险的发生。2008年次贷危机之后,我国"化危为机",对以机构监管为主的监管模式进行大幅度调整,逐步强化功能监管。2012年,第四次全国金融工作会议提出加强金融监管能力建设,提高金融监管有效性,以应对经济金融领域的潜在风险;2017年,第五次全国金融工作会议确定了强化金融监管的重点,划定了防范系统性金融风险的底线,并指出应加快相关法律法规建设,完善金融机构法人治理结构,加强宏观审慎管理制度建设,加强功能监管,更加重视行为监管,并将其作为监管强化和补短板的重点方向,功能监管与行为监管被确定为我国金融监管的发展方向。[①] 随着国务院金融稳定发展委员会的设立,以及银监会与保监会的合并,由国务院金融稳定发展委员会作为全国最高金融监管机构,并协调统筹"一行两会"的新型监管框架初步形成,金融监管格局从原来的"一行三会"正式转变为"一委一行两会",这是我国确立分业经营、分业监管模式以来,借鉴国际经验,进行金融监管改革所取得的阶段性成果。

在我国跨市场金融业务日益发展、金融系统性风险逐步上升的背景下,国务院金融稳定发展委员会的地位与职责决定其在发挥金融监管统筹协调作用的同时,将进一步强化并落实功能监管理念。为了克服我国监管体制中存在的"监管条块化""监管缺位""监管套利",以及宏观审慎政策和监管不足等缺陷,国务院金融稳定发展委员会肩负起统筹金融改革发展与监管、统筹协调金融监管重大事项、研究系统性金融风险防范处置和维护金融稳

---

① 孙云才、严瑞、张正祥等:《功能监管、行为监管与金融消费权益保护制度构建》,《中国金融家》2018年第12期,第133-134页。

定重大政策,以及指导地方金融改革发展与监管,对金融管理部门和地方政府进行业务监督和履职问责等职能,这有利于补齐我国金融监管短板,加强金融监管的统筹协调,克服监管标准混乱,治理监管程序不规范,促进金融监管标准走向统一,维护金融业的稳定运行,标志着我国从 20 世纪 90 年代初开始建立的分业监管体制正在发生方向性的转变。[1]

随着经济全球化和金融一体化程度的不断加深,金融产品及组织结构的创新层出不穷,机构混同、业务交叉往往成为传统监管模式下的"盲区"。我国银行业、保险业监管机构的合并正是对此趋势的积极回应,是我国金融监管体制改革的全新尝试。合并之后的银保监会,坚持以功能监管为导向,依法统一监管银行业和保险业,统一银行、保险两大行业的监管标准,强调同一类业务应适用同一种规则,同一类风险等级的业务应适用同一种规则,落实穿透式监管和功能监管,防范监管套利和风险的跨界传递[2],既有助于破解混业经营下监管套利、监管盲区等问题,又顺应了我国金融市场发展的特点与规律,更好地发挥两大行业的市场化协同作用,增强金融服务实体经济。

金融监管体制的改革不会一蹴而就,从以机构监管为主的监管模式,逐步向机构监管、功能监管和行为监管之间的有机结合转变,"一委一行两会"承继了原有监管框架的优点:中国人民银行是宏观审慎政策的主体,银保监会和证监会则分别负责实施微观审慎监管,重点是加强功能监管和行为监管。在监管资源有限的约束条件下,通过打通机构监管障碍,改善内部信息传递共享机制,进一步整合功能监管,强化机构监管,使得风险识别能够更快速,定位问题能够更准确,措施制定能够更全面,进一步提升监管的整体效果。[3]

---

[1] 连平,阮刚铭:《我国金融监管体制变革"整合"或是大方向》,《中国银行业》2018 年第 5 期,第 25-28 页。
[2] 边永平:《迈向新时代的金融监管》,《甘肃金融》2018 年第 3 期,第 1 页。
[3] 郝静明、张莹:《经济学视角下的金融监管改革》,《经济师》2018 年第 11 期,第 41-42 页。

(三)混业经营背景下我国商业银行功能监管制度的完善

进入 21 世纪以来,以银行为主的金融机构混业经营现象愈发普遍,银行等金融机构除经营传统的金融业务外,更偏向以金融衍生品为主导的虚拟经济业务。高杠杆率的金融衍生产品大量交易,形成了一个庞大的游离于监管视野之外的"虚拟金融体系"。① 面对虚拟经济日渐超过并开始控制实体经济的现实,传统的市场约束法律机制具有较大的局限性。作为市场力量的重要补充,良好的金融监管已经成为应对金融风险,稳定金融秩序,引导金融促进经济良性发展的必要手段。近年来,影子银行、民间金融、互联网金融等新兴金融模式涌现的新问题,充分反映了监管制度与现实需求之间的尖锐矛盾。金融监管并非一成不变,改革更涉及行业发展、金融稳定、经济发展等诸多方面的利益冲突。

纵观我国在功能监管理念指导下金融体制改革,既考虑到了经济发展的实际情况,也顾及了原有的监管体系,具有鲜明的中国特色,能够解决原有监管体制暴露出来的一些问题,在整体上提升了我国金融监管的有效习惯,然而,新的监管体系还缺乏目标内涵、机构协调、价值平衡等内容予以充实,国务院金融稳定发展委员会需要继续加强与金融市场、监管部门之间的对接磨合,更为关键的是,其运行机制、作用领域、权力边界等仍需进一步明确。② 保障虚拟经济有限发展,强化功能监管,完善我国金融监管架构不能一蹴而就,尚有许多待解之题需要以科学的发展观进行研究和解决,例如,中央与地方金融监管权配置标准、不同金融监管部门之间的职权配置需进一步优化;加强信息共享,实现监管联动,需要更多重视和投入;要运用监管科技,加快金融基础设施建设;等等。

---

① 罗培新:《美国金融监管的法律与政策困局之反思:兼及对我国金融监管之启示》,《中国法学》2009
年第 3 期,第 91-105 页。

② 鲁篱、田野:《金融监管框架的国际范本与中国选择:一个解构主义分析》,《社会科学研究》2019 年第
1 期,第 72-85 页。

1.合理配置监管权,明确主体责任

强化与落实功能监管既是防范风险和金融市场发展的需要,也是金融创新倒逼的结果,关键是合理配置金融监管权,包括中央与地方之间的纵向配置,以及各监管部门之间的横向配置。规则制定权、监督检查权和强制执行权是银行监管的三大核心权力,并在监管事前、事中和事后发挥不同作用。[①] 以立法权为例,我国的金融监管立法权长期处于中央与地方共享的状态:中央统一立法,然后由地方根据中央所确定的指导思想或战略方向,统筹政策制定后向中央机构申报后执行,或者由中央直接下发政策文件,而地方则在文件规定范围内出台实施细则作为监管依据。这种配置模式比较适合我国地域广阔,各地地方发展不平衡的国情,便于各地方因地制宜制定或完善金融监管规则,但缺点在于无法统一监管标准,可能导致同一金融机构的业务或者不同金融机构的相同业务,因为经营地点不同面临迥异的监管结果,甚至有可能背离统一的监管意图和目标。为此,为保证和强化功能监管理念与措施的一致性,应强化中央的立法权,完善以国务院金融稳定发展委员会为代表的高层级金融决策协调机制,并通过顶层设计确保中央对全国金融风险的有效监控,确保地方对中央监管目标的贯彻落实。

在具体的监管职权分配上,应在合理设定金融监管权配置标准的基础上,划定中央与地方金融监管的界限,以实现金融监管政策的统一性和差异性的有机结合。就标准选择而言,特别需要关注金融监管所涉及的风险、地域以及金融业务等诸多方面:首先,全局性、整体性的系统性风险更适合由中央负责,而区域性、局部性的非系统性风险实行属地管辖更具有效率,即坚持"谁家的孩子谁抱"原则;其次,全国性金融机构,包括金融控股公司,以及结构比较复杂、交叉性较强的金融业务应由中央予以统一监管,而区域性金融机构,包括新型金融组织,以及较为单一的金融业务可将监管权逐步下

---

① 杨松等:《银行法律制度改革与完善研究》,北京大学出版社,2011,第418页。

放至地方。① 在中央—地方双层金融监管体系之下,中央金融监管机构应当确保在全国实行统一监管规则,对金融机构承担宏观审慎监管和微观审慎监管的职责,并且与地方政府分享信息和协调政策;地方政府在中央金融监管机构设定的监管标准下对类金融机构和金融交易行为行使监管职能,明确主体责任,独立或配合中央金融监管机构处置风险。② 理顺中央与地方金融监管权的分配关系是强化功能监管的第一步,与之并举的是厘清金融监管权在各金融监管机构之间的横向配置。在我国传统的监管体制中,中国人民银行、银监会、保监会、证监会等多个机构共同分享金融监管职权,且保持着相对的独立性。然而,混业经营的发展加速了金融业务的融合,各监管机构间的职责交叉日渐深入,也出现了部门之间互相推诿或者争夺监管权的现象。在功能监管框架中,清晰的监管边界是关键。各金融监管部门的职能应按照金融功能划分,通过法律明确各监管机构的职责与权力,并使其各司其职、各负其责,进而提升我国监管体系的协调性和有效性。

就银行业而言,要实现机构监管和功能监管的“矩阵式管理”和信息沟通,还应在银行系统和资本市场、房地产市场之间建立“防火墙”,进行适当的风险隔离,并针对不同风险进行有针对性的监管。除了重视传统的信用风险、市场风险和操作风险,还要清醒意识到网络时代、数据社会所带来的严峻挑战,加强商业银行信息风险、声誉风险等新型风险的有效管理。此外,还需要处理好审慎监管与行为监管之间的关系,在完善对机构、业务、产品等条线的审慎监管同时,还应更加注重对经营行为的监管。在混业经营的背景下,交叉金融产品可以极大丰富金融服务的市场供给,为市场主体提供更多的交易选择,但也不可避免地存在监管套利、隐匿、转嫁和放大风险等问题,因此,严格落实监管要求,按照“透明、隔离、可控”的原则,从交易对

---

① 实际上,除上述标准之外,是否属于法人金融机构,以及对社会公共利益的影响程度都会带来不同的分权结果。参见屈淑娟:《地方金融监管权研究》,中国社会科学出版社,2020,第98-100页。

② 张承惠:《金融监管框架重构思考》,《中国金融》2016年第10期,第46-48页。

手、交易产品和交易集中度三个方面,加强金融产品管理,并严格控制跨行业、跨市场的金融风险。

2.加强信息共享,实现监管联动

当今世界,金融全球化、经济一体化逐渐加深,混业经营发展迅速,金融机构的业务交融、金融创新层出不穷。以金融衍生产品为主导的虚拟型经济形态发展迅速,高杠杆率金融衍生产品的交易规模越来越大,金融风险不断积聚,监管难度显著增加。功能监管模式下,需要各监管机构加强协调配合,实施联动监管。从我国近年来的金融改革来看,我国已建立的金融协调部际联席会议的效果不佳且流于形式,监管信息共享在内容、程序、方法和形式等方面都缺乏统一、权威的标准,相互之间的协同性不高,责任不够明确,不能真正促进金融监管机构之间信息交流和监管协作。数据信息的收集与分析是形成具有法制化、机制化、常态化的监管机构间合作与交流长效机制的前提。是否掌握全面准确的信息是监管机构能否尽早发现金融体系漏洞的关键因素,否则,难以迅速识别风险并采取相应的措施。虽然现阶段监管信息交换与共享机制的缺陷对金融安全与效率的影响还不是非常突出,但随着混业经营范围和规模的扩大,监管机构对监管信息的需求将大幅度增加,如果不能及时建立健全监管信息共享机制,强化信息共享,不仅会阻碍监管机构之间的协调配合,降低决策的科学性和反应速度,更易导致监管低效甚至空白,严重影响我国金融监管体系的安全与效率。

加强信息共享,实现监管联动,需要建立一个系统、完整、及时、高效的监管信息共享机制。在具体的操作运行上,首先,可结合国务院金融稳定发展委员会所具有的"加强统筹监管,监测与评估系统性风险"职能,建立以其为核心的金融大数据平台,提高信息资源的有效性、客观性和科学性,解决银行业功能监管信息共享与对称问题。[①] 其次,从中央与地方协作的角度出

---

① 罗嘉:《我国金融监管协同机制研究》,经济科学出版社,2013,第144页。

发,中央的监管机构应加强对地方金融信息的采集,督促其建立信息共享机制,对此,地方政府应按照中央的要求,及时对本行政区域的金融和类金融行业进行数据统计与核实,在此基础上生成和报送监管报告,并组织地方企业登录全国信息系统进行材料申报。[①] 此外,应统一信息统计标准,提高信息的准确性与共享性,主要是统一统计口径和金融信息统计报表,避免信息不对称。各监管机构不再单独向辖内金融机构提出统计要求,内设统计部门将精力更多地放在统计指标的科学性和大数据分析上。[②] 通过加强信息共享,协调部门监管,强化功能监管的贯彻落实,为我国虚拟经济的有限发展营造良好环境。

3.善用监管科技,强化监测预警体系

金融的发展离不开科技的运用,金融业和金融监管始终跟随着科技创新的步伐不断发展。互联网+金融、区块链、云计算、人工智能在金融领域的运用极大地推动了虚拟经济的发展,将世界金融带入一个全新的网络时代、信息时代。科技是一把双刃剑,金融科技亦不例外,它可以泛化金融风险,给金融业带来新的风险或者使传统风险更易频发,更加严重,但也能提高金融效率,丰富金融产品,并成为监测和破解金融风险的利器。金融科技最先是被金融机构运用,或自己研发,或与金融科技公司合作,通过金融创新降低合规成本,获取竞争优势。科技创新逐渐成为金融机构逃避监管的“法宝”,在解决金融合规问题的同时也推动着整个金融业的飞速发展。建立在传统金融生态基础上的金融监管体制、金融规则和监管手段在一定程度上已经滞后于金融科技的发展,监管机构使用科技创新提高金融监管能力也就成为必然的发展方向。

[①] 鲁篱、田野:《金融监管框架的国际范本与中国选择:一个解构主义分析》,《社会科学研究》2019年第1期,第72-85页。

[②] 郑杨:《全球功能监管实践与中国金融综合监管探索》,上海人民出版社,2016,第5-7页。

在金融科技飞速发展的今天,局限于金融风险事中规制和事后救济的金融监管已经不能满足需要,股权众筹欺诈、P2P 倒闭潮、校园裸贷等恶性金融事件频繁爆发,逐渐暴露出我国金融监测预警体系的问题。监管技术的落后导致监管机构无法获得有效的实时数据,无力形成全局判断,影响监测的专业性和权威性。尤其我国大型金融控股公司①的相继成立,其内部的衍生品交易复杂而隐秘,影响广泛,监管机构仅凭局部数据信息难以准确判断金融机构和金融体系是否安全稳健,金融风险的事前预防更是"一厢情愿"。

虚拟经济有限发展需要功能监管保障,功能监管的落实与强化需要强有力的技术手段做支撑。监管科技的运用能够提供大量的即时数据,这对于监管机构监测金融机构的个体风险和金融体系的系统性风险,更好地理解系统参与者包括金融机构、消费者、金融基础设施等的行为具有重要意义。② 监管机构通过监管科技手段可以实时或者准实时地持续监管金融机构的活动,预测可能存在的问题和进行不同风险的评估,而不是只能被动地在事后采取监管行动。事实上,利用监管科技搭建监测预警平台已经在北京、上海等地出现,并逐渐实现全面覆盖,上交所也启动了大数据平台的规划建设,加大对流计算、自然语言识别、对图数据库等新兴技术的研究,以期

---

① 我国当前主要有两类金融控股公司:一类是金融机构在开展本行业主营业务的同时,投资或设立其他行业金融机构,形成综合化金融集团,有的还控制了两种或两种以上类型金融机构,母公司成为控股公司,其他行业金融机构作为子公司,如工商银行、平安集团等;另一类则是非金融企业投资控股两种或两种以上类型金融机构,事实上形成了金融控股公司,具体包括(1)国务院批准的支持国家对外开放和经济发展的大型企业集团,投资控股了不同类型金融机构,如光大集团;(2)地方政府批准设立的综合性资产投资运营公司,参控股本地的银行、证券、保险等金融机构,如上海国际集团等;(3)中央企业集团母公司出资设立、专门管理集团内金融业务的资产运营公司,如招商局等;(4)民营企业和上市公司通过投资、并购等方式逐步控制多家、多类金融机构,如恒大集团等;(5)部分互联网企业在电子商务领域取得优势地位后,逐步向金融业拓展,获取多个金融牌照并建立综合化金融平台,如阿里巴巴等。

② 周仲飞、李敬伟:《金融科技背景下金融监管范式的转变》,《法学研究》2008 年第 5 期,第 3-19 页。

为建立智能监测系统提供技术支撑,提高监管效能。如今,人工智能被逐渐引入,自动报告技术、分布式账本技术以及包括市场信息数据分析、交易报告系统在内的大量数据软件平台日渐成熟,如何运用大数据、云计算等科技提升监管能力、强化监管预测已经积累了一定经验并取得了监管实效。进一步加强各类技术的创新与应用,提高金融监管的智能化水平已是大势所趋,持续推进监管科技创新与运用才能占领未来金融发展的高地。

第四章　虚拟经济有限发展法学理论视角下的外资银行法律制度

随着我国市场经济的不断发展,特别是我国对外开放的日益深化,我国银行业逐步走向世界,外资银行渐次进入我国内陆金融领域,都将成为必然。外资银行进入我国金融业后,怎么运作,怎么监管,需要配套什么样的法律制度,这些年我国已经作了许多理论与实践的探索,并取得了一些重要的立法成果。当下,国际国内形势发生了巨大的变化,有必要结合新的形势新的虚拟经济有限发展理论,进一步审视我国外资银行法律制度的得失,从而进一步探索我国外资银行法律制度的变革方向和路径,为保障我国银行业乃至整个虚拟经济的运行安全提供理论支撑。

一、开放经济背景下外资银行的转型发展与法治建设

在中欧投资协定与 RCEP 协定签订后,我国开启了新一轮更高水平的对外开放,更多的外资银行会随着母国企业的进驻而进入我国银行业领域。这些外资银行在服务于母国企业发展需求的同时会对我国的银行业体系和结构产生重要影响。在此背景下,保障银行业的安全与稳定发展,提升银行法律制度的包容性和透明性,实现从商品要素的流动型开放向制度型开放转变,就成为银行业法律制度变革的重要目标,尤其是在实施新一轮开放政策的背景下,需要对外资银行进入和运行的相关法律制度作出适时调适,是这一轮对外开放中的一项法治建设任务。因为目前我国外资银行法律制度

框架和体系是在加入 WTO(世界贸易组织)时,依据当时的国内经济改革和开放需求制定的,经过 20 多年广泛、深刻的变革之后,国内需要外资银行配合帮助银行业向纵深方向发展,同时借鉴其经验助推我国银行业的海外发展,满足"双循环"经济的发展需求。因此,在经济发展的新形势下,作为银行业法律制度体系构成部分的外资银行法律制度应以满足新一轮开放需求作为立法目标,顺应外资银行发展动态,提升法律制度的回应性、灵活性、有效性和针对性,满足银行业立法的包容性需求;同时增强外资银行在市场准入条件、业务范围审批、监督管理法制的确定性,提升外资银行法律制度的透明性,以减少风险,保障银行业的运行安全。另外,作为银行业法律制度体系的一部分,外资银行法律制度应从外资银行在银行业体系中的功能、定位出发进行制度设计,增强外资银行法律制度的协调性功能。

以此为前提,本章拟以外资银行在我国银行业体系间中的地位、外资银行在我国的发展趋势为基础,以虚拟经济有限发展法学理论为指导,探索新形势下外资银行法律制度的变革,以便准确回应外向型经济发展的需求;以外资银行法律制度对银行业体系和结构的塑造性功能为依托,提升外资银行法律制度在银行业法律制度中的协调性,实现银行业体系的安全、稳定发展;以虚拟经济有限发展法学理论为指导,完善我国外资银行风险防范法律制度体系。

(一)法律制度对外资银行与银行体系间关系形成的作用机理

外资银行的溢出效应是各国银行业开放的主要目的。外资银行进入对一国带来的资金溢出、技术溢出等效应能提高银行业的经营效率,提升本国整体福利水平。另外,外资银行的进入使银行业所有权多样化,经营的稳健性使外资银行具有稳定信贷市场的功能。因此,外资银行引进是虚拟经济开放的重要环节。但外资银行的多元化经营会对传统银行的业务造成冲击,降低传统银行业务收入,低估信贷风险,增加银行风险,而且外资银行的进入会对一国银行业的控制产生影响,增加东道国银行体系的脆弱性。外资银行进入对东道国银行业及其虚拟经济领域产生的正面效应和负面效应使外资银行与东道国银行体系间关系呈现差异性。这种差异性是各国外资银行法制调节的结果。因此,准确分析和把握法律制度对银行业体系和结构形成的作用机理是构建和完善外资银行法律制度的前提。

1.法律制度调节下外资银行与东道国银行体系间关系类型分析

外资银行与东道国银行业体系间的良性竞争关系会促进东道国经济发展,反之,则可能对东道国虚拟经济安全和稳定产生负面的影响。通过考察其他国家或地区外资银行与本土银行业体系的关系模式,分析和把握外资银行与本土银行业体系间关系形成的法制影响因素是建构银行业体系,确保银行业虚拟经济领域安全、稳定、可持续性发展的重要前提。

第一,以美国为代表的"对等互惠"原则下的外资银行与银行业体系关系模式。外资银行是银行业国际化的产物,美国外资银行的发展经历了自由发展期、强监管期和严监管期,已有200多年的历史。20世纪50年代是美国外资银行自由发展期,国际贸易的加速发展催生了国际贸易融资和结算业务,外资银行在组织机构形式、发展规模和业务范围等方面进行了扩张,对美国东道国银行体系产生了重要的影响,美国监管措施也相应地得到加强。在银行组织结构形式方面,《1933年银行法》《1978年国际银行法案》《1988年金融现代化法案》等法律对逐步放开外资银行有关业务范围的规定,逐渐从承受单一业务代理,向能够开展吸收存款、发放大额贷款、从事零售业务等多样化业务的分行、代理处等组织机构形式转变。外资银行业务范围法律制度的规定型构了外资银行组织机构的形式,这一变化为吸引外国资本进入美国发挥了重要作用。随着美国对外贸易的发展,外资银行通过成立具备独立法人资格的子公司可开展更广泛的业务且具备收购美国东道国银行或其他外资银行的资格。此外,为应对国际贸易需求,美国陆续颁布了《埃奇法》《洲际银行法》允许外资银行以公司形式从事跨境活动,满足外资银行发展的特别需求。外资银行组织机构形式的变化是外资银行在东道国银行业体系中地位、功能变化的外在表现。外资银行业务范围的变化和发展规模的不断扩张,挤兑了美国东道国银行营业利润的产生。此外,外资银行法规定外资银行可设立独立法人机构且具有兼并资格,在当时影响了美国银行业体系的稳定性,银行体系的脆弱性增强。在业务范围方面,美国对东道国银行与外资银行的规定秉承两条线的原则。在自由放任期,外资银行业务受地域的限制甚至比东道国的更小。随着对外开放水平的提升,外资银行获准开展业务的范围逐渐与东道国银行持平,享受了国民待遇。

随着对外开放水平的提升,外资银行在美国的规模越来越大,却并未影响美国银行业体系的稳定,外资银行设立分行及法人机构没有导致美国金融的脆弱,这都得益于美国在对待外资银行的策略始终保持"对等互惠"的原则。外资银行在美国获得自由发展的权利也是逐步获得的,且在不同阶段自由发展度呈现动态变化。20世纪70年代,美国奉行自由放任的外资银行策略,以欧洲各国、日本为主的外资银行大规模进入美国银行市场,推动了美国银行业的大踏步发展。考虑到外资银行大规模发展对美国银行业体系带来的冲击以及对虚拟经济稳定的影响,美国在对外开放过程中设立了相应的制度,使外资银行与本国银行体系发展保持"对等互惠",并以此为基本原则,颁布了《国际银行法》(1978年)、《外资银行监管加强法》(1991年)、《外国投资与国家安全法》(2007年)。其主要内容包括调整外资银行组织结构的主体制度、外资银行的银行业务和非银行业务范围的限制以及外资银行规范经营的监督制度。在秉持"对等互惠"原则中,美国通过外资银行主体资格审批制度能依据对外开放的需求调节外资银行类别和规模,维持银行业体系的安全性,降低银行业风险引发的金融脆弱度;外资银行业务范围相关的法律制度的规定可减少对东道国银行体系的冲击,确保银行业体系的稳定性;再通过规范外资银行经营的监督制度,以流动性、资本充足率、信贷信用风险、汇率风险等微观指标确保外资银行经营的微观个体安全。

第二,"国民待遇"原则下的欧洲外资银行与银行体系"多层次"关系模式。银行业一体化是欧盟虚拟经济一体化在银行业领域的具体表现,是为促进欧盟成员国之间资金、银行产品的自由流动,形成公平有序的银行业竞争环境而构建。依据欧盟关于银行业一体化的安排,成员国之间可以相互设立银行分支机构,进行资产重组;银行业跨国产品和服务可以自由流动,促进金融资产的流动性和安全性。因此,欧盟成员国内外资银行与本国银行体系间的关系非常紧密,是一种均衡和统一状态下的关系模式。在这种关系模式下,成员国之间的资本、人才、商品和服务的自由流动在促进资源优化配置,提升银行业效率的同时也存在金融风险的相互传染,进而引发系统性风险。与成员国间深度金融开放相对应,以防止金融开放过程带来的金融脆弱性和稳定性为目的,欧盟成立了专门的银行业联盟负责对银行业进行监管。银行业联盟是欧盟跨国银行机构的单一监管机构,对跨国银行具有处置权,建立存款保险机制并对外资银行实施审慎监管。

第三,"对等原则"下,以巴西为代表的外资银行和银行体系深度融合关系模式。巴西是拉丁美洲重要的经济体,也是新兴市场国家,其在 20 世纪 60 至 90 年代中期的银行体制改革优化了银行资产,提高了金融资产质量,为银行业体系的稳定起到了积极作用,也为转型发展国家银行业改革提供了有益借鉴。巴西银行业体系改革成功得益于 20 世纪 80 年代国际金融自由化和金融管制的解除,且作为新兴市场国家,银行业资产收益率和利润率都高于拉丁美洲其他国家。这种外在宽松的国际金融环境与优厚的银行业法律制度是巴西引进外资银行并获得成功的重要契机。与外资银行进入发达经济体以国际贸易的扩张为路径不同,开放银行业体系时,巴西国内银行则面临经营管理效率低下、私人银行不良资产过多、通货膨胀严重的问题。为解决东道国银行存在的问题,巴西银行业对外开放路径呈现出显著特点,即以挽救经营效益差的东道国银行为目的,限制外资银行进入的方式,主要通过兼并重组巴西本土银行,采取一事一议的原则。外资银行通过兼并巴西东道国私人银行并直接对外经营,加上兼并银行先进的经营管理方法,能以最快的速度深度融入巴西银行业领域。因此,外资银行在最短的时间内控制了巴西银行机构总数的 15%,外资银行资产占巴西银行业资产的份额为 27.4%,吸收存款和资产的份额提升至 27.38%,贷款所占市场份额的比例是 33%。① 这些数据说明外资银行与巴西东道国银行之间形成了深度融合的关系模式。即便如此,巴西并未失去国内的虚拟经济主导权,境内的虚拟经济行业也在外资银行进入之后趋于稳定。这是由于巴西在引进外资时坚持相互对等原则,外资银行在巴西虽然获得相当的自由发展,但巴西也依靠外资优化了巴西银行资产,扩大了银行资产的规模,丰富了其金融体系,提高了巴西银行的效益,同时也带来新的市场理念。②

依据相互对等原则,外资银行进入巴西能够开展混业经营,但同时也要遵守更加严格的会计核算与审计制度,这有助于保障混业经营的透明性、规范性和安全性。巴西在 20 世纪 90 年代中期实施的"雷亚尔计划"对银行业体系进行改革和重组,此措施在稳定经济的同时,银行业体系的主导权也还掌握在巴西政府手中。外资银行在巴西境内享受与东道国银行相同的政策,但巴西提高了外资银行最低资本的标准,并重新划定风险资产的标准,外资银行的特定资产种类被划分为高风险区域,以降低外资银行引发风险的可能性。

2.外资银行在东道国发展的法制影响因素分析

外资银行与银行体系间的关系是东道国银行业秩序的表现。制度是秩序形成和变革的直接动因,具有约束功能和规范功能,决定着秩序的内容,

---

① 董祎:《巴西如何引进外资银行》,《银行家》2006 年第 4 期,第 105-109、7 页。
② 南阳:《巴西银行改革中的外国资本问题》,《拉丁美洲研究》2001 年第 1 期,第 43-47 页。

并促成秩序的生成。在众多制度形式中,法律规范最具典型性,是由国家制定或认可并由国家强制保障的行为规范,它规定了金融主体类型、法律上的权利和义务内容以及变更法律关系的行为,具有普遍适用和反复适用的特征,由国家强制力保证其实施。① 因此,在外资银行与东道国银行业体系间关系的形成中,银行业法律制度起着直接作用。金融领域的法律制度具有以下明显特征:以主体命名法律,且法律制度的内容以管制型、控权性为主;法律制度的结构包括主体形式、权利义务内容以及使法律关系产生变化的行为,而其中最重要的部分是监管方面的管制制度。因为金融在一国经济体中的基础性和支柱性作用,所以严格规制各类金融主体是各国金融法的重要立法意旨。

美国和德国是较早建立外资银行法律制度并对外资银行起到有效规范作用的国家。美国对外资银行的监管以 1978 年的《外资银行法》和 1991 年的《加强外资银行监管法》两部法律为基础,并根据金融发展情况进行修订和完善。受 2008 年金融危机影响,2010 年的《多德-弗兰克法案》(DFA)对美国本土大型银行和外资银行同时提出了更高审慎监管(Enhanced Predential Regulaiton)要求,并据此在 2011—2017 年间出台诸多针对外资银行的监管措施。② 美国的外资银行监管立法价值目标"国民待遇"与政策目标"对等互惠"具有内在一致性,并将外资银行置于银行业审慎监管总体框架中。例如,2009 年,美联储发布的《监管资本评估计划》(SCAP)法案是适用于美国所有金融机构的法案,主要开展严格的资本压力测试,防范银行流动性风险。2010 年,美联储、财政部牵头制定的《多德-弗兰克法案》为防范系统性风险,为银行等大型金融机构可能遭遇的极端风险提供安全解决方案。2014 年,美联储发布了《强化审慎标准》(EPS),根据银行在美机构规模

① 王芳:《中国金融转型秩序的制度分析》,西北大学 2016 年博士学位论文。
② 丁斌:《美国对外资银行的审慎监管与启示》,《西部金融》2018 年第 1 期,第 19-22、26 页。

设立监管标准,区分银行控股公司(BHC)和金融控股公司(FHC),并对不同规模的金融机构开展更严格的资本和流动性压力测试。① 从这些监管法案实施的范围来看,美国对银行业秉持了内外一致、统一监管的指导理念,与此同时,也依据外资银行在银行业体系中的地位、作用分别设立不同的监管标准,建立了以风险导向为基础的多层次监管体制。除了将外资银行并入金融机构中接受统一监管外,还针对美国境内外资银行的特性制定了专门的《外资银行法》。由此,美国有关外资银行的法律体系具有监管主体明确,层次鲜明,监管立法的问题导向性清楚,监管内容实行全过程导向以及内外有别等特点。

外资银行进入后就是东道国银行体系的有机构成部分,但外资银行在一国银行体系中的地位、与其他性质银行之间的关系在各国都存在一定的差异性。这种差异是由多方面因素形成的,其中,东道国有关外资银行法律制度的规定会对外资银行进驻选择、组织机构形式、业务范围选择等方面形成影响。为适应新一轮开放经济发展需求,也为了实现从要素型开放向制度型开放转变,促进开放性经济的稳定发展,本章将以前文外资银行发展的三种典型模式为基础,探讨影响外资银行发展的法制要素,为构建适应经济发展需求的外资银行法律制度体系,确立其基本原则和具体制度奠定基础。

第一,银行业监管理念是影响外资银行在东道国发展的基本要素。综观各类典型的外资银行监管理念,主要形成于外资银行发展对东道国市场的冲击,是协调本国银行业与外资银行发展格局的指导性理念。该理念应该体现在作为利益协调利器的法律制度之中,并作为外资银行立法的指导思想。目前具有代表性的外资银行立法理念主要包括以下几种:保护本国银行理念、给予外国银行对等互惠理念、最惠国待遇理念和国民待遇理念。在《服务贸易总协定》生效后,保护性的外资银行立法理念已经被绝大多数

---

① 蔡宁伟:《国际金融危机后美国外资银行监管变革研究》,《金融监管研究》2018年第6期,第13-30页。

国家所放弃,允许其他国家的银行机构进入本国开展业务成为各国外资银行立法的主要观念。但依据外资银行在东道国开展业务的范围、组织机构形式、受东道国监管制度的约束等方面的差异,外资银行监管的理念又可以依据开放程度分为:对等互惠程度的监管理念、最惠国待遇下的外资银行监管理念和国民待遇下的监管理念。在对等互惠原则下,东道国外资银行发展情况会受到母国对东道国银行政策的影响,包括母国对东道国银行准入条件、业务限制以及风险监控制度等。因此,对等互惠原则下的外资银行法律制度必须保持灵活多样、动态变化性,这与法律制度应具备的稳定性,追求秩序的型构功能之间存在矛盾。在立法技术上,可通过行政授权的方式或者通过授权立法的方式来解决。但无论采取哪种解决方式,动态变动、灵活性会影响制度的透明度,增加制度的不确定性,影响法律制度的实施及有效性。最惠国待遇原则是在《服务贸易总协定》中确定的,是关于成员国之间市场开放度的准则。由于银行业系统的安全、稳定涉及国家整体的经济安全,因此,WTO 国家的外资银行法律制度通常不会在无条件的情况下,以最惠国待遇理念作为法律制度确立指导思想。国民待遇原则是与最惠国待遇原则互补的一种有前提、有条件的国际法一般原则,在银行业领域,东道国基于国际条约或国内法而承担的赋予外资银行以本土银行同等待遇的法定义务。但银行业的开放会对东道国银行业结构体系的完整性、合理性造成影响。因此,给予外国金融机构一定范围内国民待遇的国家,多为社会政治稳定、经济开放、金融体系发达、金融管理机制健全以及外国金融机构能有发展余地和潜力的国家和地区,特别是具有国际金融中心地位的国家和地区。① 与其他行业立法不同,银行业立法制度具有很强的调控性功能,银行业机构的设立、业务范围、运营管理、风险控制等方面的立法是一体的,而且,各个部分的法律制度体现了很强的国家监管意图,专门的监管制度、风

---

① 时建中:《外资银行监管法律问题研究》,《法学评论》2003 年第 6 期,第 34-40 页。

险控制法律制度在整个法律制度中的占比很高。外资银行法律制度是银行业法律制度的构成部分,且外资银行进入东道国对本土银行业产生影响,所以在外资银行法律制度的设计中,东道国对外资银行的监管理念起着重要作用。

第二,外资银行法律制度的立法目标对外资银行进驻东道国的影响。政策目标是型构外资银行与东道国银行业体系关系模式的基本要素。外资银行溢出的正面与负面效应是相随的,东道国引进外资银行可能具有影响金融稳定性和脆弱性的副作用,以及基于维护金融主权的目的,金融开放政策会最大限度利用外资银行的优势同时抑制副作用,尤其是抑制外资银行副作用方面的政策肯定会影响外资银行与银行业体系间的关系。欧盟"多层次"模式就充分说明政策目标对外资银行与银行业体系间关系的影响。在巴西,对外资银行兼并东道国银行的"一事一议"规则也在引进外资银行的"相互性"基础上体现了政策性目标。依据相互性原则,外资银行可以进入巴西银行业,但外资银行兼并或重组东道国银行会对当地银行业务、市场份额产生冲击。因此,巴西对外资银行的重组、兼并行为的资格审批非常严格,只有能优化银行资产、扩大银行业资产规模、拯救危险边沿的国内银行的兼并行为能获得进入资格,当然进入之后外资银行与本土银行受相同制度的规制。美国对外资银行是本着"对等互惠"的原则,为维持引进外资银行正面的溢出效应和副作用,以"对等性"为政策目标的,外资银行政策的开放是逐步实现的,是以国际贸易需求为标准放开银行业国际化业务。总之,外资银行进入东道国受经济因素的影响,但外资银行进入东道国的途径、规模与银行业体系间的关系却受制于东道国政策目标。

第三,外资银行准入制度是东道国设立的外资银行进入"门槛","门槛"标准的高低直接影响外资银行进入东道国的难度,也是东道国银行业开放水平的直接体现。从前文几个国家或地区银行业开放的模式可知,国际贸易是促进银行业对外开放的重要因素,国际贸易水平越高,银行业开放水平也越高。当然,不排除巴西这样的国家为挽救国内银行业体系而大力引进外资银行,利用外资银行的管理优势、资金优势重组国内银行业体系。但是,巴西发展外资银行是借助了 20 世纪国际贸易得以壮大发展,外资银行跟随母国企业"走出去"而在世界各国设立新的机构,服务于母国企业的需求。总之,国际化、全球化是银行业对外开放的前提,也是银行业准入法律制度具体内容构建的依据。准入制度包含了外资银行进入东道国所必须满足的实体和程序要件,例如,组织机构形式,各类组织设立、变更、终止的条件和流程,外资银行进驻方式、投资者资格、高管人员任职资格等等。从准入制度的具体内容来看,外资银行进入的组织形式、进驻方式的规定会对外资银行结构起到型构作用,这对包括对外资银行的规模、外资银行在银行业体系中的地位和功能都会产生影响。准入制度除了具备型构银行业体系、结构的功能外,有关投资者资格、高管人员任职资格、运营管理相关的章程规定等准入制度的内容,使外资银行准入制度还具有风险防控的功能。但需要注意的是,与银行业的资金融通功能、银行业经营特征相关,必须对组织机构形式、设立变更条件做出不同准入规定;有关投资者资格、高管人员任职资格及组织章程相关的准入制度是国家政策目标介入银行业市场的体现,由于参入政策性意志,国家对外资银行准入的干预程度、方式就有可能与市场规律相悖。总之,从外资银行准入制度的内容来看,准入制度不仅具有型构外资银行体系和结构,影响外资银行与东道国银行关系的作用,并随着对准入条件的宽泛程度使准入制度还带有风险防控功能。

第四,业务监管制度是外资银行在东道国开展业务范围的规定,可以被纳入广义准入制度中,是东道国法律制度赋予外资银行行为能力的体现,也决定了外资银行是否能真正在东道国扎根,能否真正融入东道国银行业市场的关键性法制要素。与市场准入制度起着型构外资银行组织形式不同,对外资银行业务范围的规定实际上是对银行业的开放秩序起着推动和塑造作用。也就是说,外资银行业务范围相关制度的规定是承接了东道国虚拟经济开放理念而对外资银行发展秩序起着调控作用的法律制度,是国家干预虚拟经济的具体体现。虽然国际化、全球化贸易是银行业对外开放的重要前提,但东道国银行业虚拟经济发展的成熟度,对银行业风险防控的能力会对银行业开放制度产生影响。一般而言,银行业体系发展比较完善、风险防控能力强的国家对外资银行的包容性更强,外资银行进入东道国银行业在地域方面的限制、对业务范围的准入、对银行业风险控制能力的要求等方面相对宽松,外资银行融入东道国银行业范围更广泛,更深入,外资银行在活跃虚拟经济方面作用更大。以美国为例,美国对外资银行业务范围的开放度比较高,外资银行发展的秩序相对稳定,外资银行对美国经济发展起着重要推动作用,但必须看到的是,美国外资银行业务监管制度对经营秩序形成的推动作用是逐步形成的。作为一种型构银行业秩序的业务监管制度,宏观上应能满足市场对资金融通的需求,具备调节性,保障外资银行在东道国发展的稳定性;微观上业务范围监管制度还必须保持一定的灵活性,以适应动态变化的银行业虚拟经济发展的周期性规律。

第五,风险防控制度是银行业虚拟经济发展的伴生物,是虚拟经济安全发展的控制器。外资银行进入东道国后既有可能带来提高资源配置效率的积极作用,但也存在不稳定性、不透明性、依附性和可能引发系统性经济危机的负面作用。因此,风险防控制度是东道国外资银行法律制度的重要构成部分,同时由于东道国银行业虚拟经济开放的差异性,外资银行风险防控法律制度要依据开放需求进行设计。东道国银行业开放需求与其国际化、全球化发展的需求相关,并反映在外资银行准入制度和业务范围监管制度中。因此,外资银行风险防控制度应与外资银行相关的准入制度、业务范围制度相匹配,提升外资银行法律制度的整体性和结构性。另外,外资银行是银行业体系的重要构成部分,外资银行风险防控也是东道国商业银行风险防控的重要环节,外资银行风险防控要增强制度的协调性,满足国家对银行业开放的需求。由于风险防控制度重在防范和控制银行业虚拟经济风险,因此,该法律制度是一种控权性、强制性的法律制度。控权性主要体现在对外资银行经营行为的规范性和限制外资银行自由经营权方面。规范性制度会增加外资银行的合规成本,设立风险防控指标可能对外资银行经营权形成限制。因此,风险防控制度作为一种控权性制度,构建制度时应该注意带给外资银行合规经营的成本,并且关于风险防控指标的规定需要考虑外资银行在准入制度、业务范围的限制前提下,风险防控指标所带来的叠加限制效应。风险防控制度的强制性在具体制度中体现为对外资银行内部治理结构、风险治理机制、信息披露机制等内部控制制度规范性的要求。从美国、欧洲地区有关外资银行风险控制制度的规定来看,他们对本土商业银行与外资银行风险防控的规定是并行分立的,由于外资银行与东道国本土商业银行的发展规律、发展阶段上的差异性,风险防控制度内容呈现较大不同。同时,同属于银行业虚拟经济,外资银行风险防控制度与东道国其他商业银行之间在风险防控措施方面又具有共通性。因此,就外资银行风险防控制度的类型而言,分为两种类型,一是依据外资银行在本土发展状况而设置的特别性风险防控措施,包括东道国政府采取的特别措施和对外资银行内控治理机制的强制性要求。二是以外资银行作为虚拟经济共性的运作规律而设置的与经营行为相关的各类风险防控指标,该指标是与东道国商业银行类似经营行为所设置的风险防控指标,做到了类似行为监管的原则。

(二)外资银行与我国银行体系间的关系

1.我国银行业体系现状及其存在的主要问题

(1)我国银行业体系现状

我国是银行业主导的金融体系,银行体系的完整性、结构合理性及运行的稳健性对金融的安全、稳定具有重要作用,也是银行业体系现状的外在反映。《现代金融大辞典》将银行定义为:专门经营存放款、储蓄、汇兑、结算等银行业务,充当信用中介与支付中介的金融机构。据此可将银行体系界定为:除各种保险公司、投资银行、各种类型的基金以外的不同层次的金融机构所组成的一个完整的系统,即与货币的供给和创造密切相关,主要从事接受存款和向个人及企业发放贷款业务的金融中介机构。[①] 银行业体系是一国银行业在发展过程中形成的,具有不同功能的银行性机构组合配置所形成的体系。银行业体系的结构事关银行业经营效率,影响实体经济的发展且与银行金融业的安全性、稳定性相关。银行业的高风险性及对一国经济安全、稳定的重要性决定了银行体系的复杂性。中国银行体系是由中央银行、银行业监管机构、自治性组织和银行业金融机构等经营性组织、管理机构组成的。中国人民银行是我国的中央银行,在国务院的领导下,主要职能是制定和执行货币政策,通过设计准入制度、安全运作指标、风险预警机制等防范和化解金融风险,维护金融稳定,是主要的银行业监督管理机构。商业银行是银行业金融机构的主要经营主体,并由中国银行保险监督管理委员会对其组织和行为进行监管。中国银行业协会虽然并非官方管理组织,不是由法律正式授权的银行业监督管理主体,但作为一家全国性的非营利社会团体,是权威的行业自治组织。中国的银行业金融机构包括承担市场培育和开发任务的政策性银行(包括国家开发银行、中国进出口银行和中国农业发展银行、大型商业银行、中小商业银行、农村金融机构以及中国邮政储蓄银行和外资银行)。

在银行业体系运行的稳健性方面,资产负债规模、存贷款、不良贷款、贷款风险分类、商业银行风险抵补能力、资本充足水平等都是反映银行体系整体运行状况的指标。截至 2021 年 10 月,银行业金融机构总资产为 3329748 亿元,同比增长 8.4%;总负债为 3042499 亿元,同比增长 8.3%。[②] 2017 年以来,随着经济下行压力加大,以及金融监管的加强,银行业金融机构资产负

---

① 陈华强:《我国银行体系与实体经济发展互动关系研究》,南昌大学 2011 年博士学位论文。

② 数据来源于中国银行保险监督管理委员会。

债规模扩张趋缓。资产负债规模增速放缓是金融风险可控的表现,说明我国金融风险整体可控,运行良好。[①] 截至 2021 年第三季度,作为核心信用风险指标的正常类贷款额达 1555928 亿元,正常类贷款占比 95.92%,不良贷款率 1.75%。截至 2020 年第三季度,本外币存款余额 216.86 万亿元,同比增长 10.7%,其中,人民币存款余额是 211.08 万亿元,外币存款余额是 8487 亿美元;本外币的贷款余额是 175.49 万亿元,同比增长 12.8%,其中,人民币贷款余额是 169.37 万亿元,外币贷款的余额是 8994 亿美元;不良贷款余额 2.84 万亿元,不良贷款率 1.96%。[②] 虽然不良贷款率自 2012 年以来持续上升,但随着银行业金融机构对于不良贷款的认定更趋审慎以及资本充足率水平有所提升[③],近年呈现出稳中有降的趋势。另外,作为一种逆周期管理工具贷款损失准备余额充足[④],贷款损失准备金额银行体系对整体信贷风险恶化有一定的抗冲击能力。[⑤]

(2)我国银行业体系存在的主要问题

首先,银行业体系的不完善限制了经济健康成长。金融结构的演变应该取决于实体经济对金融服务的需求。[⑥]

我国虚拟经济是以银行业为主导的,银行业在虚拟经济结构中占有重要地位,对满足实体经济发展需求起着基础性作用。虚拟经济有限发展理

---

① 《央行发布<中国金融稳定报告(2020)>指出金融业总体平稳健康发展》,《时代金融》2020 年第 34 期,第 11-12 页。

② 数据来源于中国银行保险监督管理委员会。

③ 2020 年第三季度末,中国商业银行(不含外国银行分行)核心一级资本充足率为 10.44%,较上季末下降 0.02 个百分点;一级资本充足率为 11.67%,较上季末上升 0.07 个百分点;资本充足率为 14.41%,较上季末上升 0.20 个百分点,资本质量处于较高水平。数据来源于中国银行保险监督管理委员会。

④ 截至 2021 年第三季度,商业银行贷款损失准备余额 55818 亿元,拨备覆盖率 196.99%,贷款拨备率 3.44%。数据来源中国银行保险监督管理委员会。

⑤ 2020 年 11 月,中国人民银行在《中国金融稳定报告(2020)》披露的 1550 家银行的压力测试结果显示,充足的拨备水平和稳定的盈利能力有效缓解资本下降压力。

⑥ 林毅夫、章奇、刘明兴:《金融结构与经济增长:以制造业为例》,《中国金融》2003 年第 4 期,第 62 页。

论认为,银行业体系的构建应以市场需求为导向,以满足实体经济发展需要为根本宗旨,构建多层次、广覆盖和有差异的银行体系。但当前我国银行业呈现整体的垄断性,这种垄断结构以及由此产生的超额垄断利润,对比实体经济业绩下滑,甚至出现负增长的格局,意味着银行业完全可以脱离实体经济而独立发展。① 这种脱离实体经济的银行业体制安排,虽然在银行闭环内形成安全、稳定和高效的虚拟经济环境,但难以满足经济高质量转型发展期市场需求,尤其是新时期经济对外扩张发展的需求。

其次,银行业体系不完善不利于实现稳定性目标。稳定性是银行业发展的基础及目标。风险控制、信贷质量及系统完善性都是影响银行业稳定的重要因素,而银行业结构体系的完善对银行业的稳定性具有基础性作用。完善的银行业体系结构能实现各类银行金融机构间的充分竞争。目前,在我国银行类金融机构中,中小金融机构的数量和业务比重很低,难以与国有大中型银行竞争。另外,近几年虽然外资银行在我国的机构数量和资产总额不断增长,但市场份额不足5%,相对于其他新兴市场经济体的30%左右的市场份额仍然过低②,且该市场份额低于我国外资规模占市场资本总量的比例。银行业体系结构的完善还表现在多层次、差异化的银行金融机构能发挥所长,满足市场的各种需求。目前我国已经有了多样性的银行金融机构,但以中央银行为中心,股份商业银行为主体,各类银行并存的格局并没有完全建立起来。特别是中小型银行金融机构、外资银行等在数量和规模上占比较低。银行业体系的完善能有效促进货币资金的流动,提升金融资源的有效配置,促进银行业金融的稳定性。多元化银行机构是多渠道资金来源的方式,也是缓解银行金融脆弱性及流动性压力的方式。

---

① 孙艳军、李金茂:《构建多层次银行体系支持实体经济发展》,《中央财经大学学报》2013 年第 12 期,第 22-29 页。

② 王晓煜:《外资银行对银行体系稳定性的影响:基于中国银行业的实证研究》,《现代管理科学》2018年第 5 期,第 42-44、48 页。

再次,银行业体系不完善影响了金融资源配置机制,降低了经营效率。目前来看,我国主要银行金融机构的营业利润较高,即使在实体经济整体下滑的背景下也能保持高回报率,但银行利润高是以牺牲实体经济利益为前提的,这其实已经违背了虚拟经济服务于实体经济的本质。导致我国目前银行业体系脱离实体经济的重要因素就是结构的不完善,且这种不完善直接影响虚拟经济资源的配置效率,加上我国虚拟经济体制存在特殊性,作为主要银行金融机构的国有商业银行,对资源配置呈自上而下的单向性特征。这种资源动员矩阵不利于型构国民经济体系和产业整体结构的合理发展,可能导致自下而上的信息机制顺畅性不足,一线正式的需求难以从基层银行传递到顶层。① 因此,银行业体系不完整,一方面会影响银行业整体效率,将中小银行业结构排挤到银行业的边沿,使银行业整体经营效率低下,另一方面对整体社会经济效率也形成影响,实体经济的债务负担过重,经济发展的转型升级难以实现。

2.外资银行发展与我国银行业体系之间的关系

外资银行对东道国银行业资产的优化、资产规模的扩张、银行业体系的完整性及经营效率提升具有积极作用,同时带来新的市场经营管理理念,对促进东道国金融市场的有效竞争及银行业的稳定具有重要作用。因此,在加入WTO时我国承诺到2006年底开始给予外资银行国民待遇,也是从2006年开始,我国外资银行机构数量逐步增加,业务范围逐步扩大。

第一,从外资银行总资产及占银行业资产总额的比例来看与我国银行业体系间的关系。截至2019年10月底,外资银行在华共设立了41家外资法人机构、114家外国银行分行和151家代表处,外资银行营业机构总数达到976

---

① 曹和平、唐丽莎:《从银行类金融机构成长看我国金融体系的改革方向》,《海派经济学》2018年第16期,第58-63页。

家,资产总额为 3.37 万亿元。① 图 4-1 显示了近年来外资银行总资产及占银行业金融机构总资产的比重情况,外资银行总资产从 2007 年的 12525 亿元增加到 2018 年的 44177 亿元,资产规模不断扩大;受国际金融危机影响,外资银行总资产占比呈现下降趋势,但在 2017 年、2018 年有所回升,2018 年外资银行总资产占比为 1.65%。从资产总额上看,我国外资银行的规模并不大,相较于其他新兴市场国家或开放经济国家,外资银行资产占银行业资产的比例很低,说明银行业对外开放水平有待提升。另外,国家统计局数据显示,截至 2020 年,外资银行总资产达 47857.6 亿元,同比增长 5.8%。

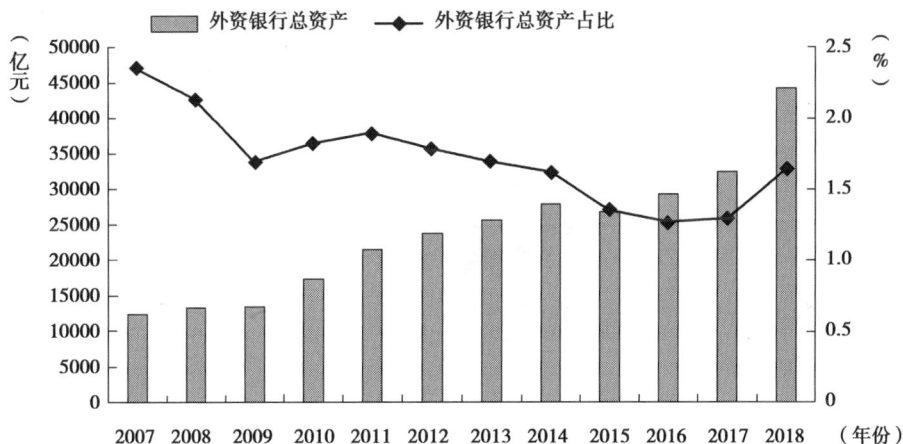

图 4-1　外资银行和外资保险公司总资产情况②

第二,外资银行主要来源地及在我国的地域分布。通过分析外资银行结构可知外资银行进入我国的影响因素,并反映大型跨国银行对我国经济实力的认可,也能从侧面反映我国银行业对外开放的程度。一般而言,能吸引来自不同国家的大型跨国银行,银行业对外开放程度就越高。从图 4-2 可知,我国有 54% 的外资银行来自亚洲,其中来自中国香港的有 102 家、日本

① 易小丽、郑清英:《"十四五"时期中国金融业高质量开放的测度与前瞻》,《中国省域竞争力蓝皮书》,社会科学文献出版社 2020 年版,第 26 页。

② 数据来源于国家统计局。

19家、新加坡17家;来自欧洲的有77家,占比为25%,其中英国21家、法国15家;来自北美洲的有32家,占比为10%,其中美国26家、加拿大6家。[①]从外资银行来源地结构看,进入我国的外资银行来源地数量并不多,且集中在中国香港地区和少数的亚洲国家。从图4-3可看出,欧洲是大型跨国银行数量最多的经济体,但目前主要是英国和法国的银行进入,其他欧洲国家,例如德国、意大利、荷兰等国的银行进入中国的非常少;美国和加拿大是许多大型跨国银行的母国,但来自美国和加拿大的外资银行数量甚少。这种现象,一方面说明我国外资银行结构体系不完善;另一方面说明我国银行业对外开放水平还有待提升,需要更多研究欧美国家外资银行进入的需求来吸引外资进入。

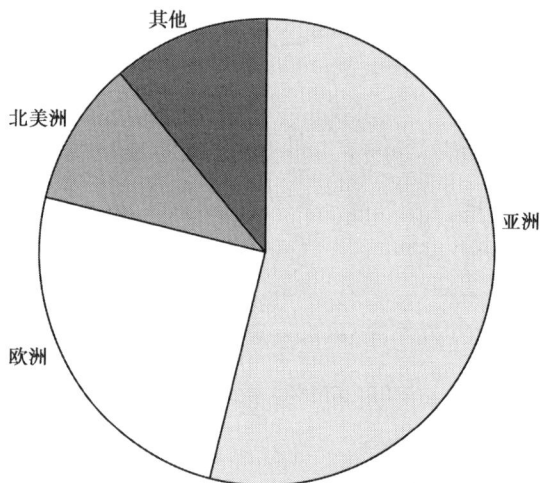

图4-2 外资银行主要来源地

外资银行在我国的布局反映了银行业地方开放政策对外资银行的吸引力,同时也是外资银行与我国银行业体系间关系的地域差异性的表现。截至2020年,外资银行在我国共设立了41家外资法人银行、115家外资银行

---

① 刘煜辉、欧明刚:《中国商业银行竞争力报告(2007)》,《银行家》2008年第1期,第36页。

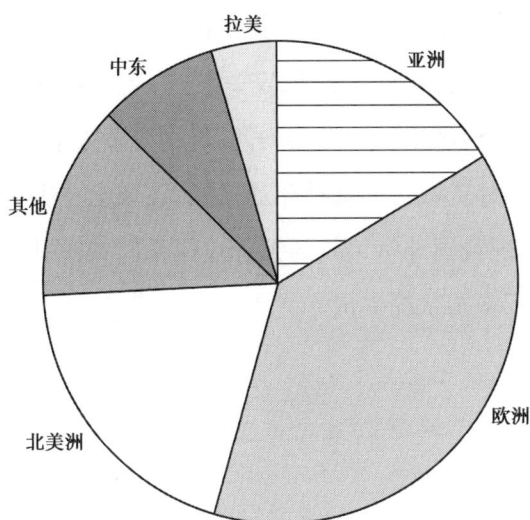

图 4-3　世界前 1000 大银行的区位组成①

分行和 149 家代表处,营业性机构总数 975 家(含总行、分行、支行),外资银行总资产 3.58 万亿元②,但其地域分布极不均衡,上海和北京的外资银行聚集最明显,其次是深圳。③ 从外资银行在中国主要城市的整体分布情况来看,外资银行比较集中的地区,都是我国最早开放的地区,或是经济最发达的城市。从外资银行的区位分布可知,外资银行进驻我国发达城市的主要原因:一方面,这些外资银行分布的主要城市集中在外资工业企业、外商数量比较多的地方。这进一步证明了前面提到的外资银行客户跟随战略;另一方面,这些相对发达的城市,其交通、通信及各种金融服务配套设施比较健全,经济发展环境优越,经济发展水平普遍较高。同时,外资银行在中西部欠发达地区的发展相对滞后。中西部地区的外资银行不仅数量少,而且规模小,发展慢。如图 4-4 所示,中部六省除湖北省武汉市有 2 家外资银行分行和 3 家外资银行代表处之外,山西、河南、江西、湖南、安徽五省还是一

①　图 4-2、图 4-3 的资料来源于英国《银行家》(The Banker)杂志,2007。
②　数据来源于中国银行保险监督管理委员会。
③　数据来源于亿欧智库《外资银行在华发展研究报告》。

片空白,而在整个西部地区也只有屈指可数的 18 家外资银行分支机构,其中,成都 9 家、重庆 5 家、昆明 2 家、西安 2 家。① 从外资银行在我国的布局可知,外资银行进入受地区银行业经营利润、母国企业发展需求以及当地经济发展状况的影响。外资银行的这种布局模式,实质上主要考虑短期、临时性利益和需求,也体现我国外资银行与银行业体系间关系并不紧密,且地区之间外资银行发展不平衡状况突出。

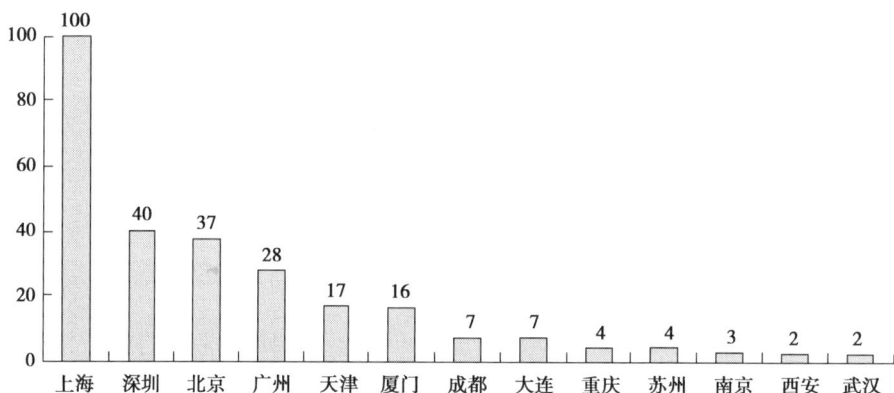

图 4-4　外资银行在中国主要城市的分布

外资银行的业务范围。外资银行的业务范围与机构性质相关,且能直观体现外资银行在我国从事的具体金融活动及与我国银行业体系间的关系。2009 年,银监会新批准 5 家外资法人银行从事人民币零售业务,允许符合条件的外资法人银行办理国债承销业务,允许外资法人银行发行银行卡。2009 年以来,外资银行在我国从事经营的范围逐渐增多,越来越多的外资银行分行具备经营人民币业务,并从事金融衍生产品交易业务,获得更加独立的经营自主权,体现金融领域的纵深改革。此外,外资银行在我国还可不受地域、客户限制从事存贷款、结算和托管、代理保险等传统银行业务,实现与

---

① 中国商业银行竞争力评价课题组:《2006~2007 年度中国城市商业银行竞争力评价报告》,《银行家》2007 年第 9 期,第 45 页。

国内银行业金融机构之间的公平竞争。① 从表4-1看,外资银行的业务发展表现出两大特色:一是在理财产品方面的业务范围更广,创新能力较强;二是积极开拓农村金融市场。外资银行进入中国市场后,在遵循国内业务规则的同时,带来了丰富的金融产品形态与先进的营销管理理念和方法,有效填补了我国市场空白,这对于我国银行业整体水平的提升和创新能力的增强有积极的推动作用,与我国银行业体系间形成了互补。

表4-1　外资银行在华各项业务排名②

	第一名	第二名	第三名
外币兑换和资金	汇丰银行	花旗银行	德意志银行
衍生产品	花旗银行	汇丰银行	德意志银行
公司贷款	汇丰银行	渣打银行	花旗银行
项目融资	渣打银行	汇丰银行	花旗银行
投资银行	高盛公司	摩根士坦利	摩根大通银行
个人银行	汇丰银行	花旗银行	渣打银行/瑞士联合银行
公司融资	汇丰银行	摩根大通银行	高盛公司
并购	高盛公司	摩根士坦利	汇丰银行
贸易融资	汇丰银行	渣打银行	花旗银行
现金管理	花旗银行	汇丰银行	渣打银行
股权资本市场	高盛公司	摩根士坦利	瑞士联合银行
债务资本市场	汇丰银行	花旗银行	渣打银行
零售银行	汇丰银行	渣打银行	花旗银行
信用卡	东亚银行	汇丰银行	花旗银行
品牌知名度	汇丰银行	渣打银行	花旗银行
社会责任	汇丰银行	花旗银行	渣打银行

① 刘丽娜等:《在华外资银行发展报告(2009~2010年)》,2011年版第1页。
② 普华永道:《外资银行在中国》2010年报告,第25页。

总之,目前外资银行只是我国银行业体系中规模很小的部分,外资银行资产总量低、资产总额占银行业体系的比例小,与我国银行业体系间关系无法达到"对等互惠"关系模式;外资银行结构体系及在我国的地域范围也体现了外资银行的局域性发展现状;外资银行业务范围虽然与我国银行业体系形成互补,但填补的毕竟只是很小一部分,并没有形成外资银行与银行业体系间的深度融合。因此,在银行业对外开放的水平上我国还有待进一步的改革。

(三) 我国外资银行转型发展的现实需求与逻辑路径

1.外资银行转型发展是破解金融困境的有效方法

虚拟经济是一国经济体的重要组成部分,是活跃市场、满足实体经济需求的重要部分。面对经济进一步深化改革,经济向高质量转型发展,新一轮的对外开放步伐加快,以银行业为主导的虚拟经济承担着重要的改革任务。新一轮经济深化改革是在人民币国际化和"一带一路"发展倡议的背景下进行的,这既是经济深化改革的目标,也为经济深化改革提供了契机。在提升人民币国际化地位的关键阶段,需要更多有实力的经济支撑和满足国内外企业对人民币的需求。"一带一路"发展背景下,"走出去"和"引进来"的发展战略扩大了我国对外开放的水平,我国市场经济主体与国外市场之间的贸易往来更加频繁,规模更大,范围也更广,因此,国际的清算、结算业务,外贸融资业务的需求会更大。对外贸易扩张不仅对外资规模和数量的要求高,同时对我国虚拟经济构成部分的外资银行的结构和质量提出了更高的要求。因为国内市场融入国际市场的范围更广,对外资银行来源地的广泛性提出要求。前文所述,当前我国外资银行来源地主要集中在亚洲国家,其他地区和国家的跨国银行进入我国的数量和规模不够。这难以满足我国经济对外开放发展的需求。另外,经济向高质量转型发展的当下,企业产业转型也需要大量资本培育,尤其需要一个强大的全球资本市场来培育。① 近些年,中国最优秀的高科技公司,一般都去美国纳斯达克和中国香港上市,就是为了能够获得国际资本的青睐,获得更高的溢价和发展平台。

目前外资银行资产规模不大,外资银行占我国银行业总资产的比例也很低,外资银行资产规模难以满足实体经济向高质量发展的需求。扩大银行业对外开放,更大规模、更深层次和更大范围地引进外资银行是当前我国银行业改革的重要内容。依据开放经济发展战略需求,外资银行转型发展的目标包括:①扩大外资银行规模,这就要求降低外资银行准入门槛,丰富外资银行的商业形式;②增加外资银行来源地,吸引更多地区和国家的跨国银行。为吸引跨国银行,需要给外资银行经营自由"松绑",使外资银行能从事更广泛的银行业务,优化银行业的营商环境,在业务审批、流程、负面清单等方面减少外资银行经营的制度障碍。③优化外资银行国内地域的布局和结构。外资银行在我国不仅规模小,资产占比低,而且还存在严重的发展不平衡问题。新一轮金融改革开放背景下,不仅要引进外资,还需要在引进的过程中注重引进外资的质量,更多地鼓励符合我国深化改革需求,能够提升人民币国际地位,促进"一带一路"发展实现的外资银行进入;建立有效的激励机制平衡外资银行进入我国以后合理的布局,满足各方需求。④调整外资银行业务结构,主要发挥外资银行先进的经营管理理念、技术以及在对外贸易和经营方面的优势。

2.有序开放是外资银行转型发展的安全路径

新一轮深化经济体制改革对外资银行发展提出了新要求。外资银行转型发展能成为我国开放经济发展的重要支撑,但外资银行发展如何转型成功并能更好服务于实体经济发展是当前外资银行法律制度设计需要考虑的。作为宏观经济调控法的组成部分,外资银行法律制度对调整对象应起

---

① 张银平:《金融开放提速助力实体经济企业发展》,《求知》2020 第 1 期,第 28-30 页。

到调控的作用,并通过恰当的国家干预方式达到经济改革发展的稳定和平衡。虽然扩大银行业对外开放才能满足我国经济转型发展需求。但银行业对外开放不能一蹴而就,要吸收其他国家银行业对外开放的有益经验,防范银行业金融风险。在一些新兴的发展中国家就出现了脆弱的金融系统、动荡的外汇市场、有限的政策空间、越来越难以自拔的依附型经济,而陷入金融困局。① 对等开放和渐进式开放是既满足我国对外开放需求也符合经济发展规律的开放方式。作为规范外资银行发展的法律制度应当具有能够促进银行业进一步开放的功能;同时坚持外资银行发展的安全底线,构建有效的法律制度使外资银行的发展与实体经济发展需求相匹配,平衡国内外资银行发展不平衡的问题,保证外资银行有序、稳定发展。

二、外资银行转型发展对法制完善的需求

(一) 我国外资银行法律制度的演变

外资银行法律制度是在金融逐步开放过程中建立起来的。因此,了解外资银行法律制度可以我国金融业对外开放的过程为线索,以每一轮开放目的为背景,深入了解外资银行法律制度。

1.1979—2001 年——进入与发展期

此阶段,我国银行业对外开放是为了引进外资和配合国民经济的发展,创造更好的投资环境,具有"试点"特征,没有具体的对外开放时间表,主要根据经济发展需要,并结合对外资银行的监管经验,逐步调整和规范外资银行在华经营业务的范围②,包括逐步推进的三个阶段:

(1)1979—1993 年是外资银行进驻我国的早期阶段。1979 年,北京批准设立了第一家外资银行在华代表处,日本输出入银行,这是我国银行业对

---

① 贾根良、何增平:《金融开放与发展中国家的金融困局》,《马克思主义研究》2019 第 5 期,第 66-77 页。
② 曾令美:《我国银行对外开放与金融安全研究》,华东师范大学博士学位论文,2013 年。

外开放的标志性事件。更进一步对外开放主要体现在 1981 年,允许外资银行在以厦门、珠海等为代表的 5 个经济特区内,设立经营范围更广的营业性机构,并允许经济特区内的外资银行开展外汇金融服务,服务于本土银行企业的发展需求。改革开放后,香港南洋商业银行成为我国第一家由外资银行设立的营业性机构。1990 年,上海成为继经济特区以后第一个允许引进外资银行营业性机构的直辖市。从 1992 年起,外资银行市场准入的地域进一步扩展到大连、天津、青岛、南京、宁波、福州和广州这 7 个沿海城市。截至 1993 年底,外资银行在中国 13 个城市设立了 76 家营业性机构,资产总额达到 89 亿美元。

(2)1994—1997 年的快速发展期。在初期,我国对外资银行管理实行的是类别化、试点性政策,区分外资银行与中外合资银行进行监管。现行《外资金融机构管理条例》也是在修订 1985 年的《中华人民共和国经济特区外资银行、中外合资银行管理条例》基础上,对外资银行进行全面规范管理,适用统一的市场准入条件和监管标准,是第一部对外资银行实行全面规范管理的法律文件,并提升了银行业对外开放政策的透明度和稳定性。随后,内陆城市也逐步放开外资银行的进入,允许外资银行开展除人民币以外的各类业务。同年年底,《上海浦东外资金融机构经营人民币业务试点暂行管理办法》颁布,放宽了我国银行业的业务准入,允许一些符合规定条件的外资银行在上海浦东办理人民币业务,加快银行业的开放进程。

(3)1998—2001 年的发展调整期。亚洲金融危机爆发后,受各国投资政策的影响,外资银行进入中国市场的步骤放缓,甚至有个别外资银行退出了中国市场。为吸引外资,我国加大了商业银行市场准入的开放范围和深度,例如,批准在深圳的外资银行可以经营人民币业务,为外资银行在我国的规模化、深入发展提供了有利条件。同时,允许外资银行进入全国银行间同业拆借市场,为内外资银行金融资源的优化配置提供便利。1999 年之后,外资银行在中国设立营业性分支机构不再受地域限制,进一步扩大了外资银行经营人民币业务的地域范围,以上海市和深圳市为中心向中心城市的周边省份逐步辐射,扩展经营人民币业务。2001年底,《中国人民银行关于外资金融机构市场准入有关问题的公告》的发布体现了入世承诺,外汇业务的市场向外资银行全面放开。

这一时期是我国银行业对外开放的试验期,经济体制改革取得突破性进展,加快了建立社会主义市场经济体制的步伐,对外开放的总体格局基本形成。外资银行法律制度也经历了从不规范、不系统向相对明确和系统化转变的过程,外资银行在华经营逐步进入法制化、规范化的发展轨道。在确保经济安全的大前提下,我国稳步推进商业银行对外开放的发展步骤,并形成从经济特区扩展到沿海城市和中心城市进而向全国发散的开放次序。

2.2002—2006年——入世后的过渡期

加入WTO后,我国遵循加入世贸组织服务协议的承诺并结合本国经济发展和金融改革的需要,逐步推进和深化我国银行的对外开放。具体表现为:第一,扩大外汇业务服务对象和外汇业务范围,外资银行可对所有客户提供外汇业务而不仅限于母国企业或居民,外汇业务范围也不仅限于交易类业务;第二,在符合规范经营和开拓内地市场的背景下,有条件地将外资银行人民币业务扩展至全国范围;第三,在业务对象上,外资银行的人民币业务从外资企业的外国人扩展到中国企业和公民;第四,放松风险监管指标,取消外资银行人民币负债不得超过外汇负债50%的比例;第五,对外资银行吸收外汇存款比例的限制放宽,取消对外资银行在华经营的非审慎性限制。通过以上这些开放政策,逐步给予外资银行国民待遇。数据显示,截至2006年底,有20多个国家的外资银行已经在我国25个城市设立了200多家分行以及14家法人机构;但更多的外资银行是以代表处的形式在国内各个城市存在。得益于放松对外资银行的监管,在华外资银行此时期的本外币资产总额为9279亿元,占我国银行业金融机构总资产的2.1%,外汇贷款余额 339 亿美元,占中国银行业金融机构全部贷款余额的 20% 多。[1]

在切实履行入世承诺的同时,我国还积极实施了一系列自主开放措施,以此推动我国经济的发展和金融改革的深化。首先,提前向外资银行开放了西部和东北三省的省会城市作为人民币业务试点经营地区,并为外资银行在这些地区设立组织和开展经营活动开动绿色通道,积极吸引外资银行开拓内地金融业市场,为中西部地区和东三省的发展奠定金融基础。其次,扩大外资银行在中国银行金融领域的影响力。在此期间,推动中外资银行同步开办衍生品交易、合格的境外机构投资者承担证券投资托管业务,向外资银行开放了代理保险的业务。再次,加强中外资银行机构间的交流。提高外资金融机构参资入股中资银行的比例,允许合格的境外战略投资者按照自愿和商业原则投资入股中资银行,外资金融机构开始以战略合作者身份积极参与了大型商业银行的股份制改革,先后共有 27 家外资金融机构参资入股中国银行、工商银行、建设银行、交通银行、民生银行、上海银行等 20 家全国性、地方性商业银行,外资银行逐渐成为我国银行业体系的重要组成部分。

这一阶段为中国银行业入世后的过渡期,我国商业银行市场准入的对外开放发生了巨大变化。在五年过渡期内,我国按照入世承诺和自主开放政策的需要开始重构既有的市场准入制度。截至 2006 年底,我国立法部门及银行监管部门以外资银行进驻中国,并以中国设立的各类组织形式为路线,相继制定并颁布了《外资金融机构驻华代表机构管理办法》为外资银行代表机构在中国的设立、开展业务范围作出了规定,《中华人民共和国银行业监督管理法》统一了内外资银行业在业务经营方面的监管标准,《境外金融机构投资入股中资金融机构管理办法》扩大了外资银行进驻中国的路径,为深度融入银行业市场提供了契机,以及《外资银行并表监管管理办法》等

---

[1] 数据来源于中国银行保险监督管理委员会《中国银行业监督管理委员会 2006 年年报》。

一系列法律法规和部门规章,逐步形成了以《中华人民共和国银行业监督管理法》《中华人民共和国商业银行法》等基本法律,《中华人民共和国外资银行管理条例》、《中华人民共和国外资银行管理条例实施细则》(简称《外资银行管理条例实施细则》)等法规和部门规章组成的外资银行监管法规体系,标志着外资银行市场准入制度开始逐渐走向规范化、透明化和国际化。

3.2006 年起至今——全面开放期

2006 年底,国务院、银监会分别颁布了专门的外资银行法律制度,《中华人民共和国外资银行管理条例》和《中华人民共和国外资银行管理条例实施细则》进一步放开了外资银行设立的限制,在允许外资银行自主选择机构形式的前提下,鼓励机构网点多、存款业务规模较大并准备发展人民币零售业务的外资银行分行转制为法人银行,且转制后的外资法人银行在注册资本、设立分支机构、营运资金以及监管标准等方面均与中资银行相同。至此,外资银行在我国可享有国民待遇,经营地域扩展至全国,经营业务范围和经营对象以及监管标准方面,完全与中资银行相同。目前我国已基本实现了股权准入和业务准入层面内资和外资完全一致,在机构层面的开放已做好相关准备工作,预计未来将有更多的外资金融机构进入国内。

2017 年 3 月,银监会发布《关于外资银行开展部分业务有关事项的通知》,明确在华外资银行可以与母行集团开展内部业务协作,在华外资法人银行可依法投资境内金融机构。同时,简化业务准入的报告程序,明确在华外资银行开展国债承销业务、财务顾问业务和大部分托管业务,不需事前获得银监会的行政许可,而是采取事后报告制。同年,银监会发布对《中国银监会外资银行行政许可事项实施办法》的修改决定,增加了外资法人银行投资设立、入股境内银行业金融机构的许可条件,取消多项业务审批,持续优化审批流程,提高外资银行在华营商便利度,扩大银行业对外开放。

2019 年 9 月 30 日,修订后的《中华人民共和国外资银行管理条例》进一步降低了外资银行准入门槛,扩大了外资银行进驻中国银行业领域的自主经营权,尤其是对中外合资银行不再要求中方投资主体唯一或者主要股东为金融机构。对外资银行设立营业机构的条件进一步放宽,降低了注册资本要求和设立营业机构组织形式的要求,这为中小型、专业性外资银行来华发展提供了更大的空间。此次条例修订,也对外资银行业务范围做了新的规定,扩大外资银行业务范围和取消各类外资银行经营业务的限制性规定,同时提升外资银行在华的服务能力,允许外资银行提供"代理发行、代理兑付、承销政府债券"和"代理收付款项"等业务。降低外国银行分行揽储的门槛;取消外资银行开办人民币业务的审批,进一步优化在华外资银行的营商环境,使条件成熟、准备充分的外资银行一开业即拥有全面的本外币服务能力,在为实体经济更好提供服务的同时,增加盈利来源。经过40多年的改革与发展,外资银行机构数量,以及在中国金融市场的业务深度和广度在不断增加。截至2019年二季度末,外资银行在中国共设立41家外资法人机构、116家外国银行分行和151家代表处。①

(二) 我国外资银行法律制度存在的主要问题

经过多年的探索与建设,我国外资银行法律制度从无到有,不断发展,初步形成了体系。然而,就当前的现状以及形势的变化来看,还存在一些突出的问题,突出表现在体系不够完善、功能定位不清等方面。

1.外资银行法律制度体系不完善

外资银行法律制度框架体系是型构我国外资银行体系、外资银行与银行业体系间关系的正式制度,这种制度体系是有自身秉性的,且会对外资银行进入、活跃虚拟经济市场及对虚拟经济安全、稳定产生影响。完善的法律制度体系应当是符合调整对象发展规律,能够规范主体的行为,且不影响行业发展效率的制度体系。在新一轮金融开放背景下,引进外资银行,降低外

---

① 数据来源于中国银行保险监督管理委员会。

资银行准入资格,扩大外资银行业务范围,促进外资银行发展是新一轮金融开放的目的;同时在开放过程中对外资银行可能带来的风险也保持警惕性。因此,外资银行法律制度框架体系应当具有开放性和抑制性。如前文所述,外资银行与我国银行业体系间的关系是一种辅助性关系模式,外资银行资质的获得是以对实体经济发展的需求为导向的,这对外资银行法律制度体系提出了较高的要求。因为纯粹作为开放性的法律制度体系只需在资格准入、范围许可以及监督管理中秉持放松的态度即可。但如果外资银行法律制度体系的开放性只是基调,外资银行获得相应的资格尚需考虑经济发展需求,那么,这种开放性就具有"多样性""多层次"的内涵。以开放性为基础兼具"多层次"特性的外资银行法律制度特性对框架体系提出了更高要求,对制度的合理性、透明性、公正性提出了更高要求。外资银行法律制度框架体系具有的抑制性是为防范外资银行发展过程中可能带来的风险,避免其影响银行业金融主权和稳定。抑制性法律制度框架体系是一种限制性、负面性的制度,是否定银行业市场主体自由经营的限权性制度。作为影响市场主体自由经营权的限制性制度,必须具备正当性和明确性,使规制对象明了否定的结果和事由,提升对象的遵从性并形成外资银行市场发展的良好秩序。

《外资银行管理条例》和《外资银行管理条例实施细则》是规范外资银行发展的专门性法律,也是彰显我国银行业对外开放的法律制度。《外资银行管理条例》关于准入条件的降低以及扩大外资银行经营范围的规定充分体现了银行业金融的"开放"理念。对不同来源地、进入我国不同地域以及在符合基本条件的前提下不限制外资规模可以任意选择商业存在形式的规定是一种形式"一体化"的制度规定,这种制度具备形式公平却不符合我国银行业金融开放的"层次性"。另外,我国的外资银行商业存在形式包括子行、营业机构和代表处,其中子行作为最重要也是现在各国都提倡的外资银行机构存在形式,在《外资银行管理条例》中没有明确的设立要件,只是在

《外资银行管理条例实施细则》中规定了否定要件。这使管理机构在审批外资银行设立子行方面拥有了极大的自由裁量权,增加了法律的不透明性,也难以确保外资银行享有的公平地进入我国银行业市场的权利。这与我国构建开放的银行业金融体系的政策取向是相悖的。因此,当前外资银行法律制度难以支撑我国银行业金融机构开放的格局,制度的不透明也影响了外资银行营商环境。

业务范围是外资银行自由经营权的体现,也是国家维持银行业金融稳定和良性竞争秩序,以实体经济发展需求为导向的具体措施。依据《外资银行管理条例》,外资银行业务范围经营权有审批制、报告制。外资银行业务范围是否能够获得权力机构的审批,被否定以后是否有相应的救济渠道也没有规定。与注册制度、报告制度或备案制度不同,审批是一种限制进入的制度,是在准备进入某类市场的主体间形成竞争,在符合基本条件的基础上依据相应的准则审核通过的制度。所以只能通过审批制进入某类市场,对于进入的竞争者而言最重要的不是满足基本条件,而是了解审批制度的"准入规则",而这个"准入规则"没有在外资银行法律制度框架体系中明确,这就需要准入者自己把握和理解,否则前期准备所形成的成本可能成为沉没成本。这也就是抑制性法律制度存在的弊端。而要避免这种弊端,就需要对法律制度的确定性提出较高的要求。就目前来讲,外资银行法律制度在限权部分的规定迫切需要进一步的具体和明确。

2.外资银行法律制度的功能定位不清

法律功能是指法律作为体系或部分,在一定的立法目的指引下,基于其内在结构属性而与社会单位所发生的,能够通过自己的活动造成一定客观后果,并有利于实现法律价值,从而体现自身在社会中的实际地位的关系。[①]

[①]　付子堂:《社会学视野中的法律功能问题)》,《郑州大学学报(哲学社会科学版)》1999 年第 5 期,第 18-24 页。

也就是说法律功能是以实现法律价值为目标的,而每部法律的价值目标是有差异的,只有明确了法律价值目标才能准确定位法律功能,并最终确定法律制度结构和体系,以服务于所调整的社会关系。《外资银行管理条例》及其实施细则是在人民币国际化关键阶段到来以及"一带一路"经济发展稳步推进的背景下新修订的,外资银行法律制度的修订可以提升人民币的国际化影响力,并利用外资银行的资金、信息、管理和技术优势推动国内企业"走出去"。因此,外资银行法律制度的功能应从两条线展开:第一,通过外资银行的资金和技术优势活跃金融市场。一方面,利用资金优势代理发行、代理兑付、承销国内外政府债券,为跨境业务发展提供便利,并在此过程中提升人民币的国际地位。另一方面,外资银行拥有丰富的信用工具创造技术,通过买卖政府债券、金融债券,买卖股票以外的其他外币有价证券,买卖、代理买卖外汇,为活跃金融市场奠定基础。第二,通过外资银行跨境经营优势开展办理国内外结算业务,推动我国外向型实体经济的发展。总之,在新一轮金融开放背景下,外资银行法律制度起着型构我国外资银发展及与我国银行业体系间关系的功能。这种功能包括:(1)在外资银行国内发展不平衡,规模不大,优势没有充分发挥出来的背景下,外资银行法律制度应当起着培育和优化外资银行体系,解决国内外资银行发展不平衡不充分的问题。外资银行法律制度应起着引导外资银行在国内平衡发展,并自主选择商业存在形式的作用。(2)尽管外资银行进入会给我国银行金融业带来资金、技术方面的经验借鉴,但其他新兴国家也遭遇过外资进入带来的挤兑、抽逃资金的风险,加上新修订的《外资银行管理条例》拓宽了外资银行业务范围,具有更广泛吸收公众存款的权利,发放短期、中长期贷款,也能自由进入中国股票、债券市场,使得外资银行可能成为诱发虚拟经济风险的新窗口,从而也就需要加强或者增加应对措施。但是目前《外资银行管理条例》监督管理一章缺少针对外资银行子行监管方面的规定。只是在实施细则中规定了以外资银行自我管理、自我负责为主的内部管理原则。(3)外资银行业务范围扩大会与境内银行间产生合作或竞争,这里外资银行对推动我国银行业从传统以信贷业务为主的模式向多样化、现代化的方式转变具有积极作用,而这是外资银行立法需要考虑的,即外资银行法律制度应当在银行业体系有所变化的情况下能够促进和优化良性竞争格局的形成。

（三）我国外资银行法律制度存在问题的成因分析

如同其他事物一样,任何问题的出现都是有成因的,而且这样的成因可能是复杂的、多样的,不过我们可以从复杂多样的成因中抓住与我们关系较为密切的最主要的因素加以分析。就外资银行法律制度存在问题的成因来看,最主要的应当从以下两个方面来分析:

1.制度供给主体性质对制度不透明的影响

我国金融制度一直以来都是以政府供给为主。政府主导的金融制度体系具有高效率、政策性和灵活性的特征和优势,这对金融形势动态变化能起到好的应对作用。但此种供给模式会导致制度框架不成体系、逻辑不周延、相互冲突以及不透明的制度供给后果,受调整的金融主体面临法律风险,从而影响金融市场的主体进入或者压制金融市场主体行为,难以实现培育和活跃金融市场的目的。2006年是我国金融市场全面开放元年,但外资银行并没有在开放的浪潮中踊跃进入中国银行业市场。当然这与银行业开放程度相关,但外资银行法律制度体系框架不完善、不成体系、制度不透明及可能带来的法律风险导致了压制型的金融环境,却是其中的一个重要因素。

与权力机关经过严格的立法程序和论证进行立法,使法律制度和文本规范具有明确性和稳定性不同,政府部门出台的行政法规、部门规章等法律往往具有应对性、短时效性及赋予政府部门自由裁量权较大的特征。目前,专门规范外资银行的法律《外资银行管理条例》及其实施细则有关外资银行进入、业务范围的审批制度、报告制度等都存在规定不明确的问题。在《外资银行管理条例》中,有关外资银行设立子行的条件、设立外资银行股东应当满足的要件等规定有许多是拟进入主体难以控制的,带有政策化倾向,体现了政府对银行业市场干预的意图。① 此规定体现了国家对外资银行进入的干预,主要是出于外资银行在国内经营的安全性考虑而定。由此也可看出,在外资银行对外开放的过程中,金融安全仍然是开放的首要前提。但该条款将众多拟设立外资银行的股东阻挡在外,尤其是在《外资银行管理条例》中对"监督管理"规定了自我监管为主,行业监管、机构监管为辅,没有存款保险制度,自主经营、自我负责的基本准则背景下,以设立外资银行方式进入我国银行业市场,必然存在种种疑虑和实际困难。此种立法模式构建的法律框架无法起到培育和促进外资银行市场发展的作用,也就是外资银行制度供给没有跟上银行业对外发展的需求。

2.体系化视角缺失导致制度结构失衡

目前,我国银行业方面的基本法律,如《商业银行法》《银行业监督管理法》规定了作为独立法人实体的商业银行在设立、监管、内部治理等方面的基本规定。与国内具备法人实体的商业银行不同,独资或合资外资银行进入我国银行业市场除了需满足国内商业银行的条件外,还要考虑股东及所在国的监管环境,并与我国银行业监督管理机关建立良好合作关系。《外资银行管理条例》及其实施细则与《商业银行法》《银行业监督管理法》等法律之间是特别法和一般法的关系。因此,有关外资银行设立具备法人实体的子行时,作为特别法的《外资银行管理条例》对设立股东规定了附加要件,这种情况是符合法律层次关系的。但《外资银行管理条例》及实施细则中对外资银行子行设立附加条件就意味着外资银行独资或合资子行的资质具有特殊性,这种特殊性对外资子行的行为、业务范围会产生影响。设立条件的特殊规定为银行业准入市场的安全性上了"一道保险"。但既然附加条件对外

---

① 例如,《外资银行管理条例》第九条规定:拟设外商独资银行的股东、中外合资银行的外方股东或者拟设分行、代表处的外国银行所在国家或者地区应当具有完善的金融监督管理制度,并且其金融监管当局已经与国务院银行业监督管理机构建立良好的监督管理合作机制。

资银行安全性产生影响,那么,在设立后股东无法达到条件时,有什么样的补充性要件能保障外资银行安全性?《外资银行管理条例》及实施细则有关监督管理一章中没有相应的应对措施。先于《外资银行管理条例》及实施细则存在的《商业银行法》《银行业监督管理法》也没有针对外资银行此种情况可能带来的不安全问题提出应对措施。

总之,作为银行业体系的一部分,外资银行进入东道国以后对银行业的安全、稳定会产生影响。在新一轮开放背景下,监管当局应当从全过程、全领域、整体化和系统性的视角考察外资银行的存在和发展问题,且通过制度所具有的促进稳定性、秩序性和预防性等特性,构建完整的外资银行法律制度体系;同时,还应当理顺外资银行在银行业体系中的地位,并以此为基础科学厘定外资银行法律制度的功能定位。

（四）促进外资银行转型发展需要考虑的法律问题

法律制度是影响外资银行在东道国发展的重要因素,尤其在转型发展时期,法律制度能对外资银行发展规模和秩序的型构起到重要作用。当前我国外资银行发展存在规模不大、区域发展不平衡、难以满足外向经济发展需求等问题。这需要立法者在进行制度设计时,转变外资银行立法的理念,提升制度的包容性、开放性、透明性,满足外资银行发展需求。就当下的我国而言,提升外资银行制度的包容性主要从两方面展开:第一,促进更加公平的竞争秩序。在市场准入制度、业务范围制度方面,可以考虑对外资银行进入我国市场适用对等性原则。在此基础上需提升国家对外资银行风险防控的能力,通过促进发展的制度和增强风险防控能力的制度实现由要素市场开放向制度型开放过渡。第二,实现由管制型制度向治理型制度转变,为外资银行在我国的发展减负,提升银行业营商环境。当前我国外资银行法律制度呈现管制性的特征。但管制型法律制度并不一定给所调整的对象带来稳定与安全感,相反,在需要开放、应当开放的背景下,管制型法律制度可能会限制银行业发展的步伐。特别是我国现阶段外资银行面临转型发展,外资银行法律制度应向治理型方向变革。治理型法律制度的重点在于通过制度设计提升外资银行自身对经营风险的防控能力,而不是依靠外在权力的威慑性规制外资银行的经营行为来防范风险;通过制度保护金融消费者权利而非限制外资银行与消费者交易的范围来保护消费者。因此,治理型外资银行法律制度强调通过健全外资银行的内部控制制度、强化信息披露制度和完善的会计、审计制度提高自身应对风险防控的能力而非通过权力对各类经营行为进行规制,通过完善法律责任制度倒逼外资银行的规范经营。同时加强与外资银行母公司所在国监管主体的合作,全面了解外资银行的经营情况,并有针对性地进行制度供给,提升制度供给的有效性。透明性的外资银行法律制度是制度的确定性和稳定性的体现,法律制度的确定性是市场主体准确预见行为后果的需求,也是引导市场主体行为的重要特性。受管制型法律制度的影响,外资银行法律制度赋予主管机关较大的自由裁量权以应对银行业体系的动态变化需求,但这导致制度实施过程中融入了较大的主观意志,增加了制度实施的不确定性和不透明性,从而引发市场主体缺乏可预见性及安全性,增加合规成本。同时,适应外资银行转型发展需要,除了保持制度供给的灵活性、动态适应性外,还需要通过提升执法程序的公开性、公平性,以展示并达成制度的确定性。

三、虚拟经济有限发展法学理论与外资银行法制完善需求的契合

(一)虚拟经济有限发展核心理念对外资银行开放的影响

1.安全理念是外资银行开放的限度

我国的虚拟经济是以银行业为主导的,银行在金融资源配置中起着主要作用。但在银行业体系内部,目前外资银行的发展跟不上市场开放的需求,无法满足"走出去"企业及吸引外资促成"双循环"经济发展的需求。因

此,扩大对外开放应是外资银行法律制度完善的重要立法指导。可无论哪种类型的对外开放政策,出于保护本国虚拟经济安全,维护国家金融主权的目的,都不会是无条件的。所以,如何把握银行业虚拟经济对外开放的度,并以制度的形式体现,形成制度性开放是亟须解决的问题。虚拟经济有限发展法学理论要求设定虚拟经济发展的限度,保障其与实体经济的大体匹配和自身的运行安全。一国虚拟经济是否实现了有限发展,关键是看与其所依赖的实体经济的匹配程度。事实上,如果将虚拟经济和实体经济割裂开来看,我们很难说一国虚拟经济是实现了有限发展还是过度发展。如果一个国家实体经济基础强大,规模巨大,那么与之相适应的虚拟经济也难免规模巨大;如果实体经济在此时能够实现良好的发展,那么,我们一般就可以认为,该国的虚拟经济实现了有限发展。反过来,如果一国的虚拟经济规模尽管较为有限,但其相对于实体经济而言规模过大,那么我们此时也会认为该国的虚拟经济没有实现有限发展。所以虚拟经济体量与适度是一个相对概念。其次,强调虚拟经济和实体经济的规模匹配以衡量虚拟经济发展的有限性,根本原因在于实体经济和虚拟经济其实也不存在不可逾越的鸿沟:实体经济在一定条件下也是可以虚化的。因此,有学者指出:"实体经济和虚拟经济是一个硬币的两面,二者往往相伴相生。虚拟经济建立在实体经济的基础之上,是实体经济在一定阶段、环境和政策下的具体反映。"

虚拟经济有限发展法学理论关于安全理念的诠释为我国外资银行开放度提供了重要的衡量指标,也为我国外资银行法律制度的构建指明了方向。既然银行开放程度是由促进实体经济发展这一根本需求决定的,而实体经济发展又呈现动态性、阶段性的特征,那么在虚拟经济有限发展法学理论指导下的外资银行法律制度就需具有两方面的特性:第一,对外资银行进入保持必要的开放性,因此与外资银行准入相关的法律制度、业务范围方面的法律制度则可以采用负面清单制度的方式呈现,以提升外资银行法律制度的包容性。第二,足以应对银行业开放的动态性。外资银行动态发展对东道国发展影响最大的就是如何防控动态变化中的风险,如此外资银行风险防控制度应具备针对性、回应性。总之,虚拟经济有限发展法学理论对安全理念的阐释是满足新一轮深化改革发展下外资银行转型发展对制度完善的需求。

2.可持续性发展是外资银行开放的目标

虚拟经济有限发展法学理论要求保障虚拟经济发展。虚拟经济有限发展包括整体发展、协调发展和持续发展三层意义,其中整体发展是虚拟经济有限发展法学理论的基石,协调发展是虚拟经济有限发展法学理论的关键,持续发展是虚拟经济有限发展法学理论的最终目的,三者结合起来构成整个虚拟经济有限发展法学理论的发展内核。其一,整体发展。整体性是系统最基本的特征,虚拟经济是一个体系,实体经济也是一个体系,它们共同构成整个经济系统。有限发展是一种发展理念,需要维持虚拟经济与实体经济的健康运行,完善人和社会赖以存在的各种物质制度和精神要素。正如著名经济学家迈克尔·P.托达罗所说:"发展不纯粹是一个经济现象。从最终意义上说,发展不仅仅包括人民生活的物质和经济方面,还包括其他更广的方面。因此,应该把发展看作包括整个经济和社会体制的重组和重整在内的多维过程。"可见虚拟经济有限发展不仅仅指的是虚拟经济,还涉及其他方面的发展,是一个整体性的概念。只有整体经济在发展,虚拟经济发展才有希望和可能,整体发展是虚拟经济安全立法的基石。从整个经济体系的运行来看,不论是虚拟经济还是实体经济的运行都是为了更好地促进整个经济系统的发展与社会的进步。事实上,"木桶理论"就可以说明片面发展虚拟经济或实体经济都会阻碍整体经济的发展与社会的进步。自虚拟经济产生以来,与之相关的立法就要大量融入有关实体经济与社会发展的内容。如与证券相关的立法,不仅仅涉及虚拟经济的内容,也与实体经济紧密相关。因此,虚拟经济有限发展的基石是虚拟经济整体发展。其二,协调发展。经济系统具有自组织性,其演变过程就是不断自组织化与协调的过程。虚拟经济与实体经济共同构成整个经济系统,尽管有着各自独立运行的规律,但是仍旧相互影响。虚拟经济有限发展观体现了发展的协调性,既要保证虚拟经济的发展,也不能阻碍实体经济的发展。要通过虚拟经济的有限发展促进实体经济的发展,进而促进整体经济的发展。这是虚拟经济有限发展观的关键,不排斥、不阻碍、不损害实体经济发展,而是协调与促进实体经济的发展。其三,持续发展。可持续发展发轫于 20 世纪八九十年代,表明人类已认识到进入工业文明以来所形成的非持续性经济发展。现实的结果也证实,人类经济活动对自然资源的无度需求超过了其再生的能力与速度,造成了资源的耗损甚至枯竭;当前,持续发展无疑是虚拟经济发展的必然选择,是虚拟经济有限发展观的深化与拓展。因为单纯的经济增长观,也就是非持续发展观的前提是资源充沛、供给能力与自净能力无限。在虚拟经济领域指的是虚拟经济资源充分、作为虚拟经济物质基础的实体经济供给能力无限、虚拟经济市场自净化能力无限,换言之,即虚拟经济可以任意发展,没有限制地发展。这种传统的发展观注定了经济发展的非持续性,因为资源并非无限的。虚拟经济有限发展观与可持续发展战略有着天然的密切联系,它反映了社会的进步与现实的需要,既是对传统虚拟经济发展观的革新,也是对虚拟经济有限发展观的深化。虚拟经济安全立法通过对虚拟经济发展进行干预,协调虚拟经济与实体经济的发展速度,使两者快速、稳定、高效、可持续地发展。因此,持续发展是虚拟经济安全立法的最终追求,也是虚拟经济有限发展观的目标。整体发展、协调发展与持续发展三者是虚拟经济有限发展观的核心构成,也是提升虚拟经济发展理念的核心力量。

虚拟经济有限发展观与我国银行业开放理念相契合,虚拟经济有限发展法学理论是我国外资银行法律制度完善的重要立法指导思想。虚拟经济有限发展观强调整体发展和协调发展,这与银行业对外开放遵循的结构化思路相契合。前文所述,典型的银行业开放政策实质是将外资银行作为东道国银行业的有效补充,并实现东道国银行业的整体性、协调性发展以最优化虚拟经济资源配置的目的。在虚拟经济有限发展法学理论指导下,外资银行法律制度也要起着调节外资银行在银行业体系中的作用,实现外资银行与本土银行的协调发展。所以在虚拟经济有限发展法学理论指导下,外资银行法律制度构建需要协调与本土商业银行法律制度体系间的关系,并应当优化外资银行法律制度体系实现推动外资银行有序开放,从保障银行业虚拟经济秩序、效率和安全的角度出发,构建银行业虚拟经济法治的价值理念。

(二)外资银行主体发展与虚拟经济有限发展整体观之间的契合

丰富外资银行商业存在形式,赋予外资银行机构设立的选择权是新一轮银行业对外开放的重要内容,也是扩大外资银行规模,扩展外资银行业务范围,实现转型发展的基础。主体法律制度是外资银行商业存在形式设立的依据,同时也是调整外资银行在银行业体系中的作用,协调外资银行与我国银行业体系间关系的重要法律制度。因此,外资银行主体法律制度的设计需要平衡发展与约束、追求利益与坚守规范之间的关系。

1.外资银行主体转型发展及带来的立法挑战

随着人民币国际化进入关键阶段,"一带一路"倡议稳步推进,金融业更加开放成为人民币国际化的必要条件。2018年4月11日,博鳌亚洲论坛的金融领域有关外资银行准入开放的措施中包括:取消银行和金融资产管理公司的外资持股比例限制,统一内外资银行规定,放宽外国银行在我国境内设立组织的形式;对商业银行新发起设立的金融资产投资公司和理财公司的外资持股比例不设上限。新一轮银行业开放措施极大地减少了准入壁垒,为外资银行在东道国融资和信贷业务提供了便利条件,同时能为东道国注入母公司所在国资金,活跃我国银行业市场。另外,相对宽松的资质审批,为外资银行大规模发展,形成规模经济,稳定银行业市场具有重要作用。此次银行业开放措施通过优化体制机制,丰富外资金融机构商业存在形式,大力促进外资银行融入"一带一路"、自由贸易试验区建设中。[①]

银行业主体制度是行为制度的基础,是主体经营范围确定的前提,同时作为金融机构也是确定金融风险类型的要素。外资银行主体制度是活跃经济、提升银行业经营效率的重要制度。外资银行设立子银行和分行具有更加独立的特性,自主经营权更大,能丰富银行业资金来源,促进银行业金融稳定和安全。不仅如此,外资银行主体制度还是检验银行业开放水平及银行业监管的重点。现行外资银行的开放措施虽然为外资银行发展提供了便利,但由于主体制度对银行业稳定具有基础性作用,所以合理制定外资银行主体制度是预防金融风险的起点。有研究表明,以外资银行主体为基础引进的资产占比超过临界点后,会增大系统性金融风险,同时也可能导致金融市场风险上升。[②] 外资银行机构设立的准入门槛降低使我国银行业体系中外资银行机构数量增加,这会加剧银行业的竞争;另外,外资银行带来的跨境资金大量涌入,会进入股票、债券、外汇市场,从而造成金融不稳定。外资银行进入我国以后,与本土银行金融机构间业务合作在范围和深度等方面都有所增加,这有利于我国银行金融机构学习外资银行先进的管理技术和经营理念,与来自其他国家优秀的人才进行合作交流,能够提升我国银行金融机构经营管理技术。同时,本土银行外资持股比例不受限制,外资可能进入系统重要性银行,系统重要性银行与国家经济金融安全紧密相关,如果系统重要性银行面临风险很可能给中国银行业体系带来危机。鉴于东南亚和拉美部分国家在金融方面的教训,要审慎对待外资银行对中国系统重要性银行的控制权。[③]

综上,新一轮银行业对外开放取消外国金融机构来华设立银行金融机

---

①　刘亚楼:《外资银行发展现状调查》,《华北金融》2019 年第 2 期,第 49-54 页。

②　马理、何云:《"走出去"与"引进来":银行业对外开放的风险效应》,《财经科学》2020 年第 1 期,第 13-28 页。

③　陈立华、康扬:《外资银行进入对我国银行金融创新的影响》,《科技经济市场》2020 年第 3 期,第 38-40 页。

构的总资产要求,以及中外合资银行的中方唯一或者主要股东应当为金融机构的要求,为规模较小但自身经营具有特色和专长的外资银行来华设立机构提供了更大空间。但必须考虑此次银行业对外开放对金融稳定、安全带来的影响。且此次银行业对外开放的重要目的是推动人民币国际化和满足"一带一路"经济发展需求,推动我国企业"走出去"。因此,考虑银行业对外开放对金融安全的影响和满足我国外向型经济发展需求,同时结合我国银行业的特性,在开放银行金融时可以借鉴欧盟的经验实施"多层次"开放策略,针对不同来源地,进入我国不同地域,对我国实体经济发展有不同作用的外资银行的进入实施"高中低"的多样化开放策略。

2.虚拟经有限发展法学理论对外资银行主体立法的镜鉴

虚拟经济有限发展法学理论是一种结构性风险治理理论,是银行法律制度优化的理论基础。金融深化发展理论是虚拟经济产生的起源性理论,金融结构优化理论是虚拟经济优化发展的理论,而最优金融结构理论是虚拟经济有序、稳定、安全运行的优化发展理论。虚拟经济有限发展法学理论不仅是一种整体利益协调理论,更是促进金融业态优化发展,促进金融资源优化配置,以满足实体经济需求的理论。虚拟经济是以正规金融行业为基础发展而来的,正规金融体系的结构优化必然影响虚拟经济发展的效率。银行业是虚拟经济体系的主要构成部分,同时银行业体系的内部构成也会影响虚拟经济发展的效率。作为银行法律制度优化的立法理论,虚拟经济有限发展法学理论必然关注银行体系内部的结构,以及从整体发展的视角分析银行业结构、证券业结构及保险业结构中的虚拟经济发展情况及相互间的关系等,为银行业结构优化奠定实践基础。

除了关注三大行业中金融机构的关系外,虚拟经济还注重研究银行业体系内部结构,以维护我国银行业主权结构、安全和稳定为出发点,考察我国以银行业为主的金融业体系,并对以商业银行为主的银行业结构进行调整。这种结构优化的虚拟经济有限发展法学理论指导外资银行与银行业体系间关系的调整,首先体现在对现行外资银行主体制度进行变革。且这种变革是从我国整体经济利益出发,以外资银行对我国经济发展的作用为基点,特别是能否有利于实体经济发展;以外资银行是否有利于银行业经营效率的促进,良性竞争的形成为前提。当然虚拟经济有限发展法学理论对外资银行主体法律制度变革的指导除了效率导向外还非常重视维护银行业金融市场的公平性。毕竟公平的市场环境才能吸引外资银行的进入,也是银行业良性竞争的必备要素。但虚拟经济有限发展视角下的公平不仅是一种准入条件一体化的形式公平,更是服务于提升社会整体利益的协调性公平,满足金融需求多样化的实质性公平。因此,虚拟经济有限发展视角下的外资银行主体法律制度是结合审批制、注册制以及备案制等多样化方式的准入制度,并结合不同的准入制度特性来确定不同来源地的外资银行设立的标准。另外,银行业、证券业和保险行业是虚拟经济发展的三大基础行业,各虚拟经济行业之间的平衡协调是确保虚拟经济安全的重要基础。虚拟经济有限发展法学理论从结构协调、整体利益促进的角度确立外资银行法律主体制度,既能符合外资银行发展对实体经济的促进功能,又能有效保障外资银行发展的安全性。

(三)外资银行业务扩围与虚拟经济有限发展利益协调观之间的契合

1.外资银行业务范围扩张及带来的立法挑战

新一轮银行业金融机构对外开放水平取得实质性的突破,开放的广度和深度是以往任何一次改革无法比拟的,尤其是在业务范围方面。外资银行的业务范围是最能直观体现银行业对外开放水平的。梳理外资银行具体业务范围,了解外资银行经营状况及可能存在的风险类型是应对银行业全面开放可能带来的风险的前提。随着规模及业务范围的扩张,与外资银行有关的金融风险的立法也必须得跟上,尤其是外资银行进入股票、债券市场后可能带来的不稳定风险,以及应对由于金融创新业务可能带来的未知性风险也是外资银行立法的重要内容。

此次,外资银行业务范围改革的内容主要包括以下三方面:(1)扩大外资银行的业务范围,提升在华外资银行服务能力;(2)降低外资银行分行吸收人民币存款的业务门槛;(3)取消外资银行开办人民币业务的审批,进一步优化在华外资银行的营商环境,使条件成熟、准备充分的外资银行一开业即拥有全面的本外币服务能力,在为实体经济更好提供服务的同时,增加盈利来源。"代理发行、代理兑付、承销政府债券"和"代理收付款项"等银行业中间业务的范围与中资商业银行保持一致,体现了国民待遇原则。但外资金融机构进入中间业务会给国内金融业带来冲击,压缩我国金融机构利润空间,对我国金融机构同质化业务模式构成挑战。降低外国银行分行吸收人民币零售存款门槛的措施,外资银行在境内能更广泛吸收存款,为开展信贷业务奠定基础。但也要吸收其他新兴国家银行业开放的教训预防外资银行存在挤兑、抽逃资金等风险,加上外资银行自身存在较高比例的不良贷款率,这增加了外资银行可能存在的信用风险。从外资银行不良贷款的构成看,可疑类和损失类贷款仍然保持增长势头。2009年外资银行次级类贷款余额为24.2亿元,较2008年降低了25.7%;可疑类贷款余额由2008年的13.59亿元增加至21.2亿元,增长了55.3%,损失类贷款由2008年的14.8亿元增加至2009年的16.5亿元,增长了11.5%。① 因此,为加强对外国银行分行存款人的保护,《外资银行管理条例实施细则》增加一条,规定外资银行分行在开办存款业务时应向客户充分披露存款保险信息,揭示有关风险。

银行业信贷风险往往伴随着流动性风险,加上外资银行与境外母行间的关系,跨境资金流动更频繁,外资银行的进入非常有可能将流动性风险传染到国内银行业体系,引发金融不稳定。加上全球性金融危机和欧债危机,国际金融形势复杂,境外母公司出现任何问题都可能直接导致外资银行流动性风险。

---

① 王松奇、刘煜辉、欧明刚:《中国商业银行竞争力报告(2017)》,《银行家》2018年第12期,第87页。

由于流动性风险对金融稳定和安全的重要性,新一轮金融开放措施为外资银行敞开大门的同时应当结合我国外资银行特性及可能面临的流动性风险设立更有针对性的监管指标,及时预警、报告和应对流动性风险。

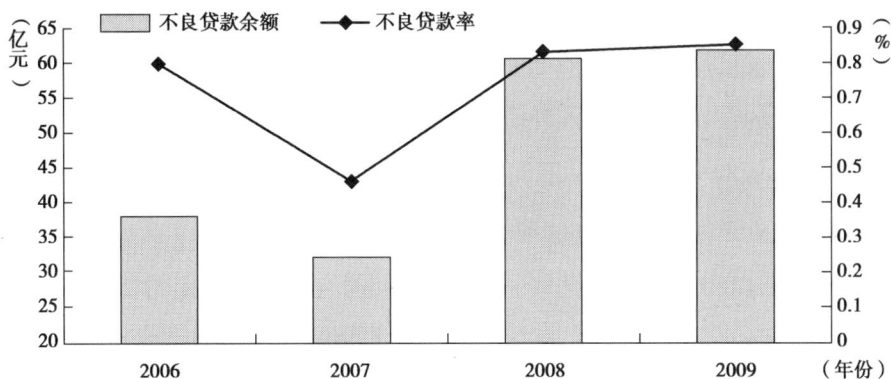

图 4-5 中国商业银行不良贷款情况

总之,外资银行业务扩围在境内获得国民待遇,同时也为我国境内银行业中间业务发展带来挑战,有可能导致同业的恶性竞争,导致银行中间业务市场的不稳定。因此,规范银行业发展的立法应当具有较强的矫正功能,维持银行业发展的秩序。其次,降低外资银行分行人民币存款额度要求提升了外资银行吸储的能力,且大额存款金额背后大都是高质量客户,这可能会对国内银行机构传统业务造成冲击。且根据我国 2015 年开始实施的《存款保险条例》,外国银行分行存款不受存款保险保护,在外资银行资产状况和经营效率难以保证的情况下,这些大额存款有无法获得兑付的风险。另外,在新一轮开放背景下,外资银行非常可能扩大国内银行业务,扩张信贷规模,同时也可能存在较大的信贷风险。因此,我国在扩大外资银行业务范围开放的宽度和程度时,必须有相应的能够应对风险的措施,通过完善外资银行内外部治理机构确保外资银行理性经营。

2.协调理念对外资银行业务范围调整立法的指导

如前文所述,外资银行业务扩围并产生与本土银行同质性的经营范围势必会对国内银行业带来挑战,挤压国内银行经营效率。而从我国引入外资银行的目的以及《外资银行管理条例》《外资银行管理条例实施细则》等内容来看,赋予外资银行更广泛的业务范围是为服务于我国实体经济,特别是满足企业"走出去"的需求,主要从事人民币跨境业务,实现与国内商业银行间的错位发展。因此,外资银行业务扩围及相应的资质审批需要考虑实体经济发展的需求,也要注意外资银行在不同经济发展阶段的差异化需求,使外资银行与本土银行发挥不同的优势服务于实体经济发展。因此,有关外资银行业务范围调整的立法应当依据实体经济发展需求平衡内外资银行的发展利益,以提升银行业整体利益为目标,营造银行金融业的协调发展。

虚拟经济有限发展法学理论是一种平衡协调和整体利益保护理论,是银行法律制度体系变革的整体利益协调性理论。外资银行通常具有很强的金融工具开发功能,这些高杠杆、极具传染性、信用链条长的新兴银行业务使金融风险在短时间内从境外传播到国内市场。在国际经济一体化的背景下,主要经济体的金融风险还会波及世界各地,从而影响全球的金融行业。另外,以服务于实体经济为主的银行金融服务业在受到风险冲击时也会影响其对实体经济发展需求的服务供给质量,从而影响整个市场经济的发展。作为现代经济体系的核心,维护整个金融体系的安全、稳定,特别是银行业金融体系的有序发展极其重要。国内外金融发展的实践证明,过去依靠维护单个金融机构合规运营和风险管理的治理方式难以有效应对系统性金融风险。虚拟经济有限发展法学理论从整体性视角考察整个金融业内部的虚拟经济发展情况,以虚拟经济主体构成、业务规模、业务范围、杠杆率以及与实体经济发展的需求等基本标准判定虚拟经济泡沫大小以及是否在市场经济承受范围之内。并重点分析银行业务中的表外业务发展情况及相应的风险隐患、金融资产管理公司风险管理情况。作为一种立法理论,虚拟经济有限发展法学理论除从整体的视角观察、评估系统性风险和构建系统风险防范法律制度外,虚拟经济有限发展法学理论更是一种整体利益协调理论。

因为对系统性风险的治理会涉及不同类型的金融业务、不同性质的金融服务机构和金融交易主体等,由此会产生行业之间、机构之间及金融交易主体间的利益平衡问题。而虚拟经济有限发展理论从整体利益的角度出发,以提升社会整体福利为目标确定科学的立法理念、基本原则和具体法律制度。

(四)外资银行有序开放与虚拟经济有限发展法学理论安全观的契合

安全是银行业对外开放的底线,有序开放是实现安全开放的途径。因此,外资银行法律制度构建需要以能够保障外资银行安全发展、有序发展为目标。外资银行安全发展的意义在于既能够实现银行业对外开放目标,也能维持银行业为主的金融领域的安全和稳定。作为银行业对外开放核心制度的设立和登记制度,应当守住银行业对外开放的防线,有针对性地规定设立标准,并注重动态调整性。虽然多样化的外资银行来源地能优化我国银行业体系,提供更丰富的、多层次的银行业产品和服务,满足企业"走出去"发展战略需求。但吸引外资银行进入是以满足实体经济发展需求和合理布局国内外资银行为前提的,也是外资银行主体资格设立要求和程序、外资银行商业存在形式等方面的制度设计要求。另外,建立制度间的联动性,满足监督管理要求的外资银行的发展更符合我国银行对外开放的要求,因此外资银行设立和登记的制度可与监督管理制度联合,使外资银行的设立登记与规范发展联合起来,建立起事前、事中联合监管制度,促进外资银行的安全发展。业务范围是银行业对外开放深度的直观体现。构建与外资银行业务范围相应的风险防范机制才能安全地对外开放。因此,对外资银行业务范围资格的审批应逐步放开,构建有序性、稳健性的开放措施和制度。

作为一种发展理论,虚拟经济有限发展理论的内涵主要从以下几方面体现:(1)"允许虚拟经济"发展同时通过合理界定"有限发展"规模,并确保安全、稳定、有序的市场秩序,为发展提供良好的环境。(2)"有限"发展的规制。从虚拟经济市场准入条件、业务范围限制、产品开发禁止、发展规模等各个方面促使虚拟经济发展不完全脱离实体经济发展需求,同时保持虚拟经济活跃金融市场,满足实体经济对金融资源需求的灵活性,并防范系统性风险爆发。(3)从保护金融消费者的视角促进虚拟经济发展。虽然目前虚拟经济开发者、购买者大都集中在机构投资者范围内,但这种不完全的市场业态不利于虚拟经济公平市场环境的诞生,同时虚拟经济的集中也就意味着系统风险的集中,不利于金融风险的分散,系统风险爆发的可能性也就会越大。由此,保护金融消费者是结合宏观的视角与微观的治理两种方式促进虚拟经济安全、公平的运转。由此可见,虚拟经济有限发展既能实现有序和稳定的发展,也能确保发展的安全性。虚拟经济有限发展理论是能够满足外资银行有序发展需求的立法指导理论。

四、虚拟经济有限发展法学理论指导下的外资银行法律制度完善

(一)优化外资银行法律制度的框架体系

新一轮金融对外开放背景下,外资银行准入门槛降低、业务范围扩大,与国内市场主体间的关系更加密切,外资银行在银行业体系中的地位有所提升,外资银行在我国正处在转型发展的时期。随着外资银行在银行业体系中地位的提升,在市场中的功能更加完备,外资银行法律制度框架的体系性、完整性、开放性和逻辑性要求更高。在此背景下,既要满足金融开放需求,也要维护金融安全、稳定,构建外资银行法律制度框架体系势必需要从更高的、整体性的视角考察整个虚拟经济的立法、银行业法律制度体系和结构等内容,并在此基础上明确外资银行法律制度体系的具体内容。虚拟经济有限发展法学理论是契合外资银行转型发展所需下法律制度框架构建的有效理论。因为虚拟经济有限发展理论从结构性、整体化的视角考察外资银行法律制度体系和框架的合理性、逻辑性,且遵循“有限发展”理论的有序性、渐进性推动金融秩序开放和发展的理念。这符合当前我国外资银行转

型发展对法律制度的需求。

如前文所述,外资银行是银行业体系的一部分,外资银行设立、业务范围、内部治理、外部监督管理等方面应当遵循银行业基本法。但有别于一般商业银行、政策性银行在银行业体系中的作用,我国发展外资银行主要是引进相关的资源、管理和技术等方面的优势,为国内商业银行发展提供借鉴以及为"走出去"企业在境内外提供金融服务。在银行业体系中功能和地位的异质性需要有专门法律制度框架规制、引导外资银行的发展。所以,外资银行法律制度框架体系在结构方面应当是有结构层次的,且这种结构层次要服务于外资银行在金融开放背景下的发展需求。例如,外资银行在我国的商业存在形式包括子行、分行和代表处,每种商业存在形式所提供的金融服务有差别。外资银行法律制度的结构性表现为能够引导外资银行在国内的均衡发展和合理布局,满足国内金融市场和"走出去"企业发展需求。那么,有关外资银行子行、分行和代表处设立条件的规定、有关设立主体资格的规定带有一定的引导性。这种更为详细的内容可在《外资银行管理条例实施细则》体现。此外,外资银行法律制度体系的功能作用更为丰富。虽然在新一轮金融开放背景下,外资银行迎来发展的黄金时期,但从前文有关外资银行在我国发展的现状来看,外资银行在数量、规模、资产质量及来源地的结构等方面还存在问题。外资银行法律制度体系框架的构建应着重考虑这些因素:放宽外资银行子行、分行和代表处等的准入资格;鼓励外资银行跨境投资引进外资丰富国内金融市场;优化外资银行资产质量,降低外资银行信贷风险,为外资银行的信贷业务提供便利,建立贷款方财务信息透明性、开放性和可获取性相关的制度;针对目前外资银行来源地结构单一的不足,为吸引更多跨境银行创造更宽松的营商环境、更公平的国内银行业市场环境,有关业务范围审批、监督管理要求方面的法律制度尽量与国内商业银行适用的制度靠拢。

（二）厘定外资银行法律制度的功能定位

任何法律制度被设计出来都会对相关的主体、行为发生作用，从而产生相应的功效，所以在进行制度设计时要预先厘定法律制度对调整对象可能产生的作用进行功能预设。以往的立法进行制度设计和功能定位时更关注制度规范自身对调整对象的影响，或者考虑制度在本部法律中所处的地位应当发挥的功能而进行具体内容的设计。这种立法考虑对处在主流或主要地位的调整对象是比较合适的，因为法律适用的普遍性需要立法者这样去考虑。但对那些在某类社会关系中处在边沿的主体而言，相关的立法制度就不仅需要考虑受调整对象自身的特性，同时也要特别对调整对象所处的更大范围的立法理念、立法功能进行考察，既要突出特性，也要起到对既有立法框架体系的补充。外资银行法律制度在银行法律制度体系、虚拟经济银行法律制度体系中就是一种特殊性的存在。因此，对外资银行的立法除了要考虑外资银行本身特色外，还要明确外资银行在银行业体系中的地位和功能。这是外资银行法律制度功能厘定的前提。

目前，外资银行的专门立法包括《外资银行管理条例》及其实施细则。两部法律包含了外资银行设立、业务范围、监督管理和终止与清算制度。《外资银行管理条例》规定外资银行在我国存在的商业形式包括子行、分行和代表处，设立和登记制度也明确了分行和代表处设立的要件，但缺少了设立子行的规定。外资银行子行是重要的银行业主体，在专门的法律中却缺乏重要的准入制度势必影响银行业金融对外开放。当然外资银行作为商业银行的一类，设立独立子行的要件肯定需要符合《商业银行法》《公司法》规定的基本条件。但外资银行在业务范围、监督管理及内部治理等方面有别于其他国内银行，所以设立子行的条件在基本法中规定不太妥当。一方面，无法突出在金融开放背景下外资银行设立和发展的特性。另一方面，在外资银行的专门法律中规定设立子行的要件，可使外资银行法律制度体系更加完备。有关外资银行业务范围的规定,目前的规定只是平移了《商业银行法》中的规定,没有体现外资银行子行、分行和代表处能重点开展的业务内容,以实现外资银行与其他银行主体在金融服务提供方面实现优势互补。因此,有关外资银行业务范围的规定,可以更为细化,并且实现与我国实体经济外向发展的金融服务需求相对接。这才是外资银行法律制度实现平衡和控制银行业金融体系功能的途径。在外资银行的专门法律制度中,有关监督管理的规定以外资银行分行、代表处为主要规制对象,但监督管理的具体规定有没有凸显外资银行分行、营业机构需要特殊监管的内容,且没有对接《外资银行管理条例》中外资设立分行、营业机构需要符合的条件在设立之后又不满足时应当如何处理。此种监管制度体现了对外资银行更注重事前监管的理念。但作为银行业体系中越来越重要的实体,外资银行行为可能引起金融安全、稳定的问题。因此,只有事前监管的制度是难以满足金融安全需求的。外资银行监管制度应当结合《银行业监督管理法》的规定,突出外资银行从事业务范围可能带来的金融风险及其相应的监管措施。

第五章　虚拟经济有限发展法学理论视角下的政策性银行法律制度

　　十八届三中全会作出了《中共中央关于全面深化改革若干重大问题的决定》,并提出"构建开放型经济新体制""扩大金融业对内对外开放"的战略构想。在构建开放型经济体制的过程中,虚拟经济无疑扮演着十分重要的角色,但其高风险性在世界经济平台的博弈中又会被极大地放大,并给我国的实体经济乃至整个国民经济带来威胁。尤其是随着我国对外开放步伐的加快,虚拟经济的国际化势在必行,我国虚拟经济的运行将面临更加复杂的国际国内矛盾以及前所未有的风险和挑战。因此,在开放经济条件下,如何从法律制度建设方面确保虚拟经济运行安全和健康发展,成为当下的重大课题。

　　政策性金融是为贯彻和执行国家经济、产业政策,向特定产业领域的特定项目提供中长期资金支持的金融活动,并与内资商业金融、外资金融共同构成了我国虚拟经济中的银行体系。与商业性金融按照市场机制配置金融资源并追求经济利益不同,政策性金融资源配置目标、机理和基本原则都具有明显的公共性,并不以追求经济利益为最终运营目标。因此,政策性金融在整个虚拟经济中是一个特别的存在。虽然政策性银行并非主要的金融活动主体,但在不同经济发展阶段对商业性金融的不足起着补充作用。在开放经济背景下,商业性金融面临严峻的发展形势,政策性金融也在发展路径的选择上存在困境。政策性银行是政策性金融的实施机构,在不同政策领域设立了不同的政策性银行。例如,农业发展银行、中国进出口银行、国家开发银行等都具有不同的政策功能。作为政策性金融的实施机构,这些政策性银行在经济发展新常态下是选择继续开放的市场化路径,还是回归"政策性"本位? 有关政策性银行的法律制度应如何应对? 需要什么样的理论指导政策性银行立法? 这都是需要探讨研究的。

一、新常态背景下政策性银行的"归位"

发达国家和其他发展中国家的国际经验已经表明:政策性银行是现代金融体系的重要组成部分。20 世纪 90 年代,我国组建中国国家开发银行、国家进出口银行和农业发展银行三家政策性银行。在过去的二十几年,政策性银行对能源、农业农村等重要经济领域的发展发挥了重要作用,为恢复和发展国民经济做出了重大贡献。中国是发展中国家,尽管三家政策性银行履行职能的市场环境已经发生了变化,但是我国中小微企业融资困难、区域发展不平衡问题依然突出、农业基础薄弱的现状还没有改变、经济转型升级处于关键时期,支持"走出去"战略,参与国际石油、天然气、矿产品等战略性资源开发等国家公共事务尚待推进,这些都需要有强大资金支持。政策性银行是国家宏观经济调控的重要工具,作为财政投融资机构,是财政政策与货币政策协调框架内政府干预经济的重要手段,是金融形式的特殊财政活动[1],其功能与职能范围受国家经济形势、金融行业发展水平的影响。[2]

（一）新常态对政策性银行发展提出新的要求

1.经济高质量发展及对政策性银行发展理念的影响

党的十九大报告指出,我国经济已由高速增长阶段转向高质量发展阶段。高质量发展是当前和今后一个时期确定发展思路,制定经济政策,实施

---

① 刘世恩:《中国政策性银行转型研究》,中国财政科学研究院博士学位论文,2017 年。

② 易信、刘磊:《以"三大转变"推动经济高质量发展》,中国共产党新闻网,2019 年 2 月 2 日。

宏观调控的根本要求。当前,高质量发展已从思想与理论构建阶段步入全面实施阶段,推动高质量发展关键在落实。如何把发展更多地与"质量""效益"等概念挂钩,或者说形成一种新的发展共识和合力,需要推动居民、企业和各级政府摆脱传统观念的束缚,全方位转变在高速增长阶段形成的传统思维方式、行为方式和发展方式。首先要突破思维惯性,以新发展理念统领高质量发展全局,具体包括:①树立人本思维。建立以人民为中心的发展思想,把握社会主要矛盾已转化为人民日益增长的美好生活需要和不平衡不充分的发展之间的矛盾,做到经济发展依靠人民,经济发展为了人民,经济发展成果由人民共享。②树立系统思维。把高质量发展作为一个系统工程来抓,克服唯 GDP 论,注重发展方式转变、经济结构优化和增长动力转换,树立全局意识,构建区域间、部门间利益平衡和协调机制。③树立和谐思维。突破片面强调矛盾双方对立性,把保护生态环境看作是经济发展的首要准则,形成"绿水青山就是金山银山"的发展理念。其次是打破行为定式,以新激励机制凝聚高质量发展合力,以思维方式全方位转变为传导基础,以激励约束机制调整为传导重点,推动居民、企业和各级政府的行为方式转变,加快形成推动经济高质量发展的合力。再次是要转变发展方式,以高效益驱动激发高质量发展动力。以思维方式和行为方式全方位转变为基础,不断深化体制机制改革,着力优化宏观政策和制度环境,推动数量型发展方式全方位转变,加快形成符合新发展理念的质量效益型发展方式。① 我国社会主要矛盾已经转化为人民日益增长的美好生活需要和不平衡不充分的发展之间的矛盾,人民的公共需求也随之发生变化,经济高质量发展是满足新

---

① 新发展方式的主要内容:一方面是完善转向创新发展和绿色发展的内生驱动机制。以关键共性技术、前沿引领技术、现代工程技术、颠覆性技术创新为突破口,完善创新制度体系,不断强化自主创新的自生能力提升机制,加强基础研究、提升应用研究,推动经济发展从要素驱动型向创新驱动型转变。不断健全生态文明制度体系,强化绿色发展内在驱动机制,推动经济发展从资源依赖型向资源节约型和环境友好型转变。另一方面是构建新时期转向协调发展和开放发展的新体制。经济高质量发展阶段有新的经济发展目标,关键的经济发展领域和核心内容以及创新的发展方式。同上注。

时期人民公共需求的必经途径。政策性银行是服务于公共需求的金融机构。因此,新时期政策性银行开展业务活动的目标、领域、资本数额、资产负债结构、融资原则与服务对象、权力结构等均应围绕能促进经济高质量发展这个中心。与促进经济高速增长时期政策性银行业务活动围绕基础性公共设备、设施为主不同,经济高质量发展时期公共性需求的内涵更丰富,结构更复杂,政策性银行如何在众多的公共产品、服务供给中确立一定的准则,精准供给金融产品和服务成为经济转型发展新常态下的首要目标。作为虚拟经济有机构成部分的政策性银行,要在经济新常态背景下提供更精准的金融性公共产品和服务,必须突破过去政策性银行各自为政又深受地方政府干预的状态,从更系统化、整体性的视角理解各政策性银行的发展问题。政策性银行提供金融公共产品和服务需结合在虚拟经济中的地位及应具备的功能,优化内部决策机制,提升公共金融产品和服务供给效率。

2.国有金融资本管理新目标对政策性银行治理机制的影响

政策性银行是由国家作为出资人设立的,政策性银行的资产是国有金融资本的构成部分。因此,国有金融资本管理目标的变化会对政策性银行经营管理、资本约束、风险控制等机制产生影响。《中共中央　国务院关于完善国有金融资本管理的指导意见》(以下简称《意见》)提出的主要目标是,建立健全国有资本管理的"四梁八柱",理顺国有金融资本管理体制,增强国有机构活力与控制力,更好地实现服务实体经济、防控金融风险、深化金融改革三大基本任务。①《意见》的主要内容体现了维护国有金融资本的安全性和促进国有金融资本使用效率提升的目标。就政策性银行而言,首先要明确政策性银行在国有金融资本领域的地位和作用范围;要维护政策

---

① 三大基本任务包括:一是法律法规更加健全。制定出台国有金融资本管理法律法规,明晰出资人的法律地位和职责边界。二是资本布局更加合理。落实高质量发展要求,切实提高国有金融资本配置效率,做到有进有退,有效发挥国有金融资本在金融领域的主导作用。三是资本管理更加完善。规范委托代理关系,完善国有金融资本管理方式,强化资本管理手段,提高管理的科学性、有效性。

性金融资本的安全性,就必须在市场定位、业务属性、支持领域等方面突出和强调政策性银行的政策性,突出政策性银行特点,防范政策性银行在公共事务中重复、过度投资,产生公共事务的"泡沫"和虚拟化投资;在公司治理、风险管理、内部控制、激励约束等方面的监管要充分体现政策性银行的特殊要求,并促进政策性银行经营效率的提升。

3.完善服务、防范风险新要求对政策性银行服务供给的影响

金融供给侧结构性改革着重于构建多层次、广覆盖、有差异的银行体系。就政策性银行而言,国家开发银行、进出口银行与农业发展银行构成了我国政策性银行的体系,面对新的金融服务供给对象和金融风险防范目标,政策性银行既要遵循银行业经营规律,构建有效的资本约束机制,维护政策性金融的安全和稳定;也要尊重进入实体经济领域的市场优胜劣汰机制,建立灵活的业务范围调整机制,听取商业性金融机构、企业和政府部门等各方意见,形成与商业性金融的互补关系。

(二)政策性银行"归位"的具体体现

职能定位是政策性银行功能作用及与商业性金融区别的主要体现,也是政策性银行在经济向高质量转型发展的背景下所选择的发展路径。三大政策性银行立法从市场定位、公司治理、风险管理、内部控制、资本管理、激励约束和监督管理等各个角度展示了职能定位。

《国家开发银行监督管理办法》从监管规制角度强调了其开发性金融的职能定位。(1)要求开发银行发挥服务国家战略、依托信用支持、市场运作、保本微利的开发性金融作用。(2)要求开发银行坚守开发性金融定位,以开发性业务为主,辅以商业性业务。(3)要求开发银行发挥中长期投融资作用,加大对经济社会重点领域和薄弱环节的支持力度。

中国农业发展银行的职能定位,主要涉及三农的发展与保障,具体表现为:①坚持以政策性业务为主,保障和维护国家粮食安全的领域,促进农业

转型升级和可持续发展,推进农村产业融合,改善农业农村公共服务的领域,促进"三农"发展的领域,支持特色产业发展及专项扶贫,增强贫困地区内生动力和发展活力的领域。②明确风险补偿机制。农业政策性贷款的风险大,中国农业发展银行的呆账准备金提取比例,应略高于现有专业银行的提取比例(专业银行今年为0.7%),可按年初贷款余额的1%提取呆账准备金,核销以后实行差额补提。③提升资本实力,建立资本充足率约束机制。要求农业发展银行制定明确的资本规划和补充计划,在合理范围内确定业务发展规模、速度;政策性银行的资金优先满足政策性业务。④强化内部管控和外部监管,建立规范的治理结构和决策机制。

中国进出口银行的定位重在促进和保障我国的进出口业务,具体包括:①明确进出口银行的特定支持领域,要求该行依托国家信用,紧紧围绕国家战略,重点支持外经贸发展、对外开放、国际合作、"走出去"等领域;②要求该行严守政策性金融定位,坚持以政策性业务为主体开展经营活动;③要求该行遵守市场秩序,建立与商业性金融机构互补合作关系;④引入业务范围动态调整机制,避免进出口银行业务偏离定位;⑤要求进出口银行以服务国家战略、实现可持续发展为导向,以保障政策性业务为原则健全激励约束机制,依法合规经营和有效防控风险。①

二、政策性银行"归位"与虚拟经济有限发展法学理论的契合

政策性银行是政策性金融理论发展的产物,即作为国家宏观经济调控的政策性工具受政府宏观经济调节目标的影响,同时作为金融市场主体受市场经济发展规律的影响。在我国经济向新的高质量发展阶段转型、金融供给侧结构性改革大背景下,政策性银行也面临着转型发展,而如何确定转型发展方向需要从政策性银行的理论渊源着手。

---

① 中国证券报:《开发银行和政策性银行监管办法发布》,2017年11月16日。

我国建立政策性银行体系比西方国家晚且背景差异很大,这是我国政策性银行早期发展、功能作用区别于西方国家政策性银行的主要原因。1994 年建立政策性银行体系时,我国市场经济还处于初级阶段,与西方国家政策性银行以弥补市场失灵为主不同,我国政策性银行是为分离商业银行政策性业务与经营性业务,使商业银行摆脱受各级政府影响而无法有效配置金融资源的束缚为背景建立起来的。但政策性银行分离出来之后,承担了类似商业银行的业务经营,受政府干预较大,效率低下,财政负担重。因此,合理定位政策性银行功能,并通过有效的内部治理机制履行国家宏观经济调控政策,减少政府随意干预是我国政策性银行得以持续性发展的前提。基于政策性银行产生背景的差异,我国政策性银行发展路径与西方国家存在不同。一方面,市场经济发展的不同阶段,市场机制失灵或不足具有差异性,成熟的市场经济背景下需要政府进行宏观调控的范围相对较少,政策性银行主要进行逆周期调整、公共产品提供等。而市场经济发展的初级阶段,特别是我国市场经济发展起步较晚,政府主要职责是培育市场。因此,政策性银行以填补功能、开发性功能为主,政策性银行对金融资源的配置也主要投向基础设置、基础设备等方面。另一方面,从商业银行分离出来的政策性银行受各级政府主观干预较多,不良信贷资金大量累积导致政策性银行资金压力。在政策性银行进行开发性业务、自营业务经营时,不良贷款及由此带来的风险减少。但这与商业银行业务范围发生冲突,影响正常的金融市场秩序,偏离政策性银行定位。因此,我国政策性银行未来转型发展,一是要通过合理安排内外部机制,防止政府过度干预;二是政策性银行回归政策性定位,业务范围应当避免与一般商业银行发生竞争,金融资源配置结合国家宏观经济政策,并且结合相应的内部机制,控制相应的风险,促进政策性银行的可持续发展。

(一)政策性金融定位与虚拟经济有限发展平衡协调理论观的契合

1.政策性银行的功能演变及政策性"回归"

政策性银行是政策性金融理论的产物,与一般商业银行主要以盈利为目标不同,政策性银行更多是以实现国家的经济政策为目标。虽然政策性银行机构的运行机制呈现出较强的市场性,也涉及经济效益,但这种经济性只是政策目标的一种实现方式或路径而已。考察政策性银行的功能有助于理解政策性银行在经济新常态背景下的转型方向,界定政策性银行的发展范围。从政策性银行的作用范围来看,政策性银行最早出现在西方发达国家,以法国为代表。法国的金融体系非常发达,也十分复杂。19 世纪末期,就已经存在支持农业发展的、融通农业资金地方性农业的信贷金库,并经过发展最终成为法国最大的银行。为应对 20 世纪初期由于农产品过剩所引发的全国性农业危机,美国也逐步构建了农业信贷体系,制定了《1933 年农业信贷法》,并以此对农业进行大规模、广范围、多样化方式的干预措施。德国是世界上最早建立农业金融制度的国家,至今已经有 200 多年历史。[①] 德国还是欧洲农村信用合作社的发源地,19 世纪中期,通过设立一系列金融机构来保护和扶持农业发展。支持农业发展是政策性银行产生的最初原因,只是各国政府通过政策性银行调整农业发展发挥的作用有所不同,法国和德国构建的政策性银行以融通资金扶持和发展农业为主营业务,而美国的农业信贷除支持农业发展之外,还起到调节农业市场发展规模、发展模式和方向的作用。农业作为基础产业是其他产业发展的物质保障,而农业自身具有风险大、投资回报率低的特征,因而市场经济越发达农业发展就会越受排挤。农业发展的这些特性是政府干预农业的必要前提。

随着市场经济的纵深发展,政府通过政策性银行进行经济调节的范围

---

① 白钦先、曲昭光:《各国政策性金融机构比较》,中国金融出版社 1993 年版,第 9 页。

不限于农业领域。1929 年爆发的世界经济危机使各国经济遭受严重打击。经济学家们认为市场机制存在固有的缺陷必须通过政府有效干预复苏经济发展。以美国为代表的一些国家将政策性银行投资的范围从原来的农业领域逐渐拓展到住房领域、进出口领域。美国分别颁布了《1932 年住房贷款银行法》和《1945 年进出口银行法》，以规范政府通过政策性银行调节房地产市场和进出口贸易。1984 年，美国成立了专门扶持中小企业发展的联邦贷款机构：中小企业管理局，为中小企业发展提供贷款服务。法国 1936 年成立了国家市场金库，作为一个政府机构专门从事贷款担保业务；1980 年组建了中小企业设备信贷银行，是专向中小企业贷款的公营机构。巴西是南美洲最大的国家，20 世纪 60 年代末，巴西进入了经济高速发展时期并取得了重大成就，同时也面临着一些严重问题。巴西政府采取政府计划投资来调节和管理经济，采用政策性金融的方式对基础产业部门、基础设施部门给予重点支持。巴西国家经济开发银行就是着眼于消除基础设施"瓶颈"，建立起强大的基础工业，为经济的全面增长奠定坚实基础。另外，20 世纪 60 年代初期，巴西还建立了国家住房银行以稳定房地产市场，控制房地产行业的通货膨胀问题。20 世纪 50 年代开始，巴西政府建立了地方开发银行体系以促进落后地区经济开发和全国经济均衡发展为目标。

市场经济存在的不足和政府有效干预是政策性银行存在和发展的充分前提，但政策性银行存在和发展范围不完全受制于市场经济发展。以日本为例，为复苏战后日本的经济，日本政府依据《日本开发银行法》于 1951 年成立了开发银行，承担着贷款、投资和担保等业务，并配合经济复苏政策，将资金主要投向电力、煤炭、运输等基础产业；20 世纪 60 年代转向了机械、石油、化工等产业；为配合国民收入倍增计划，改善国民经济发展不均衡，重点向落后地区提供资金；20 世纪 80 年代，除仍然支持能源开发、城市建设之外，将资金投向新技术开发以适应新技术革命带来的挑战。1950 年，依据《日本输出银行法》，日本政府成立了进出口银行。这对严重依赖出口的日本非常重要,通过出口信贷、海外投资等方式扶持国内企业的出口贸易。另外,日本还有国民金融公库,专门为一般的民营企业提供小额贷款以及住宅金融公库、农林渔业金融公库等政策性银行。

从国内外政策性银行产生、发展的历程来看,政策性银行的功能是不断变化和完善的。政策性银行的功能包括:逆向调节功能、填补市场缺位功能、弥补市场失灵和诱导性功能。逆向调节功能是指政策性金融对融资领域、行业或部门是有明确的反向选择性的,即它只有在市场机制不予选择、滞后选择或无力选择,单纯依靠市场机制的自发作用将得不到充足资金和应有发展时,政府才通过行政机制由政策性金融逆向地选择它们。① 例如,20世纪初期,美国针对过剩农产品行业的调整。填补市场缺位功能,主要由两方面构成:首先是填补性功能,即以直接扶持的方式,填补银行业金融体系内部由于商业银行市场化改革而不能从事的带有公共性质、营业利润无法保障所留下的金融业务空缺;其次是开发性功能,针对市场经济发展所需的基础性行业或者对各经济领域发展起到推动作用的产业进行投资。例如,战后日本对公共基础设施、新兴技术开发领域的投资等,这些行业由于前期投资大、风险高,且投资回报率不稳定等因素难以在市场不成熟的时候引进资本进行投入开发,因此需要政府的介入。这些基础设施对其他经济产业发展具有推动作用。

市场失灵主要表现为不完全、垄断、公共产品供应不足、信息不对称、负外部性、周期性危机等方面。政策性银行通过资金的配置培育不完全市场,促进市场的公平竞争。负外部性问题也可以通过政策性银行向从事环境保护行业的市场主体提供优惠性贷款,扶持企业发展从而改善环境问题。诱导性功能为填补性功能、弥补性功能的一种附属功能。政策性银行以贯彻国家宏观经济调控政策为主要目标。政策性银行选择投资的范围大多是国

---

① 臧明仪:《中国政策性金融理论与实践研究》,中共中央党校博士学位论文,2006年。

家出于宏观经济调控需要扶持的领域,这传递出一种政策信号,可以引导民间资本的投向,从而弥补、完善市场存在的不足。

所谓政策性银行的"回归"就是指在不同时期,政策性银行能准确定位市场和社会所需,发挥不同的功能满足公共性金融产品和服务需求。作为规范政策性银行及行为的法律制度应有助于政策性银行准确定位当前公共金融产品和服务所需,且法律制度的设计也应有助于政策性银行发挥逆向调节功能、填补市场缺位功能、弥补市场失灵和诱导性功能。

2.虚拟经济有限发展法学理论对政策性银行法律制度的功能定位

作为一种立法理论,虚拟经济有限发展理论首先从整体的角度观察、评估各虚拟经济机构的功能地位,并以整体利益协调为目标对虚拟经济各行业进行平衡性立法,以提升社会整体福利为目标,明确各虚拟经济行业立法的功能。政策性银行法律制度是银行业法律制度体系的构成部分,具有天然的防范型法律制度和管制型法律制度的共性特征。同时受职能定位影响,政策性银行法律制度具有一定的防范性、管制性特征。

虚拟经济的安全和稳定是立法的根本目标。虚拟经济是由多个行业组成的,各个虚拟经济行业的风险敞口不同,风险防范机制也有所差异。就政策性银行而言,由于组建政策性银行时就确定了各自的职能定位,因此政策性银行在经营过程中面临的金融风险是有特殊性的。作为规范和调整政策性银行及行为的法律制度要应对这种特殊性风险,就必须有特定的设计。因为一般商业银行是以市场化方式运作,享有法律规定的自主经营权,决策机制也更市场化。因此,在面对高风险行业和未知风险的领域时,商业性银行可以选择不进入。政策性银行是承担了弥补市场缺位、逆向调节和开发性功能的,即使供给的银行业产品和服务存在很高的风险也不能放弃。因此,自由经营权方面的限制给政策性银行带来的可能不是风险规避,而是承受这种具有明显风险的项目带来的损失。那么政策性银行的风险控制、监督管理和资本管理等方面的法律制度除了具有防范性特征以外,还应具备降低风险发生概率,减少损失的功能。因此,政策性银行风险防范法律制度应当保持一定的层次性,既不能完全将风险阻挡在外,同时也要起到降低风险带来损失的作用。此外,三家政策性银行职能定位不同,面临的风险也有所差异,所以,各个政策性银行的风险防范、资本管理和监督管理法律制度也应依据风险敞口作出针对性的规定。

在经济向高质量转型发展的背景下,"回归"政策性定位是政策性银行法律制度设计的根本,这也决定了政策性银行立法的管制性特征。虽然银行业法律制度体系都有管制性的特征,但政策性银行有既定的职能定位,在银行业体系中不仅是金融产品服务的供给者,也是政策履行的"政府机构"。在政策性银行的公司治理制度、内部控制制度、激励制度等方面要引导政策性银行发挥弥补市场缺位、逆向调节的功能。在内部治理方面,引导政策性银行真正起到政策性功能的是决策机制,包括决策主体的组成、决策程序的过程、决策执行结果的评估等方面的制度设计都应以政策目标的实现为立足点。在内部控制制度方面,除了政策性银行运作的规范性制度以外,以市场化方式运作的政策性银行法律制度还应具有能够促进发展的作用。通过内部规范促进发展才是政策性银行内部控制法律制度的最终目标。因此,对内部控制制度的规范性和促进性进行平衡是政策性银行内部控制法律制度应当具备的功能。在激励制度方面,政策性银行法律制度的激励性应当是对调整对象有激励性,特别是对于开发性政策性银行而言,政策性银行要起到深挖既有市场、开拓未知市场的作用,不能仅仅依靠国家的力量,要激励更多资本的进入。因此,政策性银行的开发性功能是需要激励制度来推动的,这种功能要发挥出来需要政策性银行在资金供给的选择上,选择能真正推动行业发展潜力的项目,能在关键性环节提供资金保障。

（二）政策性银行市场化运作与虚拟经济有限发展的结构优化观的契合

1.政策性银行市场化运作及带来的立法挑战

从20世纪90年代实行市场经济制度以来,我国市场经济发展在日趋完善中,同时市场机制的不足也凸现出来,尤其是环境污染问题已经成为严重影响我国经济向更高质量发展的障碍。另一方面,政策性银行建立初期,由于政府干预不当导致债台高筑,不良资产累积,政策性银行风险加剧。在经历了这些之后,我国政策性银行深化改革的总体思路是坚持政策性定位,并通过市场化的运作方式实现政策性银行追求的社会效益的实现。新时期市场化改革是我国政策性银行转型的路径。

政策性银行市场化是指政策性银行在既定的政策性业务范围内,运用市场化的方式合理地利用政策性金融资源,更好地发挥政策性金融的功能,实现社会公共利益最大化。对于政策性银行来说,公共性目标是战略,市场化运作是战术;在组织架构、业务管理、风险控制、人力资源等多方面集中体现市场化。[1] 政策性银行市场化运作的核心是要紧紧围绕政策性这个最终目标,不因市场化运作而本末倒置。这需要通过合理的内部治理机制和外部监管机制进行控制。法律制度是市场经济体制有效运转的保障。将政策性银行内部治理相关的组织架构、业务管理、风险控制、人事任免等以法律的形式确定下来,是政策性银行市场化运作有效的前提。

以市场经济体制为基础的政策性银行的功能比市场经济建立初期更为多样化,业务范围与运作受市场机制的影响更深。相比于政策性银行建立初期,政策性功能发挥的主要范围都在于基础设施建设方面不同,市场化运作的政策性银行可能会与商业性银行之间在业务范围、功能作用等方面产

---

① 王伟、张令骞:《中国政策性金融的异化与回归研究》,中国金融出版社2010年版,第170-176页。

生同构性,这给政策性银行法律制度带来挑战。一方面,政策性银行法律制度设立要符合市场化运作规律的自成性,减少强制性、管制性的制度内容。同时为维护政策性目标的实现,这种管制性制度又是必需的。所以,政策性银行法律制度要平衡管制性和自成性法律制度间的关系。另一方面,新常态背景下政策性银行的市场化方式更多,范围更大。因此,政策性银行职能定位的层次和结构更复杂,政策性银行需要避免职能定位不清可能导致重复投资、资金利用不到位及效率低下无法达到政策性目标的问题。这就给政策性银行法律制度带来挑战。

2.结构优化理念对政策性银行市场化运作的立法指导

虚拟经济结构优化理论是虚拟经济有序、稳定、安全运行的优化发展理论。虚拟经济有限发展法学理论不仅是一种整体利益协调理论,更是促进金融业态优化发展、金融资源优化配置,以满足实体经济需求的理论。虚拟经济是以正规金融行业为基础发展而来的,正规金融体系的结构优化必然影响虚拟经济发展的效率。银行业是虚拟经济体系的主要构成部分,同时银行业体系的内部构成也会影响虚拟经济发展的效率。作为银行法律制度优化的立法理论,虚拟经济有限发展法学理论必然关注银行体系内部的结构,以及从整体发展的视角分析银行业结构、证券业结构及保险业结构中的虚拟经济发展情况及相互间的关系,为银行业结构优化奠定实践基础。这种结构优化的虚拟经济有限发展理论应当体现在银行法律制度变革之中,将虚拟经济的准入资格所进行的限制、业务范围调整、风险隐患测量的指标体系及虚拟经济监管主体、监管方式、监管职责等以法律形式确定下来,以确保虚拟经济在银行业体系中的结构合理。

新一轮政策性银行体制改革中,政策性银行被赋予弥补市场缺位和开发性金融的功能。这些功能的实现要求政策性银行以更全面、更多样化的方式进行市场化运作,而这种市场化方式可能导致政策性银行间由于资金运作带来的公共资源浪费的问题。这就要求对政策性银行法律制度体系进行严谨的结构性安排。首先,为避免政策性银行市场化运作偏离政策性目标以及产生与商业性银行间的竞争,政策性银行法律制度体系在政策性银行的市场性定位设计中应明确政策性银行的职能定位,或者在其他的公司治理制度、风险控制、内部控制、资本管理等制度中制定有效的决策机制保证政策性银行的功能定位。其次,政策性银行体制改革的各种功能是由政策性银行共同完成的,政策性银行间由于职能定位不清导致政策性金融产品和服务的重复供给,公共资源使用效率低下,政策性目标难以实现的不足。政策性银行法律制度要弥补这样的不足就要明确三家政策性银行的业务范围,构建满足政策性银行职能差异化定位所需的公司治理制度、资本控制制度和风险管理制度,厘清三家政策性银行市场化运作在职能定位上的层次性和结构性。再次,新一轮政策性银行体制深化改革背景下,政策性银行市场化水平更高,面临的市场风险也就更复杂。所以政策性银行法律制度应着重构建应对风险的制度。

(三)政策性银行风险防范与虚拟经济有限发展法学理论风险治理理念的契合

1.政策性银行风险特性及对立法的挑战

政策性银行是国家宏观经济调控的重要工具,也是实体经济融资的重要渠道。在我国市场经济转型发展的时代背景下,基础设施、基础设备等基础产业发展也成熟的背景下,我国政策性银行主要功能已经从过去提供公共性产品为主向填补市场空白、开发性、诱导性功能转变。政策性银行的填补功能、开发性功能、诱导性功能转型是以我国市场经济体制建立为背景的,并且从三家政策性银行改革实施方案来看,回归政策性定位是根本目标。为实现该政策性目标,三家政策性银行选择通过市场机制的方式完成政策目标。在新常态背景下,政策性银行进行了市场化的体制改革,业务范围扩大、内部治理结构更加复杂。有效的内部风险控制机制是政策性银行实现其调节功能、金融资源配置的基本保障。依据财政部《国家政策性银行财务管理规定》的规定"政策性银行应认真执行国家的经济政策和产业政策，支持相关产业的发展，坚持自主、保本经营，实行企业化管理，讲究经济核算，提高经济效益"。可见，在政策性银行转变经营机制的背景下，在经济效益重要性凸显的背景下，建立健全风险控制制度的重要性。

风险防范制度是银行业的重要法律制度。如前文所述，政策性银行的功能已经发生变化，特别是开发性政策目标的实现使政策性银行提供的公共性金融产品和服务面临投资风险不良资产率提升的风险。且政策性银行职能定位与商业银行存在差异性，所以政策性银行的风险特性有别于一般商业银行的风险。而这个风险的主要来源是开发性职能定位带来的未知性风险。市场化运作的商业银行风险来源、风险特性及风险应对措施都较成熟，在市场不稳定时采取相应的应对措施可以起到降低风险的功能。例如，为应对流动性风险，可以加强期限错配管理、同业负债率管控和多渠道资本补充等来降低风险。但政策性银行的开发性风险是由于政策性银行按照市场化运作方式提供公共金融产品和服务，但取得公共金融产品和服务的对象并不一定是市场主体或者不是在一个较为完善的市场体系中运作，所以，产生风险特性以及应对措施、制度设计是有别于一般商业银行的风险防范机制的。例如，农业发展银行提供贷款的对象不一定满足市场主体资格，因为我国农业、农村的发展规律并没有完全实现工业化，农业市场化程度也不高。进出口银行在鼓励企业走出的同时，提供公共性金融产品和服务，面临的风险就不仅限于国内市场，还需要考虑"走出去"企业所在市场的风险。国家开发银行立足于深挖市场潜力和培育新兴市场的功能，而新兴市场和尚未发掘的潜在市场的发展规律没有形成。没有形成市场发展规律的投资是有风险的，这种风险不能完全归为以往的流动性风险、操作性风险、信用风险。因为开发性功能定位带给政策性银行的风险发生机理是不同的。应对未知性风险的最好措施就是提前预防。虽然虚拟经济风险应对的措施都具有一定的防范性,但这些防范措施主要针对的是市场发展可能带来常规性风险。政策性银行风险防范的关键不是围绕金融产品和服务供给对象的信用基础的考核,而在于如何真正鉴别公共性金融产品和服务供给是符合职能定位目标的,能够准确识别资金投入的,能够起到开发市场潜力和弥补市场缺位的功能的。因为真正能够发挥挖掘市场潜力的资金供给是符合市场发展规律的,从长期来看,这种投资回报的安全性会更高,风险概率会更低。

2.虚拟经济有限发展法学理论的风险治理理念

虚拟经济有限发展法学理论是一种预防治理理论。虚拟经济是通过复杂的数理原理将基础金融资产证券化,并通过层层嵌套的方式开发出类型多样、风险程度不同及难以评估的金融衍生工具来吸引机构投资者、金融散户消费者购买。信用链条较长,涉及金融领域的消费者、经营者众多,加上基础资产复杂,金融衍生工具的信息透明度不高等特征,导致了金融行业的脆弱性,这种脆弱性既增加了系统风险爆发的可能性,也导致虚拟经济内部的不稳定性和不确定性。尤其银行业是虚拟经济的重要构成部分,银行业内的系统性风险是治理的重点内容。只是构建一个全方位、广覆盖的系统性风险治理体系,先不说全方位治理体系构建的难度,即使构建起来作为一种治理体系成本投入恐怕也高企难下,这不符合虚拟经济发展对效率追求的目标。同时,系统性风险爆发对整个市场经济都会带来巨大的损失。因此,"预防治理"成为虚拟经济体系内系统性风险治理的重要措施,同时也是节约治理成本的有效手段。虚拟经济有限发展法学理论是一种整体性、结构性风险治理理论,此治理方式以金融行业和实体经济发展为基础,以结构优化为手段,从而有利于识别虚拟经济发展中所暴露出的风险点。预防治理与重点治理在系统性风险防范中有着密切的关系。预防治理的对象首先应当是针对那些可能引发和促使系统性风险爆发的主要金融行业、主要的金融机构或者重要的金融领域。由此,对预防治理方式而言,如何通过法律制度的方式构建起重点风险识别机制非常重要。

虚拟经济有限发展法学理论是一种法律监管理论,是银行宏观审慎监管理念的法律化理论。为应对系统性金融风险,巴塞尔新资本协议提出了宏观审慎管理理论,从经济学、管理学、金融学的视角对宏观审慎监管内涵、框架、监测指标体系等作出相应的阐述。我国也吸收了这一管理理念,加强金融监管体制改革,成立了国务院金融稳定发展委员会,统筹监管银行业、保险业金融机构,强化人民银行宏观审慎管理职能;加强系统性风险监测与评估,组织商业银行开展金融稳定压力测试,不断扩大压力测试覆盖范围。持续加强对重点领域和突出问题的风险监测和排查,对地方政府融资平台、金融控股公司、加密资产、资产管理业务风险、实业企业投资金融业等问题进行重点研究;不断完善宏观审慎管理的政策,完善金融机构评价体系,落实全口径跨境融资宏观审慎政策,动态调节跨境资本流动宏观审慎政策,统一资产管理业务监管标准,加强非金融企业投资金融机构监管,完善系统重要性金融机构监管,加强金融基础设施统筹监管与建设规划,全面推进金融业综合统计工作。应当来说,我国已经初步搭建起宏观审慎监管的框架。从目前宏观审慎管理措施具体内容来看,此管理理念与虚拟经济有限发展的理念有天然的默契。

因此,从以上关于虚拟经济有限发展法学理论内涵来看,虚拟经济有限发展理论是指导政策性银行法律制度变革的有效理论。

3.虚拟经济有限发展法学理论的风险治理观对政策性银行风险防范立法的指导

第一,虚拟经济有限发展的结构性风险治理理论对政策性银行风险防范立法的指导。在虚拟经济体系中,政策性银行与商业性银行在市场发展过程中起着资金融通的功能。但作为银行业金融机构在资金来源、运作机制和实现目标等方面是存在差异的。商业性银行和政策性银行在资金融通的功能方面是进行了结构分层的。商业性金融是为满足市场发展所需的资金融通,而政策性银行是为实现政策性目标提供公共性金融产品和服务的银行业金融机构。虚拟经济内各种性质的银行业金融机构的功能分化,有助于在银行业体系内建立"防火墙",隔离不同性质银行业机构之间的风险,防止机构间的风险传染。但政策性银行是以市场化运作方式作为手段实现政策性目标,这就决定了政策性银行的运行除要实现政策目标外还要保证自身的持续性发展。政策性银行法律制度要平衡目标实现与持续性发展的问题。同时由于政策性银行的市场化运作方式,政策性银行与商业性银行之间难免产生业务交叉。商业性银行机构的风险可能会在市场运作过程中传染到政策性银行内部。所以,政策性银行风险治理法律制度要从能够防范商业性银行机构风险传染的视角构建。防范金融风险结构性"传染"的法律制度,应在公司治理、资本充实和内部控制等制度中建立预防"传染"的机制。

第二,虚拟经济有限发展的系统性、整体性风险治理理论对政策性银行风险防范立法的指导。结构性风险治理理论为防止银行业体系间的风险"传染"提供了指导,但在政策性银行体系内部,各政策性银行间由于政策性金融的定位也有可能存在公共金融产品和服务供给方面的重复、交叉,导致公共金融资源的浪费,降低资源使用效率。所以,政策性银行风险防范法律制度的设计也要从政策性银行体系的视角出发,以法律制度明确各政策性银行的业务范围,防止重复性、缺位性公共金融资源布局的出现;从整体性的视角出发,通过内部控制制度和公司治理制度构建公开、透明的决策机制,提升政策性银行对外投资决策的科学性。

三、我国政策性银行法律制度的现状及评析

法律制度是在一定的社会关系演变中产生和发展的。因此,了解制度产生的社会背景及演变历程是分析法律制度的前提。政策性银行是我国虚拟经济机构的重要构成部分,理解政策性银行法律制度应立足于政策性银

行作为虚拟经济有机构成部分这一背景,同时结合政策性银行产生发展不同阶段考察相关的法律制度。

（一）政策性银行法律制度的演变

1993年12月,《国务院关于金融体制改革的决定》首次明确提出了要建立独立的政策性银行,指出"金融体制改革的目标是:建立在国务院领导下,独立执行货币政策的中央银行宏观调控体系,建立政策性金融与商业性分离、以国有商业银行为主体、多种金融机构并存的企业金融组织;建立统一开放、有序竞争、严格管理的金融市场体系"。与德国、美国等西方国家政策性银行起源于市场失灵或者韩国、日本为战后经济恢复而建立政策性银行体系不同,我国政策性银行是金融体制改革的产物,是从国有四大行改革之前所承担的政策性任务独立出来的专门银行。成立于市场经济发展初期的政策性银行其主要功能不在于弥补市场失灵的不足,而是以贯彻国家经济政策、培育和开发市场为主业。因此,在政策性银行成立初期,由于对政策性银行性质、业务范围、运作方式还不太明确而出现信贷资金财政化的问题,从而造成初期的政策性银行资产质量面临严峻考验。

1998年,国家开发银行率先突破政策性经营,其贷款业务开始多元化,向新开发性金融机构转型,与其他商业银行展开竞争,以控制贷款增量、化解存量风险、改革评审体制、内部管理、市场业绩等各方面来改善建立初期所造成的财政负担。2004年,农业发展银行也进行市场化改革,具有开发性金融功能。但此时政策性银行的市场化经营方式、业务范围与一般商业银行业务产生竞争,并背离了政策性银行设立的初衷。这只能作为短暂性的应急性措施,在政策性银行解决了原始的信贷资产问题时,政策性银行要回归政策性本质。2008年开始,政策性银行的过度市场化发展与其他商业银行产生业务竞争,挤压了正常金融市场资源配置的空间,影响了金融市场的正常发展。依据《国务院关于同意国家开发银行深化改革方案的批复》,保留了国家开发银行开发性金融机构的定位;《国家开发银行监督管理办法》明确了国家开发银行可以在部分商业性服务领域和经营范围开展业务。而另外的两家政策性银行也要回归政策性银行的本质。《国务院关于同意中国农业发展银行改革实施总体方案的批复》明确了中国农业发展银行改革要坚持以政策性业务为主体。虽然并没有取消自营性业务资格,但规定政策性业务与自营业实施分账管理、分类核算,明确责任和风险补偿机制,以促进农业发展银行的可持续发展。《国务院关于同意中国进出口银行改革实施总体方案的批复》也明确进出口银行要强化政策性职能定位。坚持以政策性业务为主体,合理界定业务范围,明确风险补偿机制。随着三大政策性银行改革方案的实施,我国政策性银行转型发展的方向更加明确。

(二)现行政策性银行法律制度的基本框架与主要内容

1.政策性银行法律制度的基本框架

虽然政策性银行已经建立二十多年,但目前为止我国尚不存在专门对政策性银行进行规制的基本法律,加上政策性银行与商业银行之间市场定位的差异性,《商业银行法》的规定并不适用于政策性银行。同样《公司法》中有关公司设立、公司治理、法律责任等的规定也不适用于政策性银行。《银行业监督管理法》的规定虽然能规制政策性银行,但是该法律是按照商业银行发展、运行规律而设置的管制型法律,有关监督管理的内容、监督管理的措施并不一定适应具有公共性特质的政策性银行。且该部法律早在2006年就已经实施,政策性银行在经济向高质量发展的新常态背景下从2014年开始进行新一轮的改革,此次改革对政策性银行职能定位、资本管理、治理监管、内部控制等方面的制度都作了较大调整。因此,尽管就理论而言,《银行业监督管理法》的规定可以规制政策性银行及其行为,但此部法律并不能对改革后的政策性银行作出实质意义上的规范。总之,尚不存在一部专门或者能够有效对政策性银行及行为进行规制的法律。

目前对政策性银行起直接作用的规范性文件可从三个层次概括：一是部门规章层面，包括银保监于 2018 年通过的《国家开发银行监督管理办法》、2017 年通过的《中国农业发展银行监督管理办法》和《中国进出口银行监督管理办法》。二是国务院规范性文件，包括 1994 年国务院发出的《国务院关于组建中国农业发展银行的通知》《国务院关于组建中国进出口银行的通知》和《国家开发银行组建和运行方案》，1994 年《国务院办公厅关于印发国家开发银行机构编制方案的通知》，2014 年《国务院关于同意中国农业发展银行改革实施总体方案的批复》，2015 年《国务院关于同意中国进出口银行改革实施总体方案的批复》和《国务院关于同意国家开发银行深化改革方案的批复》。三是政策性银行自行制定并获得国务院批准具备国务院规范性文件效力的章程，包括 2017 年通过《中国农业发展银行章程》《中国进出口银行章程》和《国家开发银行章程》。

从政策性银行法律规范的效力层级来看，效力层级最高的是部门规章且法律文件的性质属管制性制度。与其他正式的以市场发展规律为基础构建的银行业法律制度不同，政策性银行的管制型法律制度更关注组建政策性银行的政策目标是否能实现，不会过多关注对调整对象的规制是否符合市场发展规律。

2.政策性银行法律制度的主要内容

（1）国家开发银行法律制度

《国务院关于组建国家开发银行的通知》《国家开发银行组建和运行方案》和《国家开发银行章程》是国家开发银行建设和运行的依据，主要内容包括公司治理、内部控制、业务范围和风险管理等制度。国家开发银行实行行长负责制，行长同时掌握银行内部的决策权和执行权。同时设立了由国家计划委员会、国家经济贸易委员会、财政部、中国人民银行、审计署、对外贸易经济合作部等部门组成的监事会，主要负责监督国家开发银行执行国家方针政策的情况；监督国家开发银行资金使用方向和资产经营状况；提出国家开发银行行长的任免建议。监事会不干预国家开发银行的具体业务,但依据组建和运行方案的规定,监事会具有具体业务的确定权,在国家计委、国家经贸委确定的用于基础设施、基础产业和支柱产业大中型基本建设、技术改造等政策性项目及其配套工程的投资规模及贷款计划总量内,国家开发银行负责进行项目资金配置和贷款条件的评审。并且政策性大中型基本建设和技术改造项目经国家批准立项后,国家开发银行根据资金的可能,负责在立项的项目中选择并研究项目资金配置初步方案。国家计委、国家经贸委、国家开发银行要相互协商、配合。从该阶段国家开发银行内部管理主体及对银行运作的权利和相应的运作规则来看突出的表现为行政治理模式。各项具体业务开展以行政命令的方式下达,投资运作以财政融资的观念和方式为主导,而且对政策性银行的指令性控制是一个多部门多层次决策的过程,其结果是没有人对信贷资产的风险负责。更为严重的是地方政府强调自身利益,把政策性银行当成第二个财政部门。[①] 这种把金融资源当财政性资源来分配和管理的做法,造成大量的不良资产、治理结构缺损、金融和经济发展相脱节等问题。

新时期国家开发银行转型发展的主要依据是在十八届三中全会通过的《中共中央关于全面深化改革若干重大问题的决定》明确提出"推进政策性金融机构改革"之后,制定的《国务院关于同意国家开发银行深化改革方案的批复》和《国家开发银行监督管理办法》。此次国家开发银行深化改革的核心内容是加强对国家开发银行的全面审慎监管。一方面是因为对开发银行的监管一直参照商业银行监管制度和相关规范性文件,缺少对开发性金融的针对性监管。而国家开发银行的政策目标、内部治理机制与商业银行存在较大差异,适用商业银行经济效率为导向的评价方式难免导致政策性

---

① 刘力、王伟:《我国政策性银行治理结构的演进与优化研究》,载《区域金融研究》,2014 年第 10 期,第 4-10 页。

银行经营偏离设立宗旨。另一方面,国家开发银行已经确定了开发性金融机构的定位和市场化运作方式。为保证国家开发银行发挥服务国家战略、依托信用支持、市场运作、保本微利的开发性金融作用和提供中长期投融资作用,加大对经济社会重点领域和薄弱环节的支持力度。具体体现为明确审慎监管要求、构建全面风险管理系统、完善风险管理方法和流程、重点加强信用风险、流动性风险等方面的风险管理,强化合规管理和并表管理,确保各类风险得到有效的识别、计量、监测、控制。

建立健全公司治理机制是开发银行深化改革的重点内容之一。为督促引导开发银行完善公司治理,构建决策科学、执行有力、监督有效的公司治理机制,《国家开发银行监督管理办法》突出四个方面的特点,包括在政策性银行治理中嵌入党的领导、构建"两会一层"治理架构、增设部委董事、实行外派监事会制度。① 此外,问责机制上重点强调以下三个方面的内容:一是要求开发银行建立科学有效的责任追究制度和问责机制,明确问责牵头部门、问责职责划分和问责流程。二是明确对违法违规行为的直接责任人和相应的管理人员进行严肃问责。三是明确开发银行若违反《国家开发银行监督管理办法》有关规定,银监会及其派出机构的处罚方式。②

---

① 一是把党的领导嵌入公司治理。提出要全面贯彻落实党的十九大精神和全国国有企业党的建设工作会议精神,强调开发银行党委发挥领导作用,把方向、管大局、保落实,保证监督党和国家的方针、政策得到贯彻执行,形成党委会与现代企业公司治理有机结合的中国特色国有企业公司治理架构。二是构建"两会一层"治理架构。考虑到开发银行董事会已经代表了全部股东的利益,开发银行不设股东大会,由董事会、监事会和高级管理层构成"两会一层"的公司治理架构。三是增设部委董事。部委董事是开发银行公司治理的制度安排,是完善开发银行公司治理机制的重要举措。强调了部委董事在董事会中的作用。四是实行外派监事会制度。开发银行内设监事会将调整为外派监事会。监事会由国务院根据《国有重点金融机构监事会暂行条例》委托派出,对开发银行监事会的职责提出了原则性要求。开发银行、政策性银行首个监管办法落地!

② 中国农业发展银行监督管理办法、中国进出口银行监督管理办法、国家开发银行监督管理办法,《中华人民共和国国务院公报》,2018 年 02 月 10 日。

（2）国家进出口银行法律制度

国家进出口银行相关的法律法规及规范性文件主要包括《国务院关于组建中国进出口银行的通知》《中国进出口银行组建和运行方案》《中国进出口银行章程》《国务院关于同意中国进出口银行改革实施总体方案的批复》《中国进出口银行监督管理办法》等。与国家开发银行不同，国家进出口银行从建立初始就是实行自主、保本经营和企业化管理，并且要依法缴纳税款。而此次深化改革强调要加强进出口银行的政策性定位，为确保进出口银行的政策性功能，监督管理办法有针对性地对进出口银行经营管理的薄弱环节提出监管要求，内容框架基本覆盖了进出口银行经营管理及审慎性监管的主要方面。

（3）中国农业发展银行法律制度

中国农业发展银行相关的政策文件主要包括《国务院关于组建中国农业发展银行的通知》《中国农业发展银行组建和运行方案》《中国农业发展银行章程》《国务院关于同意中国农业发展银行改革实施总体方案的批复》《中国农业发展银行监督管理办法》等。中国农业发展银行是三大政策性银行中政策性最强的银行。因此有关中国农业发展银行的法律制度带有很强的政策性。其中，《中国农业发展银行监督管理办法》规定了中国农业发展银行的特定支持领域，要求该行依托国家信用，主要服务维护国家粮食安全、脱贫攻坚、实施乡村振兴战略、促进农业农村现代化、改善农村基础设施建设等领域，在农村金融体系中发挥主体和骨干作用。由于中国农业发展银行支持的领域具有很大的风险性，因此构建了资本充足率为核心的资本约束机制。《国有重点金融机构监事会暂行条例》规定国务院派出农发行监事会。政策性银行首先是银行，要遵循银行经营管理的一般规律，并在市场定位、业务属性、支持领域等方面突出政策性银行特点，充分体现政策性银行特殊要求，强调市场化运作。

三大政策性银行有关立法是直接和专门规范政策性银行及行为的层级

最高的规范性文件。同为服务于我国公共领域的政策性金融,三大政策性银行在职能定位的公共性、资本监管制度、公司治理架构、内部控制制度和问责机制等方面具有很大的同质性。这种制度上的同质性是政策性银行具备的公共性使然。但在中国农业发展银行、中国进出口银行和国家开发银行三大政策性银行体系内部,各政策性银行职能定位的公共性是有差异的。依据公共产品层次理论,公共产品可以划分为纯公共产品和准公共产品。这三大政策性银行中,农业发展银行定位于农业、农村,政策性银行提供的金融产品和服务的公共性最强。进出口银行定位于经济对外开放领域的需求,服务于实体经济走出去的发展战略,要依据国内外实体经济发展的规律调整金融服务的供给。相对于农业发展银行,进出口银行的公共性金融服务供给与市场发展规律结合更紧密,因此,进出口银行面临的市场风险也就更大。国家开发银行职能定位于开发性金融,开发性金融是以发展的方式解决发展中的问题,盈利和生存只是开发性金融的必要条件,发展才是开发性金融的终极目的。因此开发性金融既注重防范发展中的风险,更注重开拓经济增长空间,是"发展是硬道理"在金融业的直接体现和表现形式。不似农业发展银行、进出口银行有相对明确的业务范围,开发性金融职能定位实质上并没有对国家开发银行的业务范围作出限定。如果没有相应的内部控制制度和决策机制,国家开发银行的政策性职能可能难以实现。因此,保持国家开发银行的政策性是立法的重点。目前三大政策性银行法律制度的同质性盖过了差异性,因此需要进一步完善。

(三) 我国政策性银行法律制度存在的主要问题

国务院对三大政策性银行改革实施总体方案的批复内容非常强调和突出政策性银行的政策性回归。这种政策性回归实质是由于政府职能内容变化而对政策性银行所追求的社会效益的重新定位。重新定位的内容可从三个方面来看:一是政策性银行改革的背景已经发生质的变化,政策性银行功能由之前市场培育向市场填补、市场开发、市场诱导、逆周期调节等功能转向。二是政策性银行资金投向的范围也由之前单一的公共产品供给向多样化的公共服务内容转变。此次深化改革方案的批复就明确国家开发银行应合理界定业务范围,进出口银行应发挥"走出去"战略中的功能和作用并以此作为界定业务范围的主要依据。向政策性回归的政策性银行由于重新定位和功能转型,业务范围界定的标准成为是否符合定位和转型是否成功的重要内容,同时也是各政策性银行专业化的体现。三是运作机制市场化。依据国务院的批复,三大政策性银行的监督管理办法都已经开始实施。各政策性银行都确定了要遵循银行经营管理的一般规律,三大政策性银行的监督管理规范在公司治理、风险管理、内部控制、激励约束等方面的监管要求基本与银行业金融机构监管规则保持一致。即银行业监管机构对政策性银行监管的标准与商业银行适用同一标准。市场化的内部运作机制遵循金融市场发展的一般规律需要谨慎对待运行过程中政策性银行对政策性定位的坚守。

新的规范性文件对政策性银行重新定位体现了法所追求的社会效益。与政策性银行建设初期社会效益以培育市场、扶持基础产业为主追求基础产业的高速发展,以行政命令方式运转的政策性银行在资金归集和投放中,往往以打破金融市场正常发展规律的方式进行强迫式干预,可以在较短时间内取得基础产业经济领域高速发展,但挤压了金融市场调节金融资源的空间。在新经济常态背景下,在金融领域特别是银行业领域面临高杠杆的风险,金融市场开放,新时期政策性银行社会效益的主要内容是防范政策性银行风险,因此保障金融安全是作为金融体系重要组成部门的政策性银行立法追求的首要目标。另外,从三大政策性银行金融监管办法提出的市场化运作机制以及相应的内部治理结构设置来看,追求高质量发展是新时期我国政策性银行的另一价值追求。

1.政策性银行法律制度框架不完善

目前政策性银行法律制度存在不成体系性、法律层级过低的不足。现在政策性银行遵循了"一行一法"的立法准则,该立法模式下各政策性银行及行为调整法律制度具备专业性但缺乏协调性。一方面,政策性银行都具备的公共性特征,为防止政策性银行间的职能重复,金融资源供给的浪费,政策性银行法律制度体系除了要明确职能定位以外,还需要能对政策性银行间的行为起到协调性的法律制度。另一方面,政策性银行是虚拟经济的重要部分,政策性银行法律制度体系与其他虚拟经济法律制度也是相关的。所以政策性银行法律制度的设计还应与其他虚拟经济法律制度相协调。只有这样才能在确保政策性银行的政策性定位目标的同时,实现政策性银行金融资源有效利用,从而促进可持续性发展。

2.政策性银行法律制度层次不明显

如前文所述,虽然政策性银行都以供给公共性金融产品和服务为宗旨,但在政策性银行体系内部,各政策性银行的职能定位是有差异的。政策性银行职能定位是政策性银行构建的目标,也是政策性银行法律制度构建的基础。目前各政策性银行法律制度的同质性很高,法律制度的体系包括市场定位、公司治理、内部控制、风险治理、监督管理和法律责任等。由于职能定位的差异性,围绕职能实现的制度也应各具特色,特别是三大政策性银行面临的风险是不同的,防范风险的内部治理制度和外部监督制度也有所不同。而目前,农业发展银行、进出口银行和国家开发银行之间的风险治理、监督管理制度并没有以各自职能定位、风险特性构建针对性的法律制度。

3.政策性银行法律制度结构不合理

自 2014 年开始,政策性银行开启了新一轮深化改革的步伐,此次改革的重点围绕政策性职能定位、市场化运作及风险防控三个方面展开,是经济新常态背景下较为彻底的政策性银行体制改革。虽然政策性归位是此次改革的最终目标,但同时也明确了市场化运作方式是满足政策性目标的主要途径和方式,即政策性银行在公司治理、内部控制和风险防范等方面与商业性银行是有相似性的,政策性银行法律制度应满足市场化运作和政策性目标的要求。如前文所述,目前政策性银行法律制度是一种管制性立法,相对于顺应市场规律的自成性立法而言,管制性法律制度不利于政策性银行的市场化运作。所以,政策性银行法律制度在整体性方面,缺乏从市场化运作的视角构建的法律制度。

四、虚拟经济有限发展法学理论指导下的政策性银行法律制度完善

在经济向高质量发展的新常态背景下,政策性银行进行了新一轮的体制改革。此次改革的核心是转变过去政策性银行功能定位,政策性银行弥补市场缺位和开发性功能成为转型发展的新目标。在功能目标变化的同时,各政策性银行重新定位职能范围,用更加灵活的市场运作方式参与到具有开发性的领域。开发性金融的法律制度是关于开发性金融机构创设的目的、资金来源渠道、资金运用和业务范围、政府信用支持和优惠政策、组织架构、公司治理结构以及监督机制等问题的法律规范的统称。[①] 在开发性功能定位背景下,政策性银行市场化运作的行为结构更复杂、层次更丰富。这也就决定了政策性银行法律制度的结构性和层次性。如前文所述,政策性法律制度的结构性和层次性体现在两个方面:一是从政策性银行法律制度体系性、整体性的视角来看,政策性银行法律制度应具备协调性和平衡性,以此作为界分政策性银行和商业性银行差异性定位的依据。二是突出各政策性银行的特性,特别是风险防范制度。以市场机制运作且更大范围介入开发性领域的政策性银行面临的风险具有未知性、不确定性的特征,这需要政

---

① 王予予:《论我国政策性银行向开发性金融机构转型的立法完善》,载《海南金融》2016 年第 2 期,第 23-27 页。

策性银行的风险治理法律制度的防范性更强。

（一）完善政策性银行法律制度框架体系

国内外关于政策性银行的立法模式主要包括两种：一是对于开发性金融机构，制定一部专门的统一的开发性金融机构法进行规范，对开发性金融机构的组织形式、权利义务、运行机制和监督体系等共同性问题进行统一的法律规制；二是不同的开发性金融机构各自适用单行的金融法律，比如可以制定《国家开发银行法》《中国进出口银行法》等。① 目前，我国政策性银行采取的是"一行一法"的立法模式，这样的立法模式有利于针对各政策银行的特性规定相应的公司治理制度、风险管理制度、内部控制制度、资本控制制度和监督管理制度。但此立法模式使三家政策性银行之间以及政策性银行与商业银行之间缺乏协调和平衡性。另外，与其他国家开发性金融在立法层级方面，以位阶较高的专门性法律为主不同，我国现行政策性银行立法是以部门规章和国务院规范性文件为主，法律层级很低，法律的约束力有限。有限的法律约束力难以保证政策性银行的公共性金融定位，对内部规范控制力也有限。所以，为增强政策性银行法的协调性和提高立法约束力，需要更高层次的具备协调性的政策性银行基本法。此基本法是与《商业银行法》并行的银行业体系的法律制度。作为银行业领域与商业性银行法并行的基本法，政策性银行的基本法属性具有以下几个功能：一是协调性，协调政策性银行与商业银行的市场关系；协调政策性银行政策性目标实现与市场化运作的促进可持续性发展的问题。实现国家利益与金融企业利益、长远效益与当前效益、宏观利益与微观利益、国家干预与市场调节、公平与效率之间不断进行协调。二是平衡利益关系。平衡政策性银行体系内部各政策性银行间因实现政策性目标在治理机制、业务范围、内部控制、资本管

① 王予予：《论我国政策性银行向开发性金融机构转型的立法完善》，载《海南金融》2016 年第 2 期，第23-27 页。

理等方面的利益冲突。

(二)健全政策性银行内部治理机制的体系性

在经济发展新常态背景下,政策性银行的开发性功能突出。开发性功能要求政策性银行在未知的、高风险领域提供公共金融产品和服务。开发性功能实现对政策性银行法律制度设计提出更高的风险防范要求。与一般银行业立法中专门的风险治理法律制度不同,政策性银行面临着未知性、不确定性的金融风险,这不仅需要针对流动性风险、信用风险和操作风险的事中和事后型防范法律制度,更需要具有能够对开发性有准确定位和预测的事先型防范性法律制度。这种事先型的风险管理理念应贯穿于风险治理法律制度中,但更重要的是能够在公司治理、内部控制和激励约束等制度中确立事先风险防范制度。在公司治理制度中,确定科学、民主的决策机制,包括决策主体与公共金融产品和服务供给领域的相关性、决策程序的公开和透明性、决策执行过程的严谨性。在内部控制法律制度中,不仅要规范内部各机构和职能的操作风险,更要增强内部控制制度的灵活性,为事先风险防范增加一道"保险杠"。因为实施内部控制的机构和职能是全过程参与政策性银行运作的机构,所以应将内部控制制度作为预防风险治理的重要制度。在激励约束制度中,除了要激励内部机构职能人员的积极性外,政策性银行的激励约束制度还应该对投资对象起到激励约束的作用。因为,政策性银行进入的领域主要起着开拓性、试验性的功能,待更多社会资本进入市场体系和规律建立起来后,政策性银行是需要退出原有的领域的。因此,激励约束法律制度中应具有退出机制,保证国家干预与市场自治的边界,保证政策性银行开发性功能定位。

(三)强化政策性银行外部监管制度的结构性

监督管理制度是对政策性银行面临的各种风险起到全面监督作用的法律制度。目前,三大政策性银行监督管理办法中各自规定了监督管理的法律制度并规定银保监会对政策性银行实施全面监督管理的内容和措施。但从具体规定来看,政策性银行监督管理办法赋予了银保监会的监督职能,却没有对政策性银行各类违规行为可能导致的风险及采取相应的应对措施的特别规定。在没有直接的、特定的法律规定情形下,银保监会对政策性银行实施监管的措施主要还是依据《银行业监督管理法》规定,按照一般的商业性银行风险监管措施对政策性银行实施监管。虽然新一轮改革后,政策性银行回归政策性定位并以市场化运作的方式实现政策目标,但运行机制的相似性并不代表政策性银行的风险来源、风险特性与风险治理方式就可以参照商业银行的规定。特别是,政策性银行开发性金融定位的风险治理如前文所述更应以防范性为主,防范性法律制度的构建也非常重要。所以政策性银行风险治理法律制度由两个方面构成,包括:一是在政策性银行监督管理法律制度中建立能够预防风险的机制,二是对银行业经营普遍面临的流动性风险、操作性风险和信用风险可参考适用《银行业监督管理法》中的规定。

结　语

　　发轫于实体经济的虚拟经济在内生动力与外部需求的共同作用之下，日益显现出巨大的经济活力和影响力，业已超越了实体经济并具有了系统性、独立性等鲜明特征，从而引领人类社会迈入"二元经济时代"。作为所有权"虚化"及其交易的产物，虚拟经济是我国社会主义市场经济的重要组成部分，其能否实现可持续发展事关国家治理体系与治理能力现代化，也是关乎深化改革、全面开放成败的重中之重，核心问题是虚拟经济的运行安全。任何经济形态的良性发展都离不开适宜的市场与制度环境，更需要理论创新的指引。在开放经济条件下提出虚拟经济有限发展，进而提炼和升华为检视、指导金融立法、经济立法的法学理论，是我国身处"世界百年未有之大变局"，以史为鉴，审时度势，积极回应虚拟经济安全所面临的时代挑战，不断完善虚拟经济安全法律保障制度，促进虚拟经济健康发展，回归服务实体经济本位的历史使命。

　　货币银行之于金融，乃至金融之于经济的功能定位是虚拟经济得以产生和发展的基础和保障，但人性的贪婪和制度的滞后却周而复始地放任资本的无序扩张，因此所引发的效率与安全、创新与秩序、个体与整体之间的冲突导致并加剧了银行领域的"双重失灵"。承认和关注虚拟经济的潜在和显性价值，并不意味着可以忽视其"野蛮生长"可能造成的负外部性。或许银行业及其开放本身不是风险产生的根源，而且每次危机之后的"痛定思痛"都会重申政府监管和行业自律的重要性，但始终无法摆脱"治乱循环"的历史怪圈。因此,在开放条件的语境之下,为应对更高层次、更深程度的开放对金融安全和经济安全所带来的冲击,必须深刻保持"放眼世界,以我为主"的战略定力,并从创新与治理、发展与制度、政府与市场等不同维度来反思和调适银行业、银行法律制度以及银行业法治建设与虚拟经济有限发展之间的关系。

中国银行业已经走过了从小到大、从单一到多元、从国内到国际的百年历程,并与虚拟经济在形式和内容上产生了复杂多变的逻辑关联。在此过程中,国内的银行市场、银行机构体系以及银行业调控监管机制基本上能够结合不同时期资本市场发展、金融体制改革以及宏观经济运行的态势,谋定而思变,树立和坚持不发生系统性风险的底线思维,建立健全了货币政策调控、金融监管、消费者保护、外资银行准入以及政策性金融等方面的法律制度体系和监督管理体制,不断增强了预防和处置风险的意识和能力,通过市场约束和法律监管为我国虚拟经济的发展设定了必要的安全限度和约束条件,避免因虚拟经济的大起大落而危及实体经济和社会稳定。

当前,世纪疫情叠加百年变局,外部环境更趋复杂严峻和不确定,国内经济还承受着需求收缩、供给冲击、预期转弱等三重压力,中国的金融市场国际化进入一个机遇与挑战并存的新阶段,包括银行业在内的金融开放成为全面开放的重要内容和关键环节。整体而言,我国银行立法仍属于被动型和因应型立法,在应对混业经营、金融自由化和经济虚拟化所带来的问题上具有一定的滞后性,更缺乏系统性的解决方案。虚拟经济的有限发展坚持以"发展"为路径,并以"有限发展"为目标,而虚拟经济有限发展法学理论的实质则是为虚拟经济如何在市场与制度的双重约束之下实现安全运行提供一种制度解释范式,既重视虚拟经济与实体经济、虚拟经济与开放经济相互之间的利益冲突与协调,又强调风险的系统性和综合性治理,以实现可持续性发展基础上的整体福利水平提升,从理念重塑、利益平衡、结构优化以及模式转变等方面,为我国的银行法律制度变革指明了方向。

参考文献

一、中文类参考文献

(一) 著作类

[1]G.爱德华·格里芬:《美联储传:一部现代金融史》,罗伟、蔡浩宇、董威琪译,中信出版社,2017。

[2]埃斯里·德米尔古克-肯特、罗斯·莱文:《金融结构与经济增长:银行、市场和发展的跨国比较》,黄纯纯译,中国人民大学出版社,2006。

[3]白钦先、曲昭光:《各国政策性金融机构比较》,中国金融出版社,1993。

[4]白钦先:《比较银行学》,河南人民出版社,1989。

[5]保罗·萨缪尔森、威廉·诺德豪斯:《萨缪尔森说财税与货币政策》,萧琛译,商务印书馆,2012。

[6]本·伯南克:《金融的本质:伯南克四讲美联储》,巴曙松等译,中信出版集团,2017。

[7]彼得 S.罗斯、西尔维娅 C.赫金斯:《商业银行管理》,刘园译,机械工业出版社,2012。

[8]曹凤岐:《金融市场全球化下的中国金融监管体系改革》,经济科学出版社,2012。

［9］曾筱清、杨益:《金融安全网法律制度研究》,中国经济出版社,2005。

［10］查尔斯·金德尔伯格:《西欧金融史》(第二版),徐子健、何建雄、朱忠译,中国金融出版社,2010。

［11］常健:《金融稳定视阈下中央银行法律制度研究》,法律出版社,2019。

［12］陈华强、何宜庆:《银行体系与实体经济》,中央编译出版社,2013。

［13］陈燕:《中央银行理论与实务》(第二版),北京大学出版社,2013。

［14］成先平:《国际经济法》,郑州大学出版社,2002。

［15］弗里德里希·冯·哈耶克:《货币的非国家化》,姚中秋译,新星出版社,2007。

［16］弗里德里希·冯·哈耶克:《致命的自负》,冯克利、胡晋华译,中国社会科学出版社,2000。

［17］弗里德利希·冯·哈耶克:《自由秩序原理》,邓正来译,生活·读书·新知三联书店,1997。

［18］何泽荣:《以人为本的中国金融全面协调与可持续发展研究》(第二版),西南财经大学出版社,2015。

［19］胡滨:《中国金融监管报告(2018)》,社会科学文献出版社,2018。

［20］胡光志:《虚拟经济及其法律制度研究》,北京大学出版社,2007。

［21］黄达:《金融学》(第三版),中国人民大学出版社,2012。

［22］黄毅:《银行监管与金融创新》,法律出版社,2009。

［23］加里.斯特恩,罗恩.费尔德曼:《大而不倒:如何让大银行建立有效的风险防范机制》,钱睿、季晓南、杨艳译,中国人民大学出版社,2014。

［24］卡尔·波兰尼:《巨变:当代政治与经济的起源》,黄树民译,社会科学文献出版社,2013。

［25］乐玉贵:《中国银行业宏观审慎监管框架研究》,中国金融出版社,2014。

[26]黎四奇:《金融监管法律问题研究:以银行法为中心的分析》,法律出版社,2007。

[27]黎四奇:《我国银行法律制度改革与完善研究》,武汉大学出版社,2013。

[28]李波:《构建货币政策和宏观审慎政策双支柱调控框架》,中国金融出版社,2018。

[29]李拉亚:《宏观审慎管理的理论基础研究》,经济科学出版社,2016。

[30]李世宏:《中央银行最后贷款人职能研究》,中国金融出版社,2008。

[31]理查德·波斯纳:《资本主义的失败: 八危机与经济萧条的降临》,沈明译,北京大学出版社,2009。

[32]刘丽娜、蔡真、刘明笑:《在华外资银行发展报告(2009~2010年)》,2011。

[33]刘锡良、周轶海:《中央银行的金融危机管理:基于货币契约论的分析视角》,中国金融出版社,2011。

[34]刘媛:《金融消费者法律保护机制的比较研究》,法律出版社,2012。

[35]刘志祥:《宏观审慎管理:框架、机制与政策选择》,中国金融出版社,2017。

[36]刘志友等:《商业银行安全问题研究》,中国金融出版社,2010。

[37]罗传钰:《金融消费者保护:监管优化与国际合作》,法律出版社,2014。

[38]罗嘉:《我国金融监管协同机制研究》,经济科学出版社,2013。

[39]美国联邦存款保险公司(FDIC):《美国20世纪80年代至90年代初银行危机研究:历史与教训》,朱崇实、刘志云译,厦门大学出版社,2010。

[40]孟德斯鸠:《论法的精神》(下册),张雁深译,商务印书馆,2004。

[41]米尔顿·弗里德曼:《货币的祸害:货币史片段》,安佳译,商务印书馆,2006。

[42]钱穆:《中国历代政治得失》,生活·读书·新知三联书店,2005。

[43]乔治·乌杜:《金融的背叛:恢复市场信心的十二项改革》,劳若珺译,东方出版社,2017。

[44]屈淑娟:《地方金融监管权研究》,中国社会科学出版社,2020。

[45]盛松成、翟春:《中央银行与货币供给》(第二版),中国金融出版社,2015。

[46]汤凌霄:《最后贷款人论》,中国社会科学出版社,2010。

[47]特里·伊格尔顿:《马克思为什么是对的》,李杨、任文科、郑义译译,新星出版社,2011。

[48]托马斯·皮凯蒂:《21世纪资本论》,巴曙松、陈剑、余江译,中信出版社,2014。

[49]王伟、张令骞:《中国政策性金融的异化与回归研究》,中国金融出版社2010。

[50]威廉·N.戈兹曼、K.哥特·罗文霍斯特:《价值起源》,王宇、王文玉译,万卷出版公司,2010。

[51]谢平、蔡浩仪:《金融经营模式及监管体制研究》,中国金融出版社,2003。

[52]谢平、许国平:《路径选择:金融监管体制改革与央行职能》,中国金融出版社,2004。

[53]亚历山大·汉密尔顿、约翰·杰伊、詹姆斯·麦迪逊:《联邦党人文集》,张晓庆译,中国社会科学出版社,2009。

[54]严明:《虚拟经济》,新华出版社,2005。

[55]杨松等:《银行法律制度改革与完善研究》,北京大学出版社,2011。

[56]殷剑峰、王增武:《影子银行与银行的影子:中国理财产品市场发展与评价(2010~2012)》,社会科学文献出版社,2013。

[57]约翰·梅纳德·凯恩斯:《货币论》(第一卷),周辉译,陕西师范大

学出版社,2008。

[58]约翰·辛格顿:《20世纪的中央银行》,张慧莲等译,中国金融出版社,2015。

[59]詹姆斯·R.巴斯、小杰勒德·卡普里奥、罗斯·列文:《金融守护人:监管机构如何捍卫公众利益》,杨农等译,生活·读书·新知三联书店,2014。

[60]张斌:《金融消费者保护研究:理论与判解研究》,法律出版社,2015。

[61]张朝洋:《货币政策与宏观审慎政策协调研究:理论分析与中国实践》,中国金融出版社,2019。

[62]张荔:《金融自由化效应分析》,中国金融出版社,2003。

[63]张强:《中央银行学》,首都经济贸易大学出版社,2003。

[64]张守文:《当代中国经济法理论的新视域》,中国人民大学出版社,2018。

[65]赵渤:《中国金融监管:风险、挑战、行动纲领》,社会科学文献出版社,2008。

[66]郑杨:《全球功能监管实践与中国金融综合监管探索》,上海人民出版社,2016。

[67]中国金融监管制度优化设计研究课题组:《中国金融监管制度优化设计研究:基于金融宏观审慎框架的构建与完善》,中国金融出版社,2016。

[68]周洛华:《货币起源》,上海财经大学出版社,2019。

[69]周仲飞:《银行法研究》,上海财政大学出版社,2010。

(二)论文类

[1]阿蒂夫·米安、阿米尔·苏菲:《最后贷款人与市场救助》,王宇译,《金融发展研究》2015年第11期,第31-32页。

［2］安德鲁·豪瑟、熊艳春、崔健：《在盛宴和饥馑之间：中央银行透明度、问责制与最后贷款人职能》，《国际金融》2016 年第 10 期，第 56-60 页。

［3］巴曙松、王璟怡、杜婧：《从微观审慎到宏观审慎：危机下的银行监管启示》，《国际金融研究》2010 年第 5 期，第 83-89 页。

［4］包勇恩、韩龙：《论金融监管中的宏观审慎原则》，《安徽大学法律评论》2009 年第 1 期，第 13-23 页。

［5］保罗·德·格罗韦：《欧洲央行的最后贷款人角色》，《国际经济评论》2012 年第 2 期，第 66-73、6 页。

［6］边永平：《迈向新时代的金融监管》，《甘肃金融》2018 年第 3 期，第 1 页。

［7］曹德云：《保险业要坚持脱虚向实》，《中国金融》2017 年第 19 期，第 36-38 页。

［8］曹凤岐：《改革和完善中国金融监管体系》，《北京大学学报（哲学社会科学版）》2009 年第 4 期，57-66 页。

［9］曹和平、唐丽莎：《从银行类金融机构成长看我国金融体系的改革方向》，《海派经济学》2018 年第 16 期，第 51-60 页。

［10］曹平、李伟舜：《我国外资银行市场准入法律规制中存在的问题及其对策》，《广西社会科学》2008 年第 12 期，第 78-83 页。

［11］常健：《金融危机状态下中国人民银行的核心角色：以最后贷款人制度为中心的展开》，《华中科技大学学报（社会科学版）》2009 年第 3 期，第 8-10 页。

［12］陈放：《金融市场的顺周期性与逆周期监管》，《重庆社会科学》2018 年第 12 期，第 116-128 页。

［13］陈立华、康扬：《外资银行进入对我国银行金融创新的影响》，载《科技经济市场》2020 年第 3 期，第 38-40 页。

［14］陈平：《宏观审慎视角下的中央银行独立性研究》，《宏观经济研

究》2014 年第 1 期,第 16-24 页。

[15]陈雄兵、陈子珊:《外资银行进入是否提升了银行系统的竞争:来自中国的实证研究》,《经济问题探索》2012 年第 5 期,第 72-78 页。

[16]崔志伟:《区块链金融:创新、风险及其法律规制》,《东方法学》2019 年第 3 期,87-98 页。

[17]蔡宁伟:《国际金融危机后美国外资银行监管变革研究》,《金融监管研究》2018 年第 6 期,第 13-30 页。

[18]邓启峰、陈太玉:《我国商业银行法人机构准入管理问题分析》,《学理论》2009 年第 29 期,232-233 页。

[19]邓伟、邓勇:《金融监管体系:国际的变革与我国的调整》,《金融理论与实践》2003 年第 1 期,第 4-6 页。

[20]丁斌:《美国对外资银行的审慎监管与启示》,《西部金融》2018 年第 1 期,第 19-22、26 页。

[21]丁俊:《功能性金融监管:我国金融监管体制发展的新方向》,《国际金融研究》2001 年第 3 期,第 53-56 页。

[22]董祎:《巴西如何引进外资银行》,载《银行家》2006 年第 4 期,第 105-109、7 页。

[23]范亚舟:《宏观审慎监管下我国金融监管机构改革及需进一步解决的问题》,《武汉金融》2018 年第 7 期,第 40-44 页。

[24]付子堂:《社会学视野中的法律功能问题》,载《郑州大学学报(哲学社会科学版)》1999 年第 5 期,第 18-24 页。

[25]郭杰群:《沃尔克规则的来龙去脉及影响》,《清华金融评论》2014 年第 2 期,第 124-128 页。

[26]郭雳:《中国式影子银行的风险溯源与监管创新》,《中国法学》2018 年第 3 期,206-227 页。

[27]郝静明、张莹:《经济学视角下的金融监管改革》,《经济师》2018 年

第 11 期,第 41-42、44 页。

[28]何德旭、吴伯磊:《最后贷款人制度:设计原则与改进措施》,《金融评论》2011 年第 2 期,第 54-63、124 页。

[29]胡敏中:《论人本主义》,《北京师范大学学报(社会科学版)》,1995 年第 4 期,第 62-67 页。

[30]贾根良、何增平:《金融开放与发展中国家的金融困局》,《马克思主义研究》2019 第 5 期,第 66-77 页。

[31]减洪喜:《对城市信用社归并商业银行后凸现问题的思考》,《银行家》2009 年第 8 期,第 53-54 页。

[32]金春雨、董雪:《金融稳定与三类宏观审慎政策的有效性》,《财经科学》2019 年第 4 期,第 1-12 页。

[33]金彭年:《法与经济交融视域下民营银行准入之检视与完善》,《上海对外经贸大学学报》2016 年第 4 期,第 45-52 页。

[34]黎四奇、宋孝悌:《中央银行最后贷款人法律制度的演变及对我国的借鉴》,《湖南大学学报(社会科学版)》2007 年第 3 期,138-144 页。

[35]李东荣:《金融科技发展要稳中求进》,《中国金融》2017 年第 14 期,36-37 页。

[36]李步云:《法的人本主义》,《法学家》2010 年第 1 期,第 1-5、176 页。

[37]李雅潇、赵若瑜:《从机构监管到功能监管的中国金融法制发展路径》,《经济研究导刊》2013 年第 20 期,第 265-266 页。

[38]李瑶函:《后危机时代国际金融监管改革及其对我国的启示》,《经营与管理》2018 年第 9 期,第 7-9 页。

[39]连平、阮刚铭:《我国金融监管体制变革"整合"或是大方向》,《中国银行业》2018 年第 5 期,第 25-28 页。

[40]廖凡:《论金融科技的包容审慎监管》,《中外法学》2019 年第 3 期,

第797-816页。

[41]廖岷、林学冠、寇宏:《中国宏观审慎监管工具和政策协调的有效性研究》,《金融监管研究》2014年第12期,第1-23页。

[42]林平:《关于金融安全网的理论及政策思考》,《南方金融》1999年第11期,第23-25页。

[43]林毅夫、章奇、刘明兴:《金融结构与经济增长:以制造业为例》,《中国金融》2003年第4期,第62页。

[44]林越坚:《金融消费者:制度本源与法律取向》,《政法论坛》2015年第1期,第143-152页。

[45]刘辉:《论我国金融ADR机制的完善:金融消费权益保护视阈下的考察》,《海峡法学》2017年第3期,第93-101页。

[46]刘杰、黄滟秋、周学贞:《我国金融消费者权益保护工作现状及对策建议》,《西南金融》2018年第2期,第71-76页。

[47]刘力、王伟:《我国政策性银行治理结构的演进与优化研究》,《区域金融研究》,2014年第10期,第4-l0页。

[48]刘蔚:《基于国际经验的数字货币发行机制探索与风险防范》,《西南金融》2017年第11期,第51-58页。

[49]刘亚楼:《外资银行发展现状调查》,《华北金融》2019年第2期,49-54页。

[50]刘迎霜:《论我国中央银行金融监管职能的法制化:以宏观审慎监管为视角》,《当代法学》2014年第3期,第120-128页。

[51]刘煜辉、欧明刚:《中国商业银行竞争力报告(2007)》,载《银行家》2008年第1期,第36页。

[52]鲁篱,熊伟:《后危机时代下国际金融监管法律规制比较研究:兼及对我国之启示》,《现代法学》2010年第4期,第148-158页。

[53]鲁篱、田野:《金融监管框架的国际范本与中国选择:一个解构主义

分析》,《社会科学研究》2019 年第 1 期,第 72-85 页。

[54]陆磊:《信息结构、利益集团与公共政策:前金融监管选择中的理论问题》,《经济研究》2000 年第 12 期,3-10、75-76 页。

[55]罗培新:《美国金融监管的法律与政策困局之反思:兼及对我国金融监管之启示》,《中国法学》2009 年第 3 期,第 91-105 页。

[56]马尔科姆·艾迪:《宏观审慎监管与中央银行的作用》,《中国金融》2013 年第 3 期,第 19-20 页。

[57]马理、何云:《"走出去"与"引进来":银行业对外开放的风险效应》,《财经科学》2020 年第 1 期,第 13-28 页。

[58]马建威:《金融消费者法律保护:以金融监管体制改革为背景》,《政法论坛》2013 年第 6 期,第 178-182 页。

[59]孟宪春、张屹山、李天宇:《中国经济"脱实向虚"背景下最优货币政策规则研究》,《世界经济》2019 年第 5 期,第 27-48 页。

[60]苗连营、吴乐乐:《为货币发行"立宪":探寻规制货币发行权的宪法路径》,《政法论坛》2014 年第 3 期,第 35-44 页。

[61]南阳:《巴西银行改革中的外国资本问题》,载《拉丁美洲研究》2001 年第 1 期,第 43-47 页。

[62]倪旸、杨朝军、吕新一:《功能监管:我国金融监管的必由之路》,《未来与发展》,2002 年第 5 期,第 42-44 页。

[63]庞凤喜、刘畅:《企业税负、虚拟经济发展与工业企业金融化:来自A 股上市的证据》,《经济理论与经济管理》2019 年第 3 期,第 84-94 页。

[64]乔海曙、王鹏、谢姗姗:《法定数字货币:发行逻辑与替代效应》,《南方金融》,2018 年第 3 期,第 71-77 页。

[65]任康钰:《全球化背景下中央银行的最后贷款人角色探讨》,《国际金融研究》,2010 年第 8 期,第 4-12 页。

[66]沈伟:《银行的影子:以银行法为中心的影子银行分析框架》,《清

华法学》2017 年第 6 期,第 25-48 页。

[67]时建中:《外资银行监管法律问题研究》,载《法学评论》2003 年第 6 期,第 34-40 页。

[68]宋晓燕:《国际金融危机后十年监管变革考》,《东方法学》2018 年第 1 期,第 190-197 页。

[69]孙艳军、李金茂:《构建多层次银行体系支持实体经济发展》,《中央财经大学学报》2013 年第 12 期,第 22-29 页。

[70]孙云才、严瑞、张正祥等:《功能监管、行为监管与金融消费权益保护制度构建》,《中国金融家》2018 年第 12 期,第 133-134 页。

[71]徐诺金:《论我国的金融生态问题》,《金融研究》2005 年第 2 期,第 35-45 页。

[72]徐忠:《新时代背景下中国金融体系与国家治理体系现代化》,《经济研究》2018 年第 7 期,第 4-20 页。

[73]许均平、李孟来:《欧盟中央银行参与宏观审慎监管及对我国的启示》,《金融与经济》2013 年第 4 期,第 42-46 页。

[74]王爱俭、王璟怡:《宏观审慎政策效应及其与货币政策关系研究》,《经济研究》2014 年第 4 期,第 17-31 页。

[75]吴晓求:《关于金融危机的十个问题》,《经济理论与经济管理》2009 年第 1 期,第 5-13 页。

[76]王松奇、刘煜辉、欧明刚:《中国商业银行竞争力报告(2017)》,载《银行家》2018 年第 12 期,第 87 页。

[77]王晓煜:《外资银行对银行体系稳定性的影响:基于中国银行业的实证研究》,《现代管理科学》2018 年第 5 期,第 42-44、48 页。

[78]王予予:《论我国政策性银行向开发性金融机构转型的立法完善》,《海南金融》2016 年第 2 期,第 23-27 页。

[79]王兆旭、王媛:《宏观审慎管理研究综述:基于中央银行宏观金融调

控的视角》,《山东社会科学》2011 年第 2 期,第 105-109 页。

[80]吴素萍、徐卫宇:《功能性金融监管的理论与框架》,《经济导刊》1999 年第 6 期,13-16、53 页。

[81]吴晓求:《关于金融危机的十个问题》,《经济理论与经济管理》2009 年第 1 期,第 5-13 页。

[82]吴忠民:《公正新论》,《中国社会科学》2000 年第 4 期,第 50-58、205 页。

[83]武传德、刘鸽:《金融结构优化与金融监管完善》,《理论学刊》2007 年第 3 期,第 29-32 页。

[84]杨明:《美国最后贷款人制度的演变及其评述》,《国际金融》2012 年第 4 期,第 27-31 页。

[85]杨松:《后金融危机时代银行法面临的问题及其完善》,《法学杂志》2010 年第 11 期,第 33-36 页。

[86]杨延超:《论数字货币的法律属性》,《中国社会科学》2020 年第 1 期,第 84-106、206 页。

[87]姚佳:《"金融消费者"概念检讨:基于理论与实践的双重坐标》,《法学》2017 年第 10 期,第 179-192 页。

[88]叶姗:《中央银行何以理应谦抑行使货币发行权:由黄乃海诉人民银行增发奥运纪念钞一案引发的思考》,《学术论坛》2009 年第 2 期,第 159-164 页。

[89]易宪容、卢婷:《基础性制度是金融生态的核心》,《经济社会体制比较》2006 年第 2 期,第 47-54 页。

[90]《央行发布<中国金融稳定报告(2020)>指出金融业总体平稳健康发展》,《时代金融》2020 年第 34 期,第 11-12 页。

[91]郑钧、苏醒侨:《欧盟影子银行监管改革进展》,《中国金融》2019 年第 3 期,第 82-84 页。

[92]周陈曦、曹军新:《数字货币的历史逻辑与国家货币发行权的掌控:基于央行货币发行职能的视角》,《经济社会体制比较》2017 年第 1 期,第 104-110 页。

[93]周小川:《法治金融生态》,《中国经济周刊》2005 年第 3 期,第 11 页。

[94]朱虹:《各国(地区)货币发行机制机理初探》,《上海金融》2015 年第 12 期,第 40-47 页。

[95]中国银保监会政策研究局课题组、中国银保监会统计信息与风险监测部课题组:《中国影子银行报告》,《金融监管研究》2020 年第 11 期,第 1-23 页。

[96]赵敦华:《西方人本主义的传统与马克思的"以人为本"思想》,《北京大学学报(哲学社会科学版)》2004 年第 6 期,第 28-32 页。

[97]于春敏:《金融消费者的法律界定》,《上海财经大学学报》2010 年第 4 期,第 35-42 页。

[98]张承惠:《金融监管框架重构思考》,《中国金融》2016 年第 10 期,第 46-48 页。

[99]张晋藩:《人本主义:中华法系特点之一》,《河北法学》2005 年第 9 期,第 84-86、92 页。

[100]张银平:《金融开放提速助力实体经济企业发展》,《求知》2020 第 1 期,第 28-30 页。

[101]赵迅、刘焕桂:《弱势群体保护的人本主义诠释》,《湖南大学学报(社会科学版)》2009 年第 1 期,第 115-120 页。

[102]郑钧、苏醒侨:《欧盟影子银行监管改革进展》,《中好国金融》2019 年第 3 期,第 82-84 页。

[103]中国人民银行长沙中心支行课题组:《中央银行最后贷款人职责的风险与防范》,《金融会计》2018 年第 1 期,第 27-37。

[104]中国商业银行竞争力评价课题组:《2006～2007 年度中国城市商业银行竞争力评价报告》,《银行家》2007 年第 9 期,第 25-43 页。

[105]周陈曦、曹军新:《数字货币的历史逻辑与国家货币发行权的掌控:基于央行货币发行职能的视角》,《经济社会体制比较》2017 年第 1 期,第 104-110 页。

[106]周厉:《从最后贷款人角度再析央行与银监会的监管合作机制》,《金融理论与实践》2006 年第 11 期,第 19-22 页。

[107]周厉:《西方最后贷款人理论的发展与评价》,《经济评论》2006 年第 3 期,第 151-158 页。

[108]周小川:《金融政策对金融危机的响应:宏观审慎政策框架的形成背景、内在逻辑和主要内容》,《金融研究》2011 年第 1 期,第 1-14 页。

[109]周仲飞、李敬伟:《金融科技背景下金融监管范式的转变》,《法学研究》2008 年第 5 期,第 3-19 页。

(三)其他类

[1]《三部门联合发布〈关于完善系统重要性金融机构监管的指导意见〉》,2018 年 11 月 27 日。

[2]《解码四大央行的 2020 欧美日扩张出"两个美联储"》,21 世纪经济报道,2021 年 1 月 20 日。

[3]陈以:《石油币遇冷委内瑞拉数字货币"实验"困难重重》,财经网,2020 年 2 月 5 日。

[4]国家外汇管理局:《官方储备资产(2022)》。

[5]《穆迪最新报告:中国影子银行资产降至 8 年来最低点》,金融界,2021 年 7 月 5 日。

[6]普华永道:《外资银行在中国》2010 年报告,2007 年 5 月 10 日。

[7]《中央经济工作会议在北京举行习近平李克强作重要讲话栗战书汪

洋王沪宁赵乐际韩正出席会议》,新华网,2021 年 12 月 10 日。

[8]《外资银行在华发展研究报告》,亿欧智库,2020 年 5 月 12 日。

[9]易信、刘磊:《以"三大转变"推动经济高质量发展》,人民网,2019 年 2 月 2 日。

[10]尹振涛:《"三层+双峰":未来中国金融监管框架方向》,财新网,2018 年 3 月 15 日。

[11]张淑芳等:《完善最后贷款人制度》,金融时报,2017 年 10 月 16 日。

[12]张宇燕:《2021—2022 年世界经济形势分析与展望》,中国社科院世经政所,2022 年 1 月 24 日。

[13]《中国农业发展银行监督管理办法》《中国进出口银行监督管理办法》《国家开发银行监督管理办法》,中华人民共和国国务院公报,2018 年 2 月 10 日。

[14]中国人民银行:《2009 年第三季度货币政策执行报告》,2009 年 11 月 11 日。

[15]中国人民银行:《2019 年第三季度中国货币政策执行报告》,2019 年 11 月 16 日。

[16]中国人民银行:《2019 年第四季度支付体系运行总体情况》,2020 年 3 月 17 日。

[17]中国人民银行:《2020 年第三季度支付体系运行总体情况》,2020 年 11 月 27 日。

[18]中国人民银行:《2020 年第三季度中国货币政策执行报告》,2020 年 11 月 26 日。

[19]中国人民银行:《2021 年第三季度金融机构贷款投向统计报告》,2021 年 10 月 30 日。

[20]中国人民银行:《2021 年支付体系运行总体情况》,2022 年 4 月 2 日。

［21］中国人民银行:《中国金融稳定报告(2019)》,2019 年 11 月 26 日。

［22］中国人民银行:《2021 年末我国金融业机构总资产 381.95 万亿元》,2022 年 3 月 15 日。

［23］中国银保监会办公厅:《中国人民银行办公厅关于规范商业银行通过互联网开展个人存款业务有关事项的通知》,2021 年 1 月 13 日。

［24］中国银行保险监督管理委员会:《2021 年银行业总资产、总负债(季度)》,2022 年 2 月 11 日。

［25］中国银行保险监督管理委员会:《中国银行业监督管理委员会 2006 年年报》。

［26］中国银行保险监督管理委员会:《2021 年商业银行主要监管指标情况表(季度)》,2022 年 2 月 11 日。

［27］中国银行保险监督委员会:《2021 年三季度末我国银行业金融机构本外币资产 339.4 万亿元同比增长 7.7%》,2021 年 11 月 16 日。

［28］中国银行保险监督委员会:《2021 年银行业金融机构普惠型小微企业贷款情况(季度)》,2022 年 2 月 11 日。

［29］中国银行保险监督委员会:《2021 年银行业金融机构普惠型小微企业贷款情况(季度)》,2022 年 2 月 11 日。

［30］中国银行保险监督委员会:《中国银保监会消保局关于合理使用信用卡的消费提示》,2020 年 6 月 29 日。

［31］中国证券报:《开发银行和政策性银行监管办法发布》,2017 年 11 月 16 日。

［32］曾令美:《我国银行对外开放与金融安全研究》,华东师范大学博士学位论文,2013 年。

［33］曾薇:《金融监管对商业银行产品创新绩效的影响研究》,湖南大学博士论文,2013 年。

［34］崔鸿雁:《建国以来我国金融监管制度思想演进研究》,复旦大学

博士论文,2012 年。

［35］廖娇华:《金融业全方位开放后民营银行市场准入问题研究》,江西财经大学硕士论文,2016 年。

［36］刘世恩:《中国政策性银行转型研究》,中国财政科学研究院博士学位论文,2017 年。

［37］王芳:《中国金融转型秩序的制度分析》,西北大学博士学位论文,2016 年。

［38］于永宁:《后危机时代的金融监管变革之道》,吉林大学博士论文,2010 年。

［39］臧明仪:《中国政策性金融理论与实践研究》,中共中央党校博士学位论文,2006 年。

［40］张琦:《我国银行消费者权益保护法律问题研究》,长春理工大学硕士论文,2018 年。

二、外文类参考文献

（一）著作类

［1］E.R.Shaw,Financial Deepening in Economic Development（New York：Oxford University Press,1973）.

［2］F.A.Hayek,Profits,Interest and Investment（London：Routledge,1939）.

（二）论文类

［1］Adam J. Levitin, "The Politics of Financial Regulation and the Regulation of Financial Politics：a Review Essay", Harvard Law Review, Vol. 127,No.7,May 2014.

［2］Chant. J, A. Lai, M. Illing and F. Daniel, Essays on Financial Stability (Technical Report ,Bank of Canada,2003) No.95.

［3］Claessens，S.，Demirguc Kunt. A.，Huizinga，H，"How Does Foreign Entry Affect Domestic Banking Markets?" Journal of Banking and Finance（2001）．

［4］Claudio Borio，"Towards a Macroprudential Framework for Financial Supervision and Regulation"，BIS Working Paper，No.128 ，February，2003.

［5］George J. Stigler，"The Theory of Economic Regulation"，The Bell Journal of Economics and Management Science，1971 Vol.2.No.1（Spring，1971）．

［6］Humphrey. T. and R. Keleher. "The Lender of Last Resort：A Historical Perspective"，Cato Journal（1984）．

［7］Jana Valant："Consumer protection in the EU"，Policy overview，2015.

［8］James R.Barth，Tong Li，Wenling Lu，et al，"The Rise and Fall of yhe U.S，Mortgage and Credit Markets"，（Hoboken，NJ：wiley，2009）.转引自詹姆斯·R.巴斯等：《金融守护人：监管机构如何捍卫公众利益》，杨农等译，生活·读书·新知三联书店，2014，第 110 页。

［9］Katharina Pistor，A Legal Theory of Finance，41 Journal of Comparative Economics 315（2013）；Katharina Pistor，Li Guo & Chun Zhou，The Hybridization of China's Financial System，in Benjamin L.Liebman & Curtis J.Milhaupt eds. Regulating the Visible Hand? ，Oxford University Press，2015.转引自郭雳：《中国式影子银行的风险溯源与监管创新》，《中国法学》2018 年第 3 期，第 206-227 页。

［10］The Irish Banking Crisis：Regulatory and Financial Stability Policy 2003-2008、A Preliminary Report on the Sources of Ireland's Banking Crisis 等来自爱尔兰中央银行与财政部的报告。转引自詹姆斯·R.巴斯、小杰勒德·卡普里奥、罗斯·列文：《金融守护人：监管机构如何捍卫公众利益》，杨农等译，生活·读书·新知三联书店，2014。